高校初等教育专业人才培养与开放教育精品教材

教育科学研究方法与实践

主　编　　饶满萍

副主编　　檀　钊

西南交通大学出版社

·成　都·

图书在版编目（CIP）数据

教育科学研究方法与实践 / 饶满萍主编. —成都：西南交通大学出版社，2020.1（2025.12 重印）
高校初等教育专业人才培养与开放教育精品教材
ISBN 978-7-5643-7331-3

Ⅰ. ①教… Ⅱ. ①饶… Ⅲ. ①教育研究 - 研究方法 - 高等学校 - 教材 Ⅳ. ①G40-034

中国版本图书馆 CIP 数据核字（2020）第 012990 号

高校初等教育专业人才培养与开放教育精品教材
Jiaoyu Kexue Yanjiu Fangfa yu Shijian
教育科学研究方法与实践

主　　编 / 饶满萍
责任编辑 / 梁　红
封面设计 / 何东琳设计工作室

西南交通大学出版社出版发行
（四川省成都市金牛区二环路北一段 111 号西南交通大学创新大厦 21 楼　610031）
营销部电话：028-87600564　028-87600533
网址：http://www.xnjdcbs.com
印刷：四川煤田地质制图印务有限责任公司

成品尺寸　185 mm × 260 mm
印张　17.25　　字数　431 千
版次　2020 年 1 月第 1 版　　印次　2025 年 12 月第 4 次修订

书号　ISBN 978-7-5643-7331-3
定价　48.00 元

课件咨询电话：028-81435775
图书如有印装质量问题　本社负责退换

前　言

本书遵循教育科学研究的基本规律和要求，以教育科学研究方法为主线，结合教育科学研究实践中的大量案例进行实训，引导教育类专业学生树立正确的教育科学研究理念，切实培养学生从事教育科学研究的实践能力，同时适度关注提升学生的科研理论水平，以增强学生对未来岗位的适应性。与同类教材相比，本书具有诸多鲜明的特点。

首先，从总体上看，本书没有过多地阐述教育科研理论，对教育科研理论和各类科研方法的介绍尽量做到简明易懂，选择的教育科研方法也限于一线教师和教育工作者都能运用的方法，对一些并非所有人都能运用自如的研究方法，在介绍时都做了必要的简化，以此增强本书的实际应用性。

其次，本书在结构上与传统教育科研方法教材不同。本书在第一章绪论部分介绍教育科学研究的基本概念、原则、程序和方法体系之后，直接介绍各类常用教育科学研究方法。介绍各类具体研究方法和如何进行教育研究材料的整理与分析之后，安排了教育课题研究的内容。通过教育课题研究这一章节，将前面学过的各类研究方法和研究材料的整理与分析技能融合起来。这与坊间常见教材将课题研究章节安排在绪论之后有明显的区别。本书的这种安排，更有利于突出教育科学研究的实践性，也便于安排各类相关的教育研究技能的实训。

再次，本书在课堂实训材料的设计上独具匠心。多数课堂实训与讨论直接安排在相关教学内容之后，及时通过实训与讨论，深化学生对教学内容的理解，强化学生对教育科学研究技能的运用能力。这样的安排比集中进行实训和讨论的针对性要强，效果自然也会好很多。

最后，本书也是一本关于教育课题研究的实战指导手册。本书编录了获得重点立项的教育研究课题申请书的全本，引导学生通过阅读申请书实例，结合为解决教育课题申请中常见问题而安排的课堂实训与讨论，促进学生透彻地了解教育课题申请的基本要求，迅速地掌握教育课题申请的实战技能，为将来从事教育教学课题研究和实践奠定基础。

本书由北海职业学院饶满萍任主编，檀钊任副主编。编写人员均具有丰富的教育科学研究经验。本书整体架构和风格由饶满萍设计。饶满萍编写第二、三、四、五、六、七、八、九章和前言部分，其余部分由檀钊编写。全书由饶满萍统稿、定稿。

本书成书仓促，不足之处在所难免，恳请广大读者批评指正。

编　者

2019 年 5 月

目　录

第一章　绪　论

第一节　教育科学研究概述

一、教育科学研究的含义

科学研究是一种认识过程，是人们有目的、有计划、有系统地采用科学的方法，认识自然和社会现象，探索客观真理，并能动地改造客观世界的过程。从研究的内容来分，科学研究可分为自然科学研究与社会科学研究，教育科学研究属于社会科学研究。教育科学研究是采用科学的方法，对教育领域的各种关系、现象和问题进行研究，从而揭示教育现象本质和客观规律的创造性实践活动，是一项复杂的持久的创造性活动。

二、教育科学研究的对象与特性

（一）教育科学研究的对象

教育科学研究的对象是教育领域中的未知问题，即人类尚未知晓的事项，包括某种教育现象出现的原因、发展趋势及其对策，某种教育行为可能产生的结果、教育活动具体的操作程序与方法等方面的问题。例如“学生学习会有差别吗？”这个问题一般看来并非未知问题，因此通常就没有研究的必要。但“这对双胞胎在同样的学习环境中学习差距为什么那么大？”却可能是尚未知晓的事项，如果有可能，是可以成为研究的对象的。

（二）教育科学研究的特性

1. 复杂性

教育问题常常涉及多方面的因素，考察一个教育问题的过程中，不仅要考虑教育内部的问题，还要综合考虑对其可能产生影响的其他诸多因素。比如某幼儿园拟进行将幼儿园、家庭和社会相结合，共同促进幼儿的全面发展的整体改革实验研究，就其所应考虑的内外因素而言，至少应包括幼儿园的办学条件、管理模式，教师的年龄结构、学历结构、教育观念和教育方法，幼儿的各种状况、幼儿园周围的环境、社区特点、家长情况等。

2. 迟效性

教育科学研究是一项持久的科研活动，不是三两天就可以完成的，它经常以课题的形式来开展。一般的课题研究，从选题到结题通常需要几年才能完成，如果还要在教育实际工作中推广与应用研究成果，检验研究成果的实际效果，则可能需要更长的时间。即使是教师结合日常教学工作进行的教材教法研究，要取得研究成果，也要做长期的探究才行。

3. 应用性

许多教育科学研究都是针对现实的教育问题进行探索和研究，如校园欺凌问题、幼儿园教学小学化问题、小学生课业负担重的问题，等等。同时，教育科学研究是一项实践性比较强的科研活动，特别是应用性研究，不仅需要书面性操作，如课题设计，而且需要行为操作，如在现场开展教育调查与教育实验。

4. 合作性

合作性也称群众性，是指教育科研工作者与实践工作者积极参与科研，有广泛的群众基础。一方面，一项教育科学研究的实施，常常需要多方配合才可能完成，因此教育科学研究，不仅要设计周密、观察仔细，还需要很好地沟通与合作；另一方面，随着教师作为研究者、教育行为研究等观念日益为人们所普遍接受，广大教师、教育管理工作者等正以真正教育科学研究主体的身份加入教育科学研究的行列中来。

5. 伦理性

教育科学研究如果不慎，常常会对参与者个人造成伤害，例如，某研究人员收集了某些学生的个性特征资料，并将结果告知了他们的老师，这些信息影响了教师对这些学生的看法和评价，并导致其对这些学生采取了比以前更为消极的态度。所以，教育科学研究需要一定的法律和道德伦理进行约束。①

三、教育科学研究的分类

为从总体上理解教育科学研究，我们可以从不同的角度对教育科学研究进行分类。

（一）按目的、功能和作用划分

按目的、功能和作用不同，教育科学研究可分为基础研究、应用研究、发展研究、评价研究和预测研究。

基础研究是指那些具有较强的理论性，对有关的研究领域可直接增添知识内容的研究。基础研究的目的在于发展和完善理论，通过研究寻找新的事实，阐明新的理论或重新评价原有理论。基础研究的范围很广，涉及教育教学的一些基本的问题。

应用研究是有直接应用价值的研究，目的在于应用或检验理论，评价理论在解决教育实际问题中的作用。应用研究中解决的问题是与教育实践直接相关的，其研究结果可直接为教育改革实践服务。

发展研究的主要目的在于开发与创造用于学校教育的有效策略，为某一领域的教育改革

① 金哲华，俞爱宗. 教育科学研究方法[M]. 北京：科学出版社，2011：3.

提出改进建议。发展研究主要解决如何改进现实、展望未来、提高教育水平的问题。

评价研究是对某一教育现象进行价值判断的过程，一个教育方案是否科学，是否具有价值和实施的可行性以及是否具有实际执行的效果，一项教育活动是否有价值以及结果是否具有有效性等，都需要进行科学的评价。

预测研究是对教育的某一个领域未来发展和趋势的研究。研究者在对历史和现状的考察中，在对现实的各种条件分析的基础上，以一定的理论模型为基础，对教育的发展的趋势进行预测。

（二）按研究方法划分

按研究方法不同，可分为历史研究、调查研究、相关研究、比较研究、实验研究和理论研究等。

历史研究是对过去发生的事件进行分析和解释，进而总结出规律性的东西，以指导或改进现实的研究方法。

调查研究是了解现实中某些问题的特征和发展趋势的研究方法，教育调查研究是教育科学研究中最基本、最常用的方法。

相关研究都是对两个或两个以上教育对象的研究，对两个或多个变量之间是否存在相关性，以及相关程度的研究。

比较研究是按一定标准对相互有联系的事物进行对比分析，以确定它们之间的共同点和差异点、共同规律和特殊本质的研究。

实验研究是按照一定的假设，通过人为控制某种教育因素，有目的、有计划地观察与分析教育现象的变化和产生的结果，进而论证某种因果关系的研究。

理论研究是通过分析综合、抽象概括等方法从理论上对教育问题的性质和相互关系的研究。理论研究的目的在于发现现象的内在规律或得出一般性的结论。①

（三）按研究范式划分

范式是指研究者看待问题的基本角度或框架，它为研究者提供观察事物的基本方式和信念，决定或影响研究者所选择的研究内容、方法、策略和所提出的理论。在教育科研中的两种主要研究范式是实证主义和解释主义。实证主义关注的是研究者观察到的客观结果，认为可以通过科学手段发现真实的研究结果，杜绝当事人的主观意向，方法上采用量的研究。解释主义认为研究结果是被制造出来的，而不是被发现的，强调从行动者的视角界定以及解释个体的行动，方法上采用质的研究。②

（四）按研究内容范围划分

从研究的内容范围来讲，教育科学研究可分为广域研究与局域研究。

广域研究即研究教育领域中各个方面的问题，研究的内容范围不受限制，可以超出研究

---

① 金哲华，俞爱宗．教育科学研究方法[M]．北京：科学出版社，2011：21-22.

② 阎晓军．教育科研方法案例与操作[M]．北京：北京师范大学出版社，2016：11.

者自身的工作范围。

局域研究即研究教育领域中某一范围内或某一方面的问题。对于教师来说，局域研究常表现为校本研究，即研究本校教育、教学、管理等方面的问题。校本研究常见的一种形式是师本研究，也称为教本研究，即教师围绕自己工作中的问题来开展研究，如小学语文教师围绕教材教法中的问题来开展研究，这种研究直接为教师自身的工作服务。

（五）按研究的要求划分

从研究的要求来分，教育科学研究可分为日常教研与教育科研。

日常教研即教师围绕实际工作中的问题，结合自身的工作开展经常性的研究，中小学学科教研组围绕本学科教学中的问题开展研究，就是日常教研。

教育科研是指研究者围绕一个专题（或课题）按照科学研究的要求进行系统的研究。

日常教研要求比较低，也比较随意。而教育科研则不同，必须围绕一个专题，按照合理的程序，采用科学的研究方法（如教育实验），并取得相应的科研成果（论文、论著），要求一般都比较高。

（六）按研究对象的数量划分

从研究对象的数量来分，教育科学研究可分为个案研究与群组研究。

个案研究即对一个或少数几个对象进行研究，以点带面，得出结论，如对个别学校、个别教师、个别学生进行研究。这种研究由于对象数量太少，缺乏代表性，难以得出普遍性结论，但能从中受到启发。

群组研究即对一个有代表性的群体进行研究，如对一群抽样出来的小学阶段的农民工子女进行研究，研究对象可以是一群人，也可以是几十所学校、几十个班。这种研究由于研究对象经过了抽样，且数量比较多，得出的结论更具有普遍性。①

第二节　教育科学研究的意义与任务

一、教育科学研究的意义

教育科学研究的意义总体而言主要体现在促进教师个人发展、提升教育教学质量和发展教育科学理论等方面。

（一）提升教育教学质量

教育教学属于双边活动，影响教育教学质量的因素主要出自这“双边”，即教师和学生。学生因素在教育教学过程中自然是核心因素之一，但学生本身的努力，学生按照教师

① 李昌连，朱扬寿. 小学教育研究方法[M]. 南京：南京大学出版社，2014：8-9.

（三）研究当代教育发展

研究当代教育的发展问题是教育科学研究的重点任务。总结历史经验是从历史角度探讨教育的规律，要促进当代教育的发展，还必须对当代教育出现的问题进行研究。研究当代教育发展问题要立足现实，要将基础理论问题研究与实际问题研究紧密结合起来。

（四）预测教育发展趋势

教育是面向未来的大业，一个国家的发展最终主要取决于人才的实力。预测教育的发展，包括教育模式、人才需求等，有助于国家从宏观上把控和引导教育的发展。通过教育科学研究，可以为教育决策者提供教育预测信息，提供可行的教育发展方案，为国家制定教育发展规划和教育政策服务。

【课堂实训与讨论】

阅读下列材料，讨论：

1. 教育科学研究在教师专业发展中有何意义？
2. 从教育科学研究角度如何做好个人的专业发展规划？

广西壮族自治区中小学教师系列

正高级教师专业技术职务任职资格评审条件（节选）

（试行）

第八条　业绩成果条件

任现职以来，具备下列条件。

四、教育教学研究能力强

（一）高级中学、初级中学、小学、幼儿园、校外教育机构教师主持市级以上教育教学科研课题 1 项，参与省级以上教育教学科研课题 1 项，并通过结题验收（须提交结题证书）。

（二）教学研究机构、教育技术装备机构教师主持 1 项、参与 1 项自治区级以上教育教学科研课题，并通过结题验收（须提交结题证书）；自编培训教材 1 部以上，在提高教师业务素质方面成绩显著。

第九条　论文、著作条件

一、高级中学、初级中学、小学、幼儿园、校外教育机构教师，任现职以来具备下列条件之一：

（一）教育教学著作、译著（教材）1 部（独著或第一作者）及论文 2 篇。

（二）论文 4 篇，其中 1 篇在国外权威刊物或国内核心期刊或广西优秀期刊上发表。

第十条　破格条件

不具备规定的学历条件，取得中小学副高级专业技术资格（职务任职资格）5 年以上；或具备规定的学历条件，不具备资历条件规定的年限，取得中小学副高级教师专业技术资格（职务任职资格）3 年以上。以上人员符合下列条件之一者，可申请破格申报：

二、任现职以来教育教学科研取得重大成果，获国家级政府奖励三等奖以上或自治区级政府奖励二等奖以上的主要完成人。

广西壮族自治区中小学教师系列
高级教师专业技术职务任职资格评审条件（节选）
（试行）

第八条　业绩成果条件

任现职以来，具备下列条件。

四、教育教学研究能力较强

（一）高级中学、初级中学、小学、幼儿园、校外教育机构教师参与县级以上教育教学科研课题1项，并通过结题验收（须提交结题证书）。

（二）教育科研机构、电化教育机构教师主持1项、参与1项市级以上教育教学科研课题，并通过结题验收（须提交结题证书）。

第九条　论文、著作条件

一、高级中学、初级中学、小学、幼儿园、校外教育机构教师，任现职以来具备下列条件之一：

（一）教育教学著作、译著（教材）1部（独著或第一作者）。

（二）论文2篇。

第十条　破格条件

不具备规定的学历条件，取得中级专业技术资格（职务任职资格）5年以上；或具备规定的学历条件，不具备资历条件规定的年限，取得中级专业技术资格（职务任职资格）3年以上。以上人员符合下列条件之一者，可申请破格申报：

二、任现职以来教育教学科研取得重大成果，获市厅级政府奖励三等奖以上的主要完成人。

广西壮族自治区中小学教师系列
一级教师专业技术职务任职资格评审条件（节选）
（试行）

第八条　业绩成果条件

三、教育科研成果显著。积极参加教育教学科研课题研究，研究成果获得县级教育科研成果二等奖以上；或独立完成教育教学论文（独著或第一作者）2篇，在国内外公开发行的刊物上发表或者获得县级论文评比二等奖以上。

广西壮族自治区中小学教师系列
二级教师专业技术职务任职资格评审条件（节选）
（试行）

第七条　业绩成果条件

任现职以来，具备下列条件：

一、积极实施素质教育。在学生德育、课程改革、教学实践等方面取得一定成绩。

二、教育教学效果良好

（一）任教受学生欢迎，所教班级学风纪律好，学生成绩有进步。

（二）积极参与教育科研和教学研究活动，承担的公开课、教学研究课效果较好。
（三）掌握教育教学研究方法，积极开展教育教学研究和创新实践。

广西壮族自治区中小学教师系列
三级教师专业技术职务任职资格评审条件（节选）
（试行）

第七条　业绩成果条件
二、教育教学效果好
（一）基本掌握教育学生的原则和方法，能胜任本学科教学工作。
（二）基本掌握教育科研方法，积极参与教育科研和教学研究活动。[①]

第三节　教育科学研究的原则与趋势

一、教育科学研究的原则

教育科学研究作为一项科研活动，必须遵守下列五项基本原则。

（一）完整性原则

教育科学研究是一项长期的系统性的工作，系统性要求教育科学研究的过程、方法和内容都要完整，对研究成果的表述要完整，整个研究要前后呼应，自成体系。

（二）创新性原则

教育科学研究要有新意，从研究内容上看，能发现他人没有发现的问题，别人已经研究过的项目没有必要再去研究，即使研究，也要从新的角度或侧面去研究；从研究方法和手段上看，研究者在研究过程中要根据研究项目与实际情况，设计合理的程序，综合且有效运用各种具体的方法与手段；从研究成果上看，要提出新的见解与主张，探究出新的模式与方法，结果的创新是教育科学研究的最终目的。

（三）科学性原则

教育科学研究的宗旨在于探究与发现教育领域中的真理，揭示各种教育现象的本质与规律，因此，教育科学研究必须忠于事实。教育科学研究的科学性原则有两层含义：一是研究结果的科学性，即研究得出的结论要合乎事实，反映事物的本质特点与规律；二是研究过程的科学性，即要采用合理的程序与科学的方法，且操作恰当。

---

① 桂职办〔2016〕68 号关于印发《广西壮族自治区中小学教师系列高、中、初级专业技术职务任职资格评审条件》的通知[EB/OL]. [2018-05-10][2019-04-05]. http：//zgb. liuzhou. gov. cn/zcps/sbpstj/201805/ P020180510409798463335. pdf.

教育科学研究的科学性集中体现在研究的信度与效度两个方面。研究的信度是指研究结果的可靠性，即研究结果的前后一致性。研究的效度是指研究成果的有效性，即成果真实地揭示了某种教育现象的本质特点与规律，能产生良好的实际效果。

（四）伦理性原则

教育科学研究具有伦理性。教育科学研究过程中必须遵循伦理性原则，要尊重被试的各项权利，避免给研究对象带来负担或压力，要消除或避免任何因研究而导致的不良后果。伦理性原则要求要明确告知研究对象本研究的目的与意图，保证参与研究的人员是自愿的，不能以任何方式伤害研究对象，注意保护研究对象的隐私和任何他们不愿外泄的信息，对从研究对象处获得的研究数据与资料要严格予以保密，并保证仅将其用于教育科学研究。

（五）实用性原则

教育科学研究不仅追求学术价值，也追求实用价值，即运用研究成果解决教育实践中的理论与实际问题，直接为教育实践服务。教育科学研究的需要与内容源自教育实践，教育科学研究的成果应该为教育实践服务。研究者不仅要创立成果，而且要推广自己的研究成果，在教育实践中加以有效应用，产生实际效果。教育科学研究必须务实，解决实际问题，切忌纸上谈兵，否则就失去了应有的价值。

二、教育科学研究的趋势

（一）实证化

教育科学研究的方法可分为思辨性研究方法与实证性研究方法两大类。思辨性研究方法是通过对教育经验、概念和命题进行逻辑推理来获得普遍性教育认识的研究方法，包括教育文献研究法、教育经验总结法等。这类方法是一种书面性研究方法，主要运用分析与综合、归纳与演绎、抽象与概括等思维方法。实证性研究方法则是通过对研究对象大量的观察、实验和调查，获取客观材料，探究事物的本质属性和发展规律的研究方法，包括教育观察法、教育调查法、教育实验法、教育行动研究法、教育个案研究法等，这类方法通过实践活动来搜集材料，以事实来说明问题。

思辨性研究方法与实证性研究方法都是教育科学研究中必不可少的方法，但相比较而言，实证性研究方法更有说服力，它从实践中来，到实践中去。正因为如此，目前教育科学研究中要理性看待纯思辨性的研究，提倡多做实证研究。①

（二）现代化

教育科学研究的现代化主要表现是教育科学研究使用的技术设备和手段的现代化。目前常见的在教育科学研究中准确记录和收集资料的设备有录音笔、数码照相机、数码摄影机等。

① 李昌连，朱扬寿. 小学教育研究方法[M]. 南京：南京大学出版社，2014：12-16.

现代化仪器能够帮助研究人员收集和保存资料，并使得科学研究更加准确。信息时代的到来和计算机的广泛应用使得教育科学研究的多因素分析能够在很短的时间内准确地完成，这些现代化设备的广泛应用使得包括教育科学研究在内的所有科学研究在研究的准确性和深度上都上了一个很高的台阶。①

（三）多元化

多元化趋势主要表现在研究人员、研究方法和研究角度多元化上。一是参与教育研究的人员多元化。在重大教育课题的研究中通常会吸纳教育专家、专职教研人员、普通教师、教育行政管理人员与相关技术人员等组成研究团队，共同进行研究。二是研究方法多样化，集中表现为综合运用各种具体研究方法，定量研究与定性研究相结合，充分发挥多种研究方法的优势。三是从多个学科的角度加以研究。一些综合性课题研究往往吸收多个学科从事教学或科研的人员参加，同时吸收与采用多门学科的理论与方法，实现多个学科的优势互补。

第四节　教育科学研究的基本程序与方法体系

一、教育科学研究的基本程序

教育科学研究的基本程序体现的是特定的教育科学研究在步骤、顺序、时间以及方式方法等方面的要求。教育科学研究一般有六个基本程序。

（一）选择研究问题

进行教育科学研究，首要的工作就是选择合适的研究问题。研究问题既是我们研究的起点，也是我们要达到的目标。选择的研究问题要符合一定的要求，一是问题须有研究意义，二是问题须明确具体，三是问题须有创新性，四是问题须有科学性。

（二）提出研究假设

所谓假设，就是根据一定的科学事实和科学理论，对研究的问题设想出可能的答案或结论。这就是研究假设。研究假设可以是一种，也可以有多种。科学合理的研究假设具可预测性和可验证性。提出有价值的研究假设需要经过一个过程，研究人员要在研究过程中不断调整和完善研究假设。

（三）设计研究方法

设计研究方法就是着手设计检验假设的方法。研究设计总体上是以研究将要采取的研究

---

① 杨丽珠. 学前教育科学研究与论文写作[M]. 大连：辽宁师范大学出版社，2002：13.

方法为依据的，在某种程度上甚至可以说，研究方法主导着整个研究设计。设计研究方法首先要考虑研究的目的和性质，其次要考虑方法是否具有可行性，最后还要考虑研究人员对研究方法是否具有驾驭能力。

（四）搜集研究资料

有了研究的方法之后，就要采用所选的研究方法依照研究假设逐步搜集资料。搜集研究资料属于教育科学研究的实际操作阶段。所搜集的资料必须是客观的且与研究假设或问题密切相关。

（五）分析研究资料

搜集到资料后，必须采取适当的方法对搜集到的原始资料进行系统的审核、整理、分类和分析，以使原始的资料成为分类化、系统化、简要化的结果。

（六）得出研究结论

对搜集到的资料进行整理分析后，开始进入教育科学研究的最后一个环节：解释数据和得出结论。得出结论的过程实际就是一种解释过程，结论主要对为什么会产生这样的情况或现象进行解释。教育科学研究中，得出结论必须以研究所获得的结果为根据，绝对不能凭空捏造。

教育科学研究一般包括上述程序，但在特定的研究中可以适当增加或减少部分程序。例如，有些课题的研究假设不一定明确地写出来，甚至没有明确的假设；有些研究方法和手段也不一定清楚地表现出来。但无论如何，基本程序的先后顺序通常都是不能颠倒的。①

二、教育科学研究的方法体系

（一）教育科学研究方法的三个层次

教育科学研究方法按其地位可分为三个层次：第一层为哲学方法，第二层为一般科学研究方法，第三层为适应于某些科研领域或某种科学分支甚至某个科研课题的特殊的研究方法。

哲学方法主要有两个部分：一是唯物主义方法，二是辩证方法。二者既有区别又有联系。一般科学研究方法是科学研究方法体系的第二层次，其中的归纳与演绎、分析与综合、从抽象到具体、从具体到抽象是科学研究的基本方法。除此之外，在使用基本方法的过程中还穿插运用假设、分类和比较等方法。具体研究方法即第三层次研究方法，是针对特定对象所采取的具有技术性的具体方法，并随特定研究对象的不同而不同，如教育与心理测验法、教育行动研究法、个案研究法、教育经验总结法等。教育科学研究方法的三个层次相辅相成，有机地构成教育科学研究的方法体系。②

---

① 胡中锋. 教育科学研究方法[M]. 北京：中国人民大学出版社，2018：17-18.
② 刘承波. 试论高等教育科学研究方法体系[J]. 教育与现代化，2000（4）：8-9.

（二）教育科学研究的具体方法

教育科学研究的具体方法指的是教育科学研究方法体系中的第三层次的方法。教育科学研究常用的具体方法大致有如下几种。

1. 教育文献研究法

教育文献研究法是对教育文献进行查阅、分析、整理，并力图找寻事物本质属性的一种研究方法。教育文献研究法是教育科学研究中最常用、最基本的方法之一。

2. 教育观察法

教育观察法是指研究者通过感官或借助于科学仪器，有目的、有计划地对自然状态下的教育现象进行感知、记录、分析，从而获得事实资料的一种研究方法。

3. 教育调查法

教育调查法是指研究者从研究目的出发，深入教育实际收集研究对象的资料并进行分析和研究，从而了解教育现状、发展趋势和形成科学认识的一种研究方法。

4. 教育实验法

教育实验法是根据一定的理论和假设，通过人为地控制教育现象中某些因素从而探索变量之间某种因果关系的研究方法。

5. 教育行动研究法

教育行动研究法是指在实际教育情境中，由实际教育工作者和专家共同合作，针对实际问题提出改进计划，通过在实际中实施、验证、修正而得到研究结果的一种研究方法。

6. 教育经验总结法

教育经验总结法是在不受控制的自然状态下，依据教育实践所提供的事实，对教师和实际教育工作者提出的先进教育工作经验进行科学分析和概括，使之上升到教育理论高度的一种教育科学研究方法。

7. 教育个案研究法

教育个案研究法是对单一的研究对象或现象进行深入而具体的研究的方法。个案研究是一种经验性的研究，而非纯理论研究。

除了上述常用的研究方法外，教育科学研究还可能采用历史研究法、教育预测法、教育跟踪法以及作品分析法等。

【思考与实践】

1. 教育科学研究有哪些基本程序？
2. 调查：了解一位或若干位中小学或幼儿园教师对教育科学研究的认识，了解其教育科学研究的经历和已经取得的成果。

【阅读与拓展】

[1] 孙泽文，叶敏，程远志，等. 教育科学研究的特征、层次与价值思考[J]. 教学与管理，2016（9）.

[2] 唐松林，邓洁隽. 德以载道：教育科学研究的内在精神[J]. 中国地质大学学报（社会科学版），2016（5）.

[3] 孙泽文. 论教育科学研究方法的历史演进与发展趋势[J]. 荆楚理工学院学报，2016（3）.

[4] 桑国元. 教育科学研究重要吗?——中小幼教师对教育研究价值认识的调查[J]. 教师教育研究，2016（3）.

[5] 赵志纯，王嘉毅. 建构实在论与我国当下教育科学研究的省思[J]. 华东师范大学学报（教育科学版），2014（2）.

[6] 徐建华，张天雪. 对教育科学研究方法知识体系建构的思考[J]. 课程·教材·教法，2012（4）.

[7] 于洪卿. 教育科学研究中问题意识的特征[J]. 教育探索，2010（11）.

[8] 张华. 中小学教育科学研究的话语反思[J]. 教学与管理，2007（6）.

[9] 张华. 中小学教育科学研究的价值重构[J]. 教学与管理，2007（3）.

[10] 胡中锋，黎雪琼. 论教育研究中质的研究与量的研究的整合[J]. 华南师范大学学报（社会科学版），2006（6）.

[11] 熊秉纯. 质性研究方法刍议：来自社会性别视角的探索[J]. 社会学研究，2001（5）.

[12] 张新平. 思辨研究·实证研究·实地研究[J]. 教育探索，2000（11）.

[13] 陈向明. 社会科学中的定性研究方法[J]. 中国社会科学，1996（11）.

[14] 陈向明. 定性研究方法评介[J]. 教育研究与实验，1996（3）.

[15] 曲天立. 教育是一种境界——中小学教育科研的行动智慧[M]. 重庆：西南师范大学出版社，2014.

[16] 温忠麟. 教育研究方法基础[M]. 北京：高等教育出版社，2004.

[17] 陈向明. 质的研究方法与社会科学研究[M]. 北京：教育科学出版社，2001.

[18] 佟庆伟，胡迎宾，孙倩. 教育科研中的量化方法[M]. 北京：中国科学技术出版社，1997.

第二章　教育文献研究法

教育文献研究法是教育科学研究中最常用的方法之一，教育文献研究法贯穿于整个教育研究过程。几乎所有的课题，都要先进行文献研究。在教育研究过程中，教育文献研究法既可以作为一种独立的方法使用，也可以作为其他研究方法的基础。

第一节　教育文献研究法概述

一、文献的含义、类型与价值

（一）文献的含义

文献泛指用文字、图形、符号、音频、视频等手段记录、保存下来的，对科学研究具有历史价值和资料价值的一切信息载体。

文献具有知识性、记录性和物质性。

教育文献是记录教育科学情报信息和知识的载体，是对人类从事教育活动，尤其是教育科学研究的客观记录。①

（二）文献的类型

文献具有多种多样的类型，主要有以下几类。

1. 按照文献传递知识、信息的质和量的不同以及加工的层次划分

按照文献传递知识、信息的质和量的不同以及加工的层次划分，文献可分为一级文献、二级文献和三级文献。

（1）一级文献

一级文献是作者以本人的研究成果为基本素材而创作或撰写的文献，也称为原始文献。一级文献具有创新性、实用性和学术性等明显特征。在教育研究中，一级文献是最为宝贵的第一手资料，主要包括专著、论文、研究报告、档案资料等。

（2）二级文献

二级文献，是对一级文献加工和提炼或压缩的产物，也称为整理性文献。二级文献具有

---

① 罗润生．教育科学研究方法[M]．北京：教育科学出版社，2013：57.

明显的汇集性、系统性和检索性，主要类型有目录、索引等。二级文献是查阅工作中检索文献所利用的主要工具。

（3）三级文献

三级文献是将一级文献、二级文献按照专题或知识的门类进行综合分析加工而成的成果，是高度浓缩的文献信息。它既是文献信息检索和利用的对象，又可作为检索文献信息的工具。常见的三级文献有综述、评论、评述、进展、动态等，这些对现有成果加以评论、综述并预测其发展趋势的文献，原始程度比较低，属于第三手资料，但三级文献具有文献全面、高度浓缩、信息量大、覆盖面广等特点，可以让研究人员在短时间内快捷地了解相关研究领域的概况。

2. 按文献信息的记录形式划分

按文献信息的记录形式划分，文献可以分为印刷型文献、手工型文献、缩微型文献、视听型文献和电子数字型文献等五类。

（1）印刷型文献。

印刷型文献是以纸质材料为载体，以印刷为记录手段而形成的文献形式，包括文字材料、表格、图片等，是目前整个文献中的主体。印刷型文献优点是不需要特殊设备，可以随身携带，随处随时阅读；缺点是存储密度小，体积大，占据空间大，不便于保存。

（2）手工型文献。

将知识内容和信息通过手工记录或刻录在一定物质载体上的文献属于手工型文献，其优点是资料信息原始，研究价值高；缺点是数量少，分布分散，系统性不够。

（3）缩微型文献。

缩微型文献是以印刷型文献为母本，以感光材料为载体，以缩微照相为记录手段而形成的一种文献形式，包括缩微胶卷、缩微卡片等。这类文献的优点是体积小，便于收藏和保存，价格便宜等；缺点是参考与查阅需要借助专用工具。

（4）视听型文献。

视听型文献是以磁性和感光材料为介质记录声音、图像等信息的一种非文字型文献形式，包括唱片、录音带、录像带、电影片等。其优点是存取快捷、直观、真切，可闻其声，也可见其形，易于增强感性认识；其缺点是需要借助技术设备才能阅读，且不易长期保存。

（5）电子数字型文献。

电子数字型文献是以计算机处理技术为核心记录信息的一种文献形式，包括电子书刊、磁盘、光盘等。这种文献优点是存储容量大，检索快捷、灵活，使用方便；缺点是需要借助技术设备才能阅读。

3. 按文献的公开程度划分

按文献的公开程度划分，文献可分为正式文献与非正式文献。

正式文献是指正式出版或发表的专著、论文、年鉴等，还包括国家的政策法规、各级教育行政主管部门及学校的工作计划、工作总结等。非正式文献则是指未正式出版的各种论文论著、会议记录、研究报告，以及私人笔记、个人声明等。

一般来说，从事研究查阅的文献信息多以正式文献为主。

（三）文献的价值

1. 有助于人类知识的传承和信息的传播

文献作为知识的载体，能使知识得以较长时间的完整保存下来，也使得人类的文明代代传承。每一代人都是将前人或他人的认识作为自己认识的起点，在此基础上拓展、延伸知识，并通过文献信息将它们升华。

2. 有助于了解研究概况和选定研究课题

通过查询文献，可以了解有关问题的研究历史与现状，了解前人或他人对某一课题研究所取得的成果、研究重点方向以及存在的问题，从而为确定课题提供参考。在文献研究的基础上，如果发现相关课题是别人已经研究或正在研究的，在初步确定无法超越他人并取得新成果，或不必再做同样研究的情况下，可以及时避免重复研究。利用文献资料就可以少走弯路，找到准确的突破口，以此来选定最有价值的和最值得研究的前沿课题。

3. 为研究提供科学的论证依据和研究方法

查阅文献资料有利于吸收国内外最新研究成果，及时了解课题研究的理论、手段和方法以及研究发展动向。通过查阅文献，研究者也能掌握国内外有关学者的相关课题研究成果，对自己的研究起到借鉴和启发作用，从而为课题研究提供更为丰富和有说服力的论证依据。文献研究还可以作为一种独立的研究方法来使用，在文献研究中，研究者可以通过分析、对比、统计、归纳和推理等方法，发现事物的内在联系，找出事物发展的规律，从而得出某种研究结论。①

二、教育文献研究法的含义与特点

（一）教育文献研究法的含义

教育文献研究法是对教育文献进行查阅、分析、整理，并力图找寻事物本质属性的一种研究方法。教育文献研究法是教育科学研究中最常用、最基本的方法之一。但严格来说，教育文献研究法并非一种独立的研究方法，因为除了强烈依赖文献的研究，比如教育史的研究之外，几乎任何一项研究都会使用文献。

（二）教育文献研究法的特点与优缺点

1. 教育文献研究法的特点

（1）间接性。

教育文献研究法是一种间接的研究方法，它只对各种教育文献进行分析和研究，并不与

---

① 李昌连，朱扬寿. 小学教育研究方法[M]. 南京：南京大学出版社，2014：21-40.

文献作者直接接触，不介入文献作者的任何活动。

（2）书面性。

教育文献研究主要是书面研究，研究人员通过书面研究搜集到的相关教育文献，获取需要的研究资料和信息。

（3）灵活性。

教育文献研究较少受外界制约和限制，只要找到了必要文献就可以随时随地进行研究，即使部分文献需要阅读工具，这些工具的获取也很容易。在文献研究过程中即使出现了错误，也可通过再次研究进行弥补。

2. 教育文献研究法的优缺点

教育文献研究法具有很多优点：一是能突破时间与空间的限制，可以通过研究古今中外的教育文献，获取非常广泛的教育信息；二是教育文献研究法是一种非常方便、自由、安全的研究方法，受外界制约较少，只要找到了必要的教育文献就可以随时随地进行研究；三是实施教育文献研究法省时、省钱、效率高。教育文献研究是在前人和他人劳动成果基础上进行的研究，是获取知识的捷径，不需要大量研究人员，多数情况下不需要特殊设备，是一种高效率的研究方法。

教育文献研究法也有固有的缺点：一是文献载录信息容易受文献作者主观倾向性的主导，从而影响其客观性；二是由于文献作者个人的经验或知识所限，很多文献载录的信息有限或不充分；三是部分文献获取难度大，尤其是那些不公开却非常重要的文献，一般研究人员是很难获取的。

第二节　教育文献研究法的实施

教育文献研究法的实施主要涉及文献的检索、整理与利用等环节。

一、教育文献检索

文献检索是通过一定的方法从大量的文献中，查找所需要的与研究相关的文献的过程。

（一）教育文献的渊源

教育文献的渊源即文献的来源，指的是来源不同、载体不同的教育文献的表现形式。

1. 教育书籍

教育书籍是教育科学文献中品种最多、数量最大、历史最长的一种文献资源，包括名著要籍、教育专著、教科书、资料性工具书及科普通俗读物等。

2. 教育报刊

教育报纸和期刊均属于连续出版物，这种教育文献传递信息迅速，能及时反映教育领域研究的最新动态，是教育工作者查阅文献的主要来源。报纸和期刊出版周期短，更新速度快，内容新颖，论述深入，能及时反映研究活动的动向，数量大，种类多，是教育研究人员重要的参考文献。

3. 教育档案

教育档案资料是在人们的各种教育实践活动中直接形成的，并且具有保存价值的原始文献资料。教育档案文献是经过整理并由专职部门分卷集中管理的文件，包括教育年鉴、教育法律法规集、教育统计、教育调查报告、学术会议文件、资料汇编、名录等。

4. 电子信息检索系统

电子信息检索系统是由计算机程序人员编制的、储存于计算机中的帮助读者查阅文献资料的软件。一般包括图书馆资料中心使用的文献检索系统和国际互联网上的各种网站的搜索引擎。在所有的教育文献中，电子信息检索系统最容易保存、最便于检索。

5. 非文字类文献

教育文献中的非文字类文献包括教育遗址、遗迹、文物、歌谣等。非文字类文献对教育研究也具有重要的参考价值。

（二）教育文献检索的基本过程

教育文献检索就是教育研究人员运用科学的方法从图书馆和资料中心查找文献资料的活动。文献检索一般包括以下几个步骤。

1. 分析和准备阶段

这个阶段的主要工作是界定研究概念、列出可能有关的概念、考虑有关文献的可能标题、确定检索的范围以及选择检索手段。

2. 检索阶段

搜索与研究问题有关的文献，然后从中选择需要和确实可用的资料分别按照适当的顺序阅读，并以文章摘录、资料卡片、读书笔记等方式记录搜集的资料。

3. 加工阶段

在教育文献的加工阶段，要剔除虚假材料，去掉相互重复、陈旧过时以及与研究无关的文献资料。从研究任务的观点评价资料的适用性，保留那些全面、完整、深刻和正确阐明所要研究问题的一切有关资料，以及含有新观点、新材料的资料，对孤证材料要特别慎重对待。在资料数量和类型较多的情况下，应对资料进行分类编排，并编制题录索引或目录索引，对准备利用的文献资料，必须对其可靠性进行鉴别和评价。对那些不完全可靠的或有待进一步明确的资料，最好不予采用。

（三）教育文献检索的主要方法

文献检索的方法多种多样，不同的方法有不同的特点和适用范围。

1. 顺查法

按时间范围、以所检索的课题研究的问题开始的时间为起点，由远及近、由旧到新的顺序查找文献。此种方法主要用于范围较广泛、项目较复杂、所需文献较系统全面的研究课题以及文献普查。这种方法较方便，能随时查找，检索的结果基本上能反映事物发展的全貌，但比较费时。

2. 逆查法

逆查法又叫倒查法，与顺查法恰好相反，采用由近及远，由新到旧的方法查找文献。多用于新文献的搜集、新课题的研究，不太关注历史渊源和全面系统性。这种方法省时、高效，但易遗漏相关文献。

3. 引文跟踪法

利用文献综述或已经掌握的文献所附的引文注释和参考文献作为线索，查找有关主题的文献。这种方法能集中搜集相关文献，但由于查得的文献资料受原作者引用的局限性和主观随意性的影响，往往比较杂乱。

4. 综合查找法

一般将上述几种方法综合起来使用，以防止单一检索方法之不足，以期达到研究人员的检索目的。

（四）教育文献检索的工具

检索工具，是指用以积累或查找文献线索的工具，包括为检索而标志的文献线索和配备的一切设备和设施，任何一种检索工具都不可能检索所有需要检索的信息资料，要根据不同的课题研究，分别选择相应的检索工具。

1. 传统的教育文献检索工具

传统的教育文献检索工具一般都是手工检索工具。

（1）教育书目。

教育书目是将各种图书在按学科或内容分类的基础上编制而成的目录，也叫图书目录，如《全国总书目》。书目可为研究工作者的搜索资料工作提供一个基本的内容框架。

（2）教育文摘。

教育文摘是将文献的主要观点、数据、结论、中心内容或突出的内容摘录出来，按一定的方式编排而成的检索工具书。教育文摘可以帮助研究人员在较短时间内了解有关文献的基本内容。

（3）教育文献索引。

教育文献索引是将书籍和报刊中的项目或标题记下来，按一定的次序编成的条目，并注明出处、时间、刊名或出版社、页码等，如《全国报刊资料索引》。教育文献索引能告诉人们寻找资料的线索和途径。

2. 新型的教育文献检索工具

新型的教育文献检索工具就是利用计算机等设备对存储的文献资料进行检索。与传统手工检索相比，新型的教育文献检索工具具有检索速度快、检索的范围广和费用低廉的优势。

计算机检索主要有计算机网络检索、光盘检索和联机检索三种方式。

（六）文献检索的基本要求

1. 及时性

文献的检索与整理，是时间性很强的工作。研究课题一经确定，就应立即着手资料查询工作。准确度高、有价值的文献资料，一旦检索慢了，就可能耽误时机，从而失去其利用的价值。

2. 全面性

力求搜集与课题研究相关的各方面文献，不仅要有远期的文献，更要有近期的文献；不仅要检索与自己观点相近的文献，也要检索与自己观点不同的文献；不仅要检索横向文献，也要检索纵向文献；不仅要检索中文文献，也要检索相关的外文文献。只有做到全面占有资料，才能得出比较正确的结论。

3. 代表性

检索的资料既要有一定数量，更要有一定质量，要具有典型的代表性意义。争取以尽可能少的资料，包容尽可能多的内容，提高文献利用效率，为研究工作提供坚实的基础。

4. 相关性

检索文献首先看文献是否与待研究课题相关。在此基础上尽量检索第一手资料，保证资料的准确性和可靠性，进而保证研究的客观性。

5. 批判性

用分析批判的眼光，对已有材料的真伪正误进行鉴别。在此基础上，辨别其学术价值。

二、文献的整理

在教育研究中，文献资料的检索、查阅，是为了更好地利用。而只有对所获取的文献资料进行整理，才能更好的利用。在整理前，应该对文献资料进行阅读。

（一）文献阅读

常见的阅读方法有以下几种。

1. 浏览

浏览大致可分为扫描式和跳读式两种。扫描式要求在阅读中一目数行，迅速扫视，摘取字里行间的重要信息，如前言、目录、结束语等；跳读式即根据一定的目的或某种需要，舍弃一部分不读，只快速阅读相关的部分，如标题、图表、与主题相关的关键词语等，以便查找有关资料。

2. 泛读

泛读目的在于在有限的时间里了解文献的内容与主旨，获取文献的基本观点与事实。了解了这些内容，对下一步的研究有重要的作用。

3. 精读

精读是在泛读基础上进一步的理解性阅读，是一种追求深度、追求通透的阅读方法。精读有明确的、特定的目的，读的速度较慢，甚至要反复读，精读过程中通常伴有笔记行为。

4. 选读

选读是根据目录选择性地阅读与研究相关的文献资料，略过那些与研究无关的文献。

5. 做笔记

（1）做标记。

对书中的重点、难点、疑点、精彩之处等，可在其下画直线、波浪线，或者在其上画圆圈，或者在其边上标上疑问号、感叹号等。有时为了醒目，可用多种颜色的彩笔做标记。

（2）写批注。

在阅读时，可以在文献的空白处，简要地写上自己对文献中的相关内容的疑问或新的见解、新的解释等。

（3）做摘录。

做摘录是将原文的重要部分、精彩句段摘录在自己的笔记本上。摘录部分不要更改原文内容，同时要注明文献的详细信息，以供日后查找、核对或引用。

（4）做摘要。

做摘要是根据研究的需要，用自己的语言将原文基本观点、基本内容、主题思想、独特之处等加以概括，以备日后查找。摘要须忠实于原文，不可随意发挥。

（5）做札记。

做札记就是在阅读中随时把自己的读书心得或有关的感想等记录下来，为日后整理成文打下基础。

（二）文献整理

文献整理的基本步骤如下。

1. 将文献转化为可读的书面材料

有些文献是供临时阅读的，但如果对研究有价值，可将其复印或摘录下来。有些文献是以录音、胶卷、电脑软件等形式保存的，可将它们转化为可阅读的书面材料，如录音可以转化为文稿，胶卷可冲印为照片，电脑软件里的内容可打印出来。

2. 对文献资料进行分类和排序

分类的过程是对资料初步分析的过程，应按一定的标准来对文献资料进行分类。分类时应在每类文献前加上说明性标题和简短的类别说明，还可以按一定的逻辑顺序，给各类文献标上号码，将其排序，以便以后查找。

3. 建立资料索引和内容摘要系统

在完成资料分类和排序后，应建立资料索引。在索引中，要将每一类别、每一文献的主题标注清楚，然后进一步为每一种文献建立一个基本的内容摘要。索引和摘要可建立为一个统一的系统。

三、文献的利用

文献资料搜索、阅读、整理的目的在于利用。文献资料的利用，概括起来大体有以下几个方面。

1. 掌握研究信息，调控研究进程

从事某项教育研究，要了解该研究的理论依据是什么，应查阅文献资料，在已有思想观点的基础上开阔研究的视野，使研究有足够的理论依据，使研究的起点更高。

2. 获取数据信息，转为研究所用

为获取相关的材料与数据，便于研究中借鉴和吸收，在课题研究中应查阅文献资料，主动接受别人的正确观点或发布的正确数据，使之为研究所用。

3. 激发科研灵感，助力创新研究

创新是教育科研的灵魂，具有创新性的研究，应当是别人没有解决或没有完全解决的问题，切勿重复别人的研究。因而，在研究前应该查阅文献，梳理并总结过去相关的实践与理论研究成果。离开了他人的相关研究这个基础，任何突破与创新都是难以想象的。

4. 引用文献资料，丰富研究证据

引用具有权威性的公开出版的或未公开出版的文献资料，可以使研究成果更具说服力。引用文献要注明出处，注明作者姓名、出版物名称或刊物名称、出版时间及版次等。

四、文献的著录（标注）

在教育科研论文、报告或其他成果中参考或引用他人文献的，需要按照一定的方法和格式，如实予以标注。

（一）文献著录（标注）的基本要求与文献类型标识

参考文献一般只标列公开发表的文章或专著。

1. 一般文献

参考文献类型标识为：M（专著），J（期刊），N（报纸文章），C（论文集），D（学位论文），R（报告），S（标准），P（专利），Z（其他未注明的文献类型）。

2. 电子文献

电子文献类型与载体类型标识基本格式为[文献类型标识/载体类型标识]。例如：

[DB/OL]——联机网上数据（database online）；

[DB/MT]——磁带数据库（database on magnetic tape）；

[M/CD]——光盘图书（monograph on CD-ROM）；

[CP/DK]——磁盘软件（computer program on disk）；

[J/OL]——网上期刊（serial online）；

[EB/OL]——网上电子公告（electronic bulletin board online）。

（二）文献著录（标注）的方法

参考文献按引用的先后标注（顺序编码制），首先在文章中间用上标的方式标注，然后在文章（专著）结尾集中标列。

多次引用同一著者的同一文献时，在正文中标注首次引用的文献序号，并在序号的“[]”外著录引文页码。

1. 正文中引用参考文献的常用著录方式

示例：

（1）……迎合社会暂时的或短期的需要，过分专业化和取消专业的功利主义价值观。[1]

（2）……孔子认为：“君子博学于文。”（《论语·雍也》）所谓“文”，主要是指当时儒家的“六艺”，“博学于文”，也就是一种通才教育。[3]

（3）……改变社会规范也可能存在类似的“二阶囚徒困境”问题：尽管改变旧的规范对所有人都好，但个人理性选择使得没有人愿意率先违反旧的规范。[1]……事实上，古希腊对轴心时代思想真正的贡献不是来自对民主的赞扬，而是来自对民主制度的批评，苏格拉底、柏拉图和亚里士多德 3 位贤圣都是民主制度的坚决反对者。[2]260……柏拉图在西方世界的影响力是如此之大以至于有学者评论说，一切后世的思想都是一系列为柏拉图思想所做的脚注。[3]……据《唐会要》记载，当时拆毁的寺院有 4600 余所，招提、兰若等佛教建筑 4 万余所，没收寺产，并强迫僧尼还俗达 260500 人。佛教受到极大的打击。[2]326-329……陈登原先生的考证是非常精确的，他印证了《春秋说题辞》“黍者绪也，故其立字，禾入米为黍，为酒以扶老，为酒以序尊卑，禾为柔物，亦宜养老”，指出：“以上谓等威之辨，尊卑之序，由于饮食荣辱。”[4]

2. 文末（书末）作为资料性附录的参考文献常用著录方式

（1）著作类。

[序号（按参考或引用的顺序）]作者. 文献名[文献类型标识 M]. 出版社所在地：出版社

名称，出版年：第几页（-第几页）.

例如：

[1] W. 施太格缪勒. 当代哲学主流（下卷）[M]. 北京：商务印书馆，2000：234-241.

[2] 李昌连，朱扬寿. 小学教育研究方法[M]. 南京：南京大学出版社，2014：21-40.

[3] 胡中锋. 教育科学研究方法[M]. 北京：中国人民大学出版社，2018：17-18.

（2）期刊类论文。

[序号（按参考或引用的顺序）]作者. 文献名[文献类型标识 J]. 期刊名，年，卷（期）：第几页（-第几页）.

例如：

[1] 吕宪军，王延玲. 新课程标准和教材的分析与把握[J]. 中国教育学刊，2004（2）：33-36.

[2] 温儒敏. “部编本”语文教材的编写理念、特色与使用建议[J]. 课程·教材·教法，2016（11）：3-11.

[3] 江新华. 中小学课堂教学重难点问题探究[J]. 教学与管理，2015（4）：32-33.

（3）报纸类文章。

[序号（按参考或引用的顺序）]作者. 文献名[文献类型标识 N]. 报纸名，年（格式：YYYY）-月（格式：MM）-日（格式：DD）（版）.

例如：

[1] 谢希德. 创造学习的新思路[N]. 人民日报，1998-12-25（10）.

（4）电子文献。

[序号]主要责任者. 电子文献题名[文献类型/载体类型].（更新或修改日期：YYYY-MM-DD）[引用日期：YYYY-MM-DD]. 电子文献的出版或可获得地址.

例如：

[1] 王明亮. 中国学术期刊标准化数据库系统工程的研究[EB/OL].（1998-08-16）[1998-10-04]. http：//www. cajcd. cn/pub/wml. txt/980810-2. html.

（5）学位论文类。

[序号（按参考或引用的顺序）]作者. 文献名[文献类型标识 D]. 学位论文保存地：学位论文保存单位，年份：第几页（-第几页）.

例如：

[1] 檀钊. 遗产破产制度研究[D]. 北京：北京大学，2005：7-9.

【课堂实训与讨论 1】

阅读如下材料，分析小王老师的文献搜集工作存在什么问题。

小王是某小学教师，2019 年申报广西壮族自治区教育研究课题。他准备研究一项小学教师课堂提问方面的课题，拟题为《农村小学教师课堂提问问题研究》。为了解与课题相关的研究现状和成果，小王利用知网（www. cnki. net）收集相关文献，至 2019 年 4 月 5 日共检索到相关文献 1224 篇，并整理出有代表性的论文若干篇。在填写课题申报书中“本课题国内外研究现状述评”时，小王依据文献检索、整理和分析的结果撰写了如下内容：

……截至2019年4月5日在中国知网（www. cnki. net）上选择以篇名为检索条件（检索项），以“小学”“课堂”和“提问”三个词为检索词进行组合检索，共检索到相关文献1224篇，其中有代表性的论文不到100篇。代表性的观点有：新课程改革背景下，小学数学教师要结合课堂提问的问题，精心设计，提出趣味性、启发性、针对性的问题，培养学生数学思维，增强数学教学效果（唐元波，2019）；小学语文课堂上要以能激发互动与共鸣为原则设计提问，以紧扣教学重点为基点精选关键提问，以课堂教学需要为根据把握提问时机，以拓展学生思维为目的预留想象空间，以轻松活泼有趣的语言编制系列问题（饶满萍，2009）。解决当前小学语文课堂提问数量偏多、问题指向范围偏狭、问题思维水平偏低、师生问答方式单调、学生质疑能力偏弱等问题的策略是：强化课程意识，加强教材解读，提高课堂提问的向心力；强化生本意识，转变呈现方式，提高课堂提问的灵活性；强化整合意识，聚焦核心问题，提高课堂提问的包容度；强化过程意识，注重学生质疑，培养学生的质疑能力（孙世梅，2018）……

申报书初稿于2019年4月5日下午完成，当晚小王老师将申报书送给本校教育科研经验丰富的刘老师，请他指点。刘老师扫读之后，指出了一些青年教师填写申报书的常见错误后，单独就“本课题国内外研究现状述评”与小王进行了很长时间的交流。刘老师首先指出小王对代表性观点的总结不够精练，且研究现状分析中依据的很多所谓的具有代表性的观点并不一定具有代表性，很多论文的水平并不高，期刊档次也很低。这样得出来的具有代表性的观点肯定存在问题。

随后，刘老师当场登录中国知网，再次以小王老师表述的检索方式检索文献，结果刘老师找到了3536篇文献，与小王的1224篇出入极大。两相比较，才发现小王老师检索文献时是按照中国知网默认的选择模式检索的，而刘老师则是跨库选择……

【课堂实训与讨论2】

请规范著录（标注）下列文献。

1. 顺序：1，刘尧先生的《21世纪中国教育需要求解的10道难题》，发表于《江苏大学学报（高等教育版）》2002年第3期，第12-19页。

2. 顺序：2，王冀生的文章《通识为本，专识为末》，发表于《教育发展研究》杂志2002年第3期，第61-64页。

3. 顺序：3，北京的人民日报出版社2002年出版的《孔子思想研究》第234-241页，本书作者陈科华。

4. 顺序：4，《文汇报》2005年8月7日第6版刊载的张汝伦先生写的文章《我国人文教育的现状及出路》。

5. 顺序：5，《<枫树上的喜鹊>重难点突破》，作者：喻静蕾，材料网址：http: //xiaoyu. pep. com. cn/xxsx_176803/xxsxwd/201903/t20190315_1936443. html，网页未载明文章上传时间。

6. 顺序：6，饶满萍的《小学低中学段开展绿色海量阅读的研究》，发表于《广西教育（义务教育）》2018年4期，第108-110页。

7. 顺序：7，许慧芳的论文《广西幼儿教师心理健康状况调查与干预策略研究》，刊载在

《课程教育研究》杂志 2019 年第 1 期，第 4-5 页。

8. 顺序：8，杭州师范大学郭薇 2017 年的学位论文《公平视域下城乡学前教育资源配置差异分析——以河南省 A 市为例》，第 39-42 页。

第三节　教育文献综述的撰写

一、教育文献综述概述

（一）教育文献综述的含义

教育文献综述是对教育文献资料内容的评价分析性阐述。在对教育研究课题进行确定后开展文献检索，对检索到的资料进行系统的、全面的整理和分析，在阅读、比较、分类和综合的基础上，对于教育的某一领域或某一方面课题研究的现状、成果、水平、存在的争论及焦点问题等进行叙述和评价，并对该课题的研究趋势进行一定的预测，最后形成书面材料。

进行教育研究离不开教育文献综述。撰写教育文献综述有助于研究者掌握课题研究的相关信息，对研究具有导向作用。

（二）教育文献综述的特点

教育文献综述是对相关教育研究文献的“综”和“述”，同时还要进行一定的评价分析。因此其特点主要表现在以下三个方面。

1. 综合性

教育文献综述是对一定教育研究课题的研究成果的综合性概括，因此要求研究者在教育文献检索和查找时一定要全面，尽可能将所有能查找到的各种研究成果都搜集到手。同时，研究者要对查找到的资料进行认真细致的整理分析，将不同研究者、不同派别的观点和结论用清楚、明晰的方式综合表达出来，因此内容上也要体现综合性的特征。

2. 叙述性

教育文献综述是对相关教育研究资料成果的阐述，要尽量保证忠实性，对不同研究者的观点、内容进行比较客观的叙述，不需进行很多的加工，即使是转述也要站在客观中立的立场上。

3. 评价性

在综述过程中，要进行合理的分析和评价，而不是将文献资料进行简单的堆砌。因此，教育文献综述的重点是“述”，关键点却在于“评”，即评价性地进行叙述。这就要求研究者在介绍了他人的研究成果后，要在综合分析的基础上进行评价，发表自己的观点和见解，对原始文献进行评论。这种综述本身就是具有创造性的成果。在以文献研究作为单独的教育研究方法中，就是以这类分析评价性的综述来表述研究成果的。

二、教育文献综述的基本结构

教育文献综述要综合评述与研究课题相关的详细文献资料、研究动态和进展等，与一般的学术论文写作不同，教育文献综述既要有介绍又要有评论。教育文献综述并没有所谓的固定格式，但一般而言，教育文献综述除标题之外，还要包括引语、本论、总结和参考文献等部分。

（一）引语

引语一般是简要说明撰写本文献综述的目的和意义等。引语部分重点介绍相关研究概念、综述的范围，对待研究问题的历史、资料的来源、现状和发展动态进行简要的说明，同时也交代选择这一研究专题的目的和动机、应用价值和实践意义，综述中尽量说明相关文献的起止时间。如果属于争论性课题，要指明争论的焦点所在，使读者对要叙述的问题有初步的了解和认识。引语部分要尽量简明扼要，突出重点。

（二）本论

本论部分即文献综述的正文，主要包括论据和论证，通过提出问题、分析问题和解决问题，比较各种观点的异同及其理论根据，反映不同研究者的见解。

文献综述的正文在写作时没有具体的固定格式，表现形式多样化。可按年代顺序综述，也可按不同的问题进行综述，还可以按不同的观点进行比较综述。不管用何种方式，都要在归纳、整理及分析比较搜集的教育文献资料的基础上，阐明有关主题的历史背景、现状和发展走向，以及对这些问题的评价。

文献综述的本论至少应当包括如下三方面的内容。

1. 历史发展

围绕某一专题，按时间先后顺序或专题本身的发展层次，对其历史演变、目前状况、趋向预测做纵向描述，勾画出这一研究专题的来龙去脉和发展轨迹，对相应课题研究背景同阶段的发展动态进行扼要描述，说清楚已经解决了哪些问题，取得了什么成果，还存在什么问题，以后的发展趋势如何，将发展层次交代清楚。有的研究课题成果多，时间跨度较大，在综述中要抓住具有突破性的文献进行详细介绍，对那些一般性的、重复性的资料则可以从简从略，做到既突出重点，又详略得当。

2. 现状分析

主要是介绍某研究课题国内外的研究现状，对各派观点、各家之言、各种方法、各自成就等加以描述和比较。将归纳、整理的事实和资料进行排列和必要的分析，尤其是横向的对比分析，将各种研究观点或见解、研究方法及研究成果的优劣利弊体现出来，同时将自己的研究与国际国内同行的研究进行比较，找到问题或差距。

在进行现状分析的时候，对有创造性和发展前途的理论或观点要详细介绍，并引出论据，对有争论的问题要介绍各家观点或学说，进行比较。指出问题的焦点和可能的发展趋势，并提出自己的看法。对陈旧的、过时的或已被否定的观点可从简。对一般读者熟知的问题只要提及即可。

3. 趋向预测

在文献资料分析的纵横对比中肯定该课题的研究水平，阐明存在的问题和不同观点，在此基础上提出对该研究趋势的预测。这部分内容要写得客观、准确，要为相关课题的继续研究指明方向。

（三）总结

文献综述的总结是对本论部分的归纳小结，是将相关的研究成果、观点等进行综合概括、评述，指出相关研究的优点和不足之处，阐述已有成果为自己的研究奠定了怎样的基础或从中受到怎样的启发，以及本课题已有研究中存在的空白或薄弱环节，据此阐明今后研究的方向和重点，进而提出自己的课题研究的具体方向和观点。

（四）参考文献

参考文献是综述的重要组成部分，要在文献综述的结尾处列出主要的参考文献，参考文献的信息项要标注完整。所有在综述中引用或列举的文献资料都要标明，没有直接提到，但是对自己的课题研究有启发和一定价值的文献也可列出。参考文献的标注既能体现文献资料引用的依据，也是对其他文献作者的尊重，同时参考文献的多少可体现研究者阅读文献的广度和深度。

文献综述更关注当前的研究现状，因此必须有近三年到五年内的文献，以反映该研究方向的最新动态。

（五）其他部分

教育文献综述还可以根据需要增加综述摘要和关键词部分。

三、教育文献综述撰写的基本要求

教育文献综述有自己的特点，它的写作与“读书笔记”“读书报告”不一样，与一般的研究性论文写作也不相同。在撰写教育文献综述时应注意以下几方面的基本要求。

（一）文献齐全有代表性

掌握全面、大量的文献资料是写好综述的前提。随便搜集一点资料就动手撰写是绝对不可能写出好的综述。但教育文献综述不是将所得到的教育资料进行堆砌和简单的拼凑，而是将材料按一定的线索进行的综合、分析。因此，综述的文献要有一定的代表性，不必将所有的文献都罗列出来，而是对那些具有权威性、针对性及前瞻性的资料进行主要的介绍和概括分析。用来进行综述的文献要“精”，不遗漏重要的相关研究成果和精辟的论述。同时，文献也要“新”，能反映最新研究取向，介绍有价值的教育研究前沿内容。

（二）引用文献必须忠实

撰写教育文献综述的基础是阅读和把握相关研究课题的大量教育文献资料，在写作中直接或间接地引用，以进行综合分析。每一篇文献都有作者自己的观点和角度，研究成果也不尽相同，有的甚至是相左的看法。在整理分析和评述这些文献时，一定要注意忠于文献本身的观点和事实，认真阅读领会其原意，不能断章取义，也不能歪曲或篡改文献的内容，要有条理地、清晰地阐述，将具有代表性的文献资料的观点进行综述，按照一定的逻辑标明文献综述撰写者自己的观点。

有些综述作者喜欢从他人引用的参考文献转引文献，但这些文献在他人引用时是否恰当，有无谬误，综述作者可能并不清楚，因此一般不要转引文献。

（三）体现综述者的观点

教育文献综述的特点在于既“综”又“述”，综述一定要体现文献综述者本人的观点。在精心阅读和把握相关文献后，将有价值的资料以一定的线索连接起来，系统地总结某具体教育领域的研究进展和现状。尤为重要的是，文献综述者一定要对这些相关研究进行评价，对以往研究发展和现状及趋势进行批判性分析，指出其优点、不足，从各个角度进行思考。文献综述不是单纯的介绍，研究者要区别清楚相关文献中的观点和自己观点的不同，要敢于、善于发表自己的观点，以确定进一步研究的具体问题和发展方向。

（四）参考文献不能省略

文献综述绝对不能省略参考文献。所有的参考文献必须是文中引用过的，能反映主题全貌并且是作者直接阅读过的文献资料。参考文献需要按照一定的规范在文末标注出来，也可在文中用一定的格式注明，以备其他研究者和读者查阅参考。①文献综述除有中文文献外，根据研究的实际情况，还可能需要有一定数量的外文文献。

第四节　教育文献研究法应用案例

汉语拼音教学的文献综述②

一、汉语拼音教学的概念界定

（一）拼音

拼音是两个以上音素组成音节时的连续过程。只要把声母和韵母这两个拼音单位拼合成一个完整的音节，这个过程就叫作拼音。

---

① 杜国莉，张德启．学前教科研方法和研究性学习[M]．北京：北京出版社，2014：65-69.

② 孙悦，王向凤，陈琢．汉语拼音教学的文献综述[J]．上海课程教学研究，2016（6）：42-46.（有删改）

（二）汉语拼音教学

顾名思义，汉语拼音教学就是通过教师的课堂教学让学生正确掌握和充分利用汉语拼音工具，帮助他们识字、阅读和学习普通话。

二、汉语拼音教学改革的历史阶段

1958 年 2 月，第一届全国人民代表大会第五次会议批准颁布《汉语拼音方案》。六十多年来，汉语拼音教学经过多次改革，大体经历五个阶段。

（一）第一阶段（1958—1962 年）

这一阶段的汉语拼音教学内容偏多，教学要求较高，学生掌握汉语拼音的难度大，教学耗时多且效果差。有关单位根据汉语拼音教学中存在的问题，对汉语拼音教学做了较大的改进。

（二）第二阶段（1963—1966 年）

1963 年颁布的《全日制小学语文教学大纲（草案）》中提出了汉语拼音教学的目的。人民教育出版社重新编写小学汉语拼音教材，对教学内容做了较大调整与改进，受到广大师生的欢迎和肯定，但一些偏远地区和方言区的教师仍感到教授困难。

（三）第三阶段（1967—1977 年）

1967—1977 年，汉语拼音教学基本处于停滞阶段，直到 1977 年后才逐渐恢复。在此期间的教学内容简化了，课文采用汉字夹拼音的方式编排，但不规范的音节影响学生学习拼写规则。一年级汉语拼音教学没有注音读物，学生不能有效巩固拼音。

（四）第四阶段（1978—1982 年）

1978 年颁布的《全日制十年制学校小学语文教学大纲（试行草案）》对汉语拼音教学提出了要求，也明确了各年级拼音教学的内容，编写了比较切合实际的教学方案。

（五）第五阶段（1982 年至今）

1982 年，“注音识字，提前读写”的教学实验在黑龙江省率先试行。汉语拼音教学的作用由帮助学生识字、学习普通话扩大到帮助学生阅读、写作。在 1988—2001 年，中华人民共和国教育委员会（以下简称“国家教委”）、人民教育出版社、中华人民共和国教育部（以下简称“教育部”）等有关单位和部门对汉语拼音教学提出进一步的要求，对汉语拼音的作用做了进一步的强调。

通过梳理颁布的教学大纲和课程标准发现，小学汉语拼音教学要求时高时低，随意性很大；在实际操作中，存在教过之后没有复习巩固从而造成回生的现象；个别边远地区受条件限制，无法教授汉语拼音，而直接教授学生汉字。

三、已有研究成果

（一）汉语拼音在语文教学中定位的变化

1. 发挥拼音的工具性，辅助识字、阅读与学习普通话

1951 年，毛泽东指示："文字必须改革，要走世界文字共同的拼音方向。"这一主张为中华人民共和国成立初期的文字改革确立了根本方向和目标。

1963 年颁布的《全日制小学语文教学大纲（草案）》明确规定汉语拼音教学的目的是辅助识字，学习普通话。1978 年 2 月颁布《全日制十年制学校小学语文教学大纲（试行草案）》中的要求是："学会汉语拼音，以帮助识字和学习普通话。"1986 年，国家在制定新时期语言文字政策时明确指出："现行的《汉语拼音方案》是帮助学习汉语、汉字和普通话的注音工具。"这标志着我国政府放弃了"拼音化方向"的政策，拼音的地位从属汉字。

1986 年试行的《全日制小学语文教学大纲》中改变 1978 年大纲提出的"为将来实现汉字拼音化打下基础"的说法。这一要求推动了汉语拼音教学，促进了小学语文的改革。

2. 强调拼音辅助汉字书写的重要作用，以音节代替汉字

1988 年，国家教委制订了《九年义务教育全日制小学语文教学大纲（初审稿）》，对汉语拼音教学又提出进一步要求，即"低年级学生在写话的时候，还可以利用汉语拼音代替不会写的汉字"。1992 年国家教委颁布了《九年义务教育全日制小学语文教学大纲（试用版）》进一步强调汉语拼音的作用。这次大纲中的汉语拼音内容自成一节，是作为语言训练方面的一项重要内容提出来的。

3. 降低要求，回归辅助识字

1994 年，国家教委在《关于印发中小学语文等 23 个学科教学大纲调整意见的通知》中对 1992 年大纲提出调整意见，删去"低年级学生在写话的时候，可以用音节代替没学过的汉字"的提法。2000 年，教育部颁布了《九年义务教育全日制小学语文教学大纲（试用修订版）》，继续降低要求：由"熟练拼读"改为"准确拼读"，删去"帮助阅读"功能以及"认识隔音符号"等要求。自 2001 年 1 月 1 日起施行的《中华人民共和国国家通用语言文字法》第十八条规定："国家通用语言文字以《汉语拼音方案》作为拼写和注音的工具。"2001 年，教育部推出的《全日制义务教育语文课程标准（实验稿）》明确提出："汉语拼音的教学目标是能借助汉语拼音认读汉字。"

《义务教育语文课程标准（2011 版）》秉承 2001 年的提法，但阶段目标中把汉语拼音放在"识字与写字"部分。课标把"默写"降低为"正确书写"，强调规范以借助拼音认读汉字；把"背诵字母表"改为"熟记"。这样更明确汉语拼音作为工具的使用价值。

（二）汉语拼音教学时间安排的讨论

从 20 世纪 20 年代至今，在小学一、二年级完成注音字母或汉语拼音的学习是共识。但从课程标准看，1941 年以前规定在一、二年级完成；从 1941 年国语课程标准到 1992 年大纲规定在小学一年级完成，有的大纲还明确规定安排在开始阶段，以后的年级进行巩固；2001 年《语文课程标准》与 1941 年以前的做法相同，要求在第一学段完成，没有规定具体的时间安排。

（三）汉语拼音教学方法策略的转变

纵观汉语拼音教学方法策略的研究，主要有两大阵营：一是直接学习，以直呼音节法为代表，类似还有直读法等；二是以趣味教学为主，包括游戏法、连读法、情境法、故事法等。

1. 直接学习法

1983 年，《语文建设》第 9 期《直呼音节好——万荣县汉语拼音教学回顾》一文介绍了直呼音节教学的优点及取得的成效。1988 年，叶籁士发表《改革拼音教学，纪念汉语拼音诞生 30 周年》指出："凡能较快地使低年级小学生直呼音节、阅读拼音小报和注音读物的拼音教学法，就是我们需要的新教法。"1989 年，尹斌勇谈了传统拼读法的缺点及改进办法，建议采用直读法。1991 年，《语文建设》发表的《直读法教学实验研讨会"追述"》指出："直读法实验绝非好事者的标新立异，而是教改发展的必然，是有科学根据的。"1992 年，尹斌勇等认为直读法是汉语拼音教学的一种新方法。这些方法多聚焦在拼音知识的学习上。

2. 趣味活动法

从 2001 年课程改革起，人们由关注拼音教学自身转变到关注教师教学的教具、教学方式、学生学习的经验，课堂教学氛围的营造等外在因素的创设。首先，拼音教学的趣味性被提出。2002 年，邵林认为："运用直观教具，采用形象教法。会起到化难为易、事半功倍的效果。"2004 年，李罗指出："汉语拼音教学宜以趣味教学为主。"其次，拼音教学的趣味策略开始多元化。2004 年，陈必武通过课题研究实践指出，在汉语拼音教学中利用游戏这个手段能比较好地激发学生兴趣，提高教师的教学质量。2005 年，孙宽仁指出："在音节教学中用'连读法'改变传统的'拼读法'。"2005 年，周慧琼指出："充分利用教材，创设学习情境；联系学生生活，注重学习过程；动手自编歌诀，帮助学生记忆；注重生活应用，强化巩固知识等方面进行论述。"2006 年，王岚指出："汉语拼音教学应尽可能具有趣味性，与学说普通话、识字教学相结合，同时强调充分利用儿童生活经验，将学拼音、看图识字、看图说话、阅读短语和儿歌等多个知识点相互渗透，进行分层次的有机整合。"2006 年，施海亚更是提出了通过故事、儿歌、游戏、探究和结合学生生活等策略开展拼音教学。2007 年，白莉莉指出："在故事中快乐学拼音。"

从这些教学方法策略上，我们发现拼音教学策略由原来关注教学知识到关注教学对象的转变过程。而这样的转变更符合现代儿童的认知特点，注重拼音教学与学生的生活经验、发展能力和心理特点相结合，更关注学生在学习拼音过程中的乐趣，借助创设的合适情境来丰富学生学习的语言和内心感受，从而更好地激发学生学习拼音的兴趣和积极性。

四、研究结论与思考

纵观目前对汉语拼音教学的研究，在拼音教学的目标定位、时间安排以及教学策略上，已经取得了较为丰硕的研究成果。

（一）拼音教学的目标不可盲目拔高

拼音教学的目的在于为识字提供辅助，只要“能认读”“能借助拼音读准字音”即可。同时，对拼音教学目标的定位还表现在达成时间上，不要求学生人人掌握拼音，而是在不断地学习与巩固中加强借助拼音识字的熟练程度。

（二）拼音教学需辅以丰富的活动设计

从汉语拼音教学策略的研究发现，在活动中学习、使用及巩固拼音有着良好的效果。它降低了学习的枯燥性，让拼音能以不同的形式在学生面前不断复现。这就要求教师在进行拼音教学时，为学生创设更多使用拼音完成活动的情境，以提高拼音教学的有效性。

（三）拼音教学理论体系的形成有待进一步探索

目前关于汉语拼音教学方面的研究主要有两大研究力量，一是来自一线教师撰写的教学案例，以经验总结为主；二是来自专家学者，从理论研究入手，试图构建起拼音教学的理论。综观汉语拼音教学的发展，可以看出：从现有的研究成果中尚难以提炼出一定的理论体系或者梳理出一个理论流派以及理论观点。对拼音教学的评价还缺乏相关研究。关于具体教学策略值得思考。例如，由直接教学法转变为趣味活动法后，学生汉语拼音的学习会呈现出怎样的新问题？这些新问题又该如何解决呢？新的策略方法在不同的情境条件下是否有所区别？对于这些问题的探究远远没有深入。因此，对于拼音教学的研究可以从这个方向入手进行更深层次的研究。总之，汉语拼音教学在我国研究起步晚、范围小、深度不足，存在广阔的研究空间，有待进一步探寻。

参考文献

[1] 莘乃珍．汉语拼音教学的历史与现状[EB/OL].（2004-10-26）[2019-04-02]. http: //old.pep. com. cn/xiaoyu/book/xy_dsyz/sw4/xysw8/201008/t20100820_684274. htm.

[2] 王均．当代中国的文字改革[M]. 北京：当代中国出版社，1995.

[3] 郑国民．小学汉语拼音教学的改革——《语文课程标准》解读[J]. 小学语文教学，2003，（1）：4-7.

[4] 朱静英，张纯瓦，武令仪，顾家漳．小学低年级汉语拼音教学[M]. 上海：上海教育出版社，1978.

[5] 全国小学语文教学研究会汉语拼音教学分会秘书处．小学汉语拼音教学研究[M]. 北京：人民教育出版社，2002.

[6] 王理嘉.《汉语拼音方案》的理论释要兼及汉语拼音教学的基本观念[J]. 语言文字运用，2013（4）：8-11.
[7] 王娟. “趣”满课堂丰收在望——试论实施小学汉语拼音趣味教学的途径[J]. 语文天地（理论综合），2013，（7）：17-18.
[8] 鞠凤萍. 巩固《汉语拼音字母表》教学效果之我见[J]. 考试周刊，2014（72）：55.
[9] 张新梅. 汉语拼音教学方法之我见[J]. 中国校外教育，2015（8）：44.
[10] 谢艳梅. 汉语拼音教学需根据实际情况采取有效策略[J]. 学周刊，2015（2）：76.
[11] 张香竹. 汉语拼音教学研究综述[J]. 继续教育研究，2009（1）：139-141.
[12] 顾守兴. 回归“小学语文基础知识”——汉语拼音的教学[J]. 新课程学习，2014（5）：92.
[13] 朱晓燕. 利用情境图助推拼音课堂教学[J]. 山西教育，2014（10）：10-11.
[14] 冯文刚. 蒙学经典与拼音教学的有效糅合[J]. 现代阅读（教育版），2013（1）：218.
[15] 郑佳绮. 拼音“馅饼”可真香——注入童心创设情境激活拼音教学[J]. 青少年日记（教育教学研究），2015（3）：145.
[16] 刘晓丹. 拼音教学在小学语文教学中的意义和地位[J]. 中国校外教育，2015（8）：124.
[17] 刘刚. 拼音教学中激发学生学习兴趣的几点做法[J]. 甘肃教育，2015（4）：86.
[18] 孙丽娟. 浅谈拼音、识字与多媒体教学[J]. 中国教师，2015，7（S1）：100.
[19] 何月荣. 浅谈提高汉语拼音教学趣味性的途径[J]. 新课程导学，2015（9）：42.
[20] 陈婷. 轻松学拼音，快乐学语文——小学低年级语文拼音教学点滴谈[J]. 文理导航，2015（2）：62.
[21] 陈雨花. 趣味拼音教学方法研究[J]. 教材教法，2015（3）：51.
[22] 张玲. 让静态素材“活”起来——插图在拼音教学中的活用[J]. 语文天地，2014（11）：38.
[23] 许平伟. 让拼音像音符充盈在生活图景中——谈谈情境教学在拼音教学中的运用[J]. 教育教学论坛，2013，12（52）：88.
[24] 李妙甜. 如何激发学生学习汉语拼音的兴趣[J]. 科技视界，2015（1）：298.
[25] 张守红. 水乳交融的拼音识字教学——浅谈学习拼音如何与识字相结合[J]. 新课程（小学），2015（1）：152.
[26] 章九红. 新课改理念下关于小学语文拼音教学技巧的探讨[J]. 学周刊，2015（3）：63.
[27] 冯志伟. 汉语拼音运动的历史功绩——纪念《汉语拼音方案》公布50周年[J]. 北华大学学报（社会科学版），2008，9（2）：26-39.
[28] 邵林，浅谈直观、形象法在汉语拼音教学中的运用[J]. 宿州教育学院学报，2002（3）：93.
[29] 李罗. 趣味教学汉语拼音例谈[J]. 小学教学设计：语文·品德版，2004（4）：29-31.
[30] 陈必武. 游戏在汉语拼音教学中的运用，四川教育学院学报[J]. 2004，20（2）：38-39.
[31] 孙宽仁. 对改变小学汉语拼音教学费时低效现状的探究[J]. 中小学教材教学：小学版，2005（11）：40-42.

[32] 周慧琼. 让汉语拼音教学活起来[J]. 课程教材教学研究（小教研究），2005（12）：40.
[33] 王岚. 浅谈新教材汉语拼音的教学[J]. 课程教材教学研究（小教研究）. 2006（11）：14.
[34] 施海亚. "趣"味无穷，其乐融融——新课程理念下汉语拼音教学浅探[J]. 中小学教学研究，2006（12）：29-30.

【思考与实践】

1. 文献检索有哪些基本要求？
2. 教育文献综述撰写有哪些基本要求？
3. 选择一个小微课题，进行文献检索，并根据检索的文献，撰写一份文献综述。

【阅读与拓展】

[1] 施慧. 我国小学语文教科书中不平等现象研究现状评述——基于 CNKI 中的期刊文献的分析[J]. 教育导刊（上半月），2018（11）.
[2] 顾正理. 小学数学深度教学的实践研究文献综述[J]. 数学教学通讯，2016（9 上）.
[3] 王瑞珍. 小学全科教师文献综述[J]. 齐齐哈尔师范高等专科学校学报，2016（2）.
[4] 支运波. 人文社会科学研究中的文献综述撰写[J]. 理论月刊，2015（3）.
[5] 刘辉. 1995—2012 年国内小学数学教学设计研究文献综述[J]. 牡丹江师范学院学报（自然科学版），2013（1）.
[6] 张晓芬. 我国小学作文教学文献综述研究[J]. 语文学刊，2012（10 中）.
[7] 路阳. 社会科学研究中的文献综述：原则、结构和问题[J]. 社会科学管理与评论，2011（2）.
[8] 张黎. 怎样写好文献综述——案例及评述[M]. 北京：科学出版社，2018.
[9] 蒋永新. 人文社会科学信息检索教程[M]. 上海：上海大学出版社，2007.
[10] 王立诚. 社会科学文献检索与利用[M]. 南京：东南大学出版社，2003.
[11] 高润芝. 现代信息资源检索与利用[M]. 北京：经济管理出版社，2002.
[12] 蒯超英. 教育实验的原理和操作[M]. 北京：气象出版社，1991.

第三章　教育观察法

教育观察法是教育科学研究最基本、使用最普遍的方法，是教育科学研究搜集资料的基本途径之一，是其他研究方法的基础。

第一节　教育观察法概述

观察是教育的先导。教师只有细心地观察学生，全面地了解学生，才能够针对每个学生的不同发展需求及特点，制定出切实可行的教育措施，从而有效地促进学生健康的成长。

一、教育观察法的含义与特点

（一）教育观察法的含义

教育观察法是指研究者通过感官或借助于科学仪器，有目的、有计划地对自然状态下的教育现象进行感知、记录、分析，从而获得事实资料的一种研究方法。[①]

教育观察是教育过程中发现问题、提出问题的前提，是产生理论假设、验证理论的手段，是提供教育现象真实过程的手段，是帮助研究者了解被测试个体差异的手段，是解答各种特殊问题的手段，也是教育评价的手段。

（二）教育观察的特点

1. 目的性

教育观察是根据研究课题的需要，为解决某特定问题而主动进行的，目的在于获取直接的经验事实素材。

2. 自然性

强调在“自然状态”下，对观察对象不加任何干预和控制是观察的最突出特点。保证观察的自然性，能够获得真实可靠的材料。在观察研究中，研究者应努力避免妨碍事件自然发生的一切因素。

---

① 金哲华，俞爱宗. 教育科学研究方法[M]. 北京：科学出版社，2011：131-149.

3. 客观性

由于在自然状态下不对观察对象进行干预和控制，因而能够保证所观察资料的客观性。观察所获得的事实材料，实质上是研究者对教育现象或过程的一种反映和描述，观察的客观真实性将直接影响观察分析的正确性。

4. 特定性

由于有明确的观察任务和观察目标，在观察活动中，研究者必须根据观察需要去选择典型的观察对象。研究者只有从复杂多变的现象中选择典型对象、时间，以获得具有代表性的材料，才能解决特定问题。

（三）教育观察法的优缺点

运用教育观察法可以在自然状态下获取教育事实资料；不干扰观察对象的自然表现，可以获得客观、真实的资料，适用范围广；同时，教育观察的成本较小。这些都是教育观察法的主要优点。

教育观察法并非万能的，其也存在一定的缺点。一是观察范围有限，观察样本小，难以适用于研究对象多或分散的情形。二是观察所得材料具有表面性，较难运用于研究观察对象的内在态度与信念。三是观察在自然状态下进行，不对观察对象予以干预或控制，对影响对象变化的内在因素及外部条件难以把握，导致较难确定所观察现象的因果关系。

二、教育观察法的类型

根据不同的标准，可以将观察法分为不同的类型。

（一）根据观察的情境条件划分

根据观察的情境条件，可分为自然观察法和实验观察法。

自然观察法，是指在自然情境中，对观察对象不加干预和控制的状态下，考察人的各种心理活动和行为表现，搜集研究资料的一种方法。

实验观察法则是指通过人为地改变和控制一定的条件，有目的地引起被研究对象的某些心理现象，以便在最有利的条件下对研究对象进行观察，搜集有关研究资料的一种方法。所以，实验观察法也可称为条件观察法。

（二）根据观察方式划分

根据观察方式，可分为直接观察法和间接观察法。

直接观察法是观察者凭借自己的感官直接感知观察对象，从而获得第一手事实资料的一种研究方法。

间接观察法则是指观察者借助各种观察仪器、设备观察现象，获取事实资料的一种研究方法。

（三）根据观察者是否直接参与观察对象的活动划分

根据观察者是否直接参与观察对象的活动，可分为参与观察和非参与观察。

参与观察又称内部观察，是指观察者参与到被观察者的活动之中，与观察对象建立比较密切的关系，在相互接触和直接体验中倾听和观察被观察者的言行，从而获得观察研究资料的一种方法。

非参与观察是指观察者不介入观察对象的活动，通过旁观获得观察研究资料的一种方法，故又称为外部观察。

（四）根据观察实施的方法划分

根据观察实施的方法，可分为结构式观察和非结构式观察。

结构式观察，也称为正式观察，是指观察者根据事先设计好的观察提纲并严格地按规定的内容和计划所进行的可控性观察。结构式观察是比较程式化的观察活动。

非结构式观察，也称非正式观察，是指对观察范围采取弹性态度，不预先确定观察内容和观察步骤，亦无具体记录要求的非控性观察。

除上述几种主要类型外，观察法还可根据其他标准做如下一些划分：如根据观察结果是关于观察对象的质的特征还是量的特征区分为定性观察和定量观察；根据对观察对象及其行为表现的取样方式，可分为时间取样观察和事件取样观察；根据观察活动的进行是否有规律区分为系统观察和非系统观察等。

第二节　结构式观察和非结构式观察

一、结构式观察

（一）时间取样法

时间取样法是在一个确定的短时间阶段里观察被试，主要记录其行为出现与否、行为发生的次数，以及持续的时间。

1. 时间取样的具体做法

（1）确定总的观察时间，如持续一周。

（2）确定几个观察时间段，如每天 8：00～9：00 和 14：00～15：00，各观察 10 分钟。

（3）给出所要观察的行为表现的操作性定义，制定且熟悉观察表格内容。

对无所事事、旁观等行为的性质和表现都有操作性定义，如“无所事事”的操作性定义：幼儿未参与任何游戏活动或社会交往，只是随意观望任何可能引起兴趣的情境。表现为：如没有可观望的，便走来走去，跟从老师，或站在一旁张望。

（4）实施观察并做记录。

（5）对观察资料进行整理，根据观察时间段出现预先确定的行为表现的次数和情况去推测观察对象的一般行为表现。

2. 时间取样的要求

时间取样法只适用于经常发生的行为和观察外显行为；必须要确定观察目的、被试的数量、观察的范围和时间；使用时间取样法对观察的行为与事件必须给出明确的操作定义；应当制定时间取样编码记录表。

3. 时间取样法的优点和缺点

时间取样法的优点是可以使研究者在较短的时间内收集较多的具有代表性的资料；主要用于研究特定的行为和事件，可以控制，使研究客观化；可以确定行为、事件发生的频率；不干涉被试正常活动；可以取得定量化的资料。

时间取样法的缺点是只限于研究出现频率高的外显行为和事件；只能获得行为出现频率的资料；不能保留行为发生的顺序；不能保留行为的完整性；不是完全描述正在发生的事情。

（二）事件取样法

事件取样法是从被试多种多样的行为中选出一种有代表性的行为进行观察，在自然的情境中，等待所要观察的行为出现，然后马上记录并可随事件的发展持续记录其全过程。不仅记录行为或事件本身，而且要把行为发生或事件出现的前因后果及环境背景情况记录下来。

1. 事件取样法的具体做法和要求

（1）观察前确定所要观察的行为或事件，确定记录哪些事件的发生、发展过程，确定记录事项和记录形式，制订记录表格。

（2）研究者事先制订观察记录表，只要预定行为或事件一发生，就立即记录事件全程。

2. 事件取样法的优点和缺点

事件取样法的优点是事件取样观察法是在自然情境中观察行为事件的全貌，研究行为事件的范围广泛；收集资料的时间相对经济。事件取样法的缺点是收集的是定性资料，忽略了与该事件相关的条件与情境。

（三）行为核查法

行为核查法也叫清单法。行为核查法是将观察项目制成清单式的简表——核查表。用核查表来核查某种行为是否发生或出现并记录观察结果的方法。

行为核查表中提供某种行为项目是否出现的两种选择，在实地观察时，只要某种行为一旦出现，就立即进行标记。行为核查表具有诊断、测量的功能。

1. 行为核查法的具体做法和要求

（1）根据研究目的确定观察内容，即观察重要事项。

（2）将观察内容分解细化为具体行为项目（观察项目）——清单。
（3）将观察项目制成清单记录表格——观察清单。
（4）确定观察时间。
（5）进行实地观察和记录。
（6）整理和分析观察结果。

2. 行为核查法的优点和缺点

行为核查法的优点是观察目标明确、省时、易行，缺点是不保留原始实况，包括情境和背景资料。

二、非结构式观察

（一）日记描述法

日记描述法又称儿童传记法，即对同一个或同一组儿童在一段延长的时间内跟踪并反复观察，以日记的形式，将观察到的被试的各方面的新行为、新发展记录下来，并进行研究。日记描述法是对儿童研究最古老的方法。

日记描述法的优点是能提供较长期、较详细的第一手资料；记录被试发展的真实过程、连续行为；描述被试的生活环境及各种行为，有利于对行为进行质的定性分析。缺点在于，所选择的被试往往都是受过良好教育的儿童，具有偏向性，缺乏代表性；观察者一般都是被试的亲人，观察容易出现偏差，高估儿童；案例太少，缺乏普遍性；每日追踪记录，人力物力耗费太大。

（二）实况详录法

实况详录法，是在一段时间（如一小时或半天）内持续地、尽可能详尽地记录被观察对象所有的行为动作表现的一种观察方法。

观察者的目的是无选择地记录行为系列中的全部细节。获得对这些行为详细的、客观的描述，不加以主观推断、解释和评价，犹如描绘一幅反映现实情况的全景系列图。由于对详细记录的要求较高，一般用于记录较为困难的场合。现代观察技术尤其是录像技术的应用，使这一方法趋于完善，可将现场实况全部录下来，以后再进行处理。

实况详录的优点是能提供详尽丰富的有关儿童行为及其发生环境、背景等资料，并可长久保留；可用于多种目的下的各种分析；可经济且有效地利用时间和精力。它的缺点是对记录技术要求高，用手记很困难；需花费较多的时间与人力记录和处理资料；需大量实录资料才能获得有关某些行为具有代表性的样本。

（三）轶事记录法

轶事记录法又称记事法，是以记事为主，从事件或行为刚刚发生到结束，完整地按顺序记录全过程的一种观察方法。轶事记录通常不是记录一个被试的连续行为，而是着重记录观察者感兴趣且认为有价值的行为。

用轶事记录法进行观察，可帮助教师分析儿童的成长和发展，了解儿童的个性差异，探讨对不同的儿童的发展起作用的因素，以便有针对性地进行教育干预。轶事记录法所获得资料真实可靠而且典型，有长期保留和反复研究利用的价值。但由于它往往不是现场记录，而是事后回忆记录，回忆的内容可能不够准确。

运用轶事记录法应以单一事件的简短描述为主，教师应有目的地选取需要特殊关注或帮助的儿童，以获取有价值的信息。记录要尽可能全面，包括行为发生的背景、事件过程、幼儿的行为，以及其语言、音调、面部表情等情绪变化，还有与之相联系的其他在场幼儿的活动，要避免记录的内容喧宾夺主，也要避免记录过于笼统，不够具体。同时，教师还应尽可能避免主观性的判断，对幼儿行为应进行客观的描述，不做评价和解释。①

【课堂实训与讨论 1】

讨论：事件取样法与时间取样法、轶事记录法分别有何区别？

第三节　教育观察法的实施

一、教育观察的途径

教育观察活动不仅要在自然状态下进行，而且要以不影响正常教育教学为原则。因此，在正常的教育教学活动中应同时注意运用教育观察。教育观察的基本途径有以下几种。

（一）上课

教育研究人员通过为学生上课的方式观察学生是最普遍、最方便、最理想的观察途径。教师与学生面对面交流，面对面观察，获取信息之准确、丰富是其他途径不能比的。部分教师认为课堂教学就是教学而已，无须注意观察和研究学生，这种观点有待更正。要成为科研型的教师，必须学会多途径观察学生，尤其是通过课堂教学观察学生。

（二）听课

听课的目的一是观察课堂教学中教师教的情况，二是了解学生学的情况。听课可以直接观察教师课堂教学的表现，了解教师的教学观念和教学技能，同时，还可以观察学生的学习活动，了解学生的心理特征。此外，通过听课也可以在一定程度上了解教师的备课情况。听课既是教学研究人员或管理人员研究课堂教学改革的途径，也是研究人员评价课堂教学效果的途径。

① 于冬青. 轶事记录法：抓住幼儿有价值的行为[N]. 中国教育报，2015-05-03（003）.

（2）审查资料。

看所收集到的观察资料是否都有效。

（3）分类归档。

（4）详细说明要解释的内容。

2. 资料整理与分析的要求

研究者观察得到的资料一般比较真实可靠，但有时也有人为的虚假成分。如有时由于某种原因，被调查的学校或个人会以某种假象掩饰事实的真实面目。同时，由于观察受观察者本人的价值标准或以往经验的影响，可能造成观察资料的不准确。因此，在整理和分析观察资料时，要注意如下几个问题。

（1）核查资料获取的程序。要检查观察资料是不是严格遵循科学方法和程序而获得。

（2）如果资料是用多种方法收集的，则应将通过观察获得的资料和通过其他方法获得的资料进行比较，如发现问题可再去核实。

（3）当观察是以小组进行时，可将观察者之间获得的资料进行比较。

（4）对于较重要的问题，应注意观察时间的长短。一般来说，长时间的观察比短时间的观察更可靠。

三、教育观察法的实施要求

（一）符合目的

要按计划，有步骤、全面而系统地观察。但如果原定计划确有不当之处，或观察现场出现偶然事件，则应根据情况妥善进行调整，保证观察目的的实现。

（二）客观观察

观察者要了解观察过程中各种可能的误差来源，避免各种主客观因素对观察结果的影响，有意识地避免或减小误差，注意观察的客观性，这样才能确保所得资料的可靠性、有效性。

（三）自然观察

为保证观察的客观性，对观察对象不应干预和控制。同时，还应防止被观察对象的虚假现象及干扰。

（四）全面观察

从空间上，观察研究对象的各个方面；从时间上，系统观察研究对象演变发展的各个阶段和发展的全过程；从研究对象的内部关系以及研究对象与其他事物之间的相互联系上，观察其整体特征及其在周围环境或更大系统中的表现。只有全面地、系统地、动态地观察研究对象，才能比较客观地反映对象本身的属性、特质和其他相关情况。

（五）典型观察

为使观察更加便捷，可从各种类型的观察对象中选择能代表一般的典型对象进行观察，但应避免以偏概全。

（六）方式合适

采用何种方式进入观察现场，选择何种最适当的观察位置等，都是需要观察者认真思考和谨慎对待的工作。方式如果不合适，将直接影响观察工作的顺利开展。

（七）准确记录

观察者要认真仔细地观察实际发生的事情，具体地记录研究对象做了什么、怎样做的，背景如何以及其他人的反应等。记录时要使用具体的语言，少用或不用抽象性的词语，避免概括性判断或标签式的说明代替实际发生的行为事件；尽量使用平实、中性的语言全面记录观察到的现象，少用或不用文学化的语言，如隐喻或双关语等，避免引起歧义；要直接记录感知到的客观事实，而不是感受的主观描述。

（八）培训人员

教育观察对观察者的素质与能力要求很高，观察人员不仅要具有一丝不苟的科学态度和优秀的个人品质，还要掌握科学观察的理论知识和实务技能。这就要求在观察实施之前对观察人员进行培训。

【课堂实训与讨论 2】

阅读下列材料，分析情景 2 中王老师采用的是何种观察方法。

情景 1：某幼儿园刘老师想要了解自己班级幼儿的亲社会行为及其发生的频率，但如果对发生在所有幼儿身上的亲社会行为都研究，时间和精力都是不允许的，为此刘老师很苦恼。

情景 2：某幼儿园王老师同样想要了解幼儿的亲社会行为，她准备从 9:30 到 11:00，观察自己班级 15 名幼儿亲社会行为及其发生的频率，一共观察的时间是 90 分钟，王老师将这 90 分钟平均分配在 15 名幼儿身上，即每名幼儿观察 6 分钟。另外，为了取得具有代表性的行为，她准备在一星期内反复进行这个过程三次。观察结束后，每一名幼儿一共有三次，每次六分钟的行为记录。①

【课堂实训与讨论 3】

阅读下列三则观察实录，讨论观察者采用的是何种观察方法，并分析这三则实录是否符

① 王琼．时间取样观察法在幼儿园中的运用[J]．齐齐哈尔师范高等专科学校学报，2013（2）：30-32.

合该观察方法的基本要求。

观察实录 1：天天取完餐盘后，坐在小椅子上，并没有拿勺子吃饭，而是将头偏向一侧，开始和旁边的小朋友说话："你爱吃大虾吗？今天的大虾有点小，我家里做的大虾比这个大多了！"旁边的幼儿不理他，拿着筷子夹起自己的大虾。但天天仍然不停地和旁边的幼儿讨论这个问题。忽然，天天离开座位，对教师说要去厕所小便。如厕后，他一蹦一跳地回到座位上，开始吃饭，刚吃了两口，又开始和另一边的小朋友说话了……

观察实录 2：童童影响其他小朋友做游戏，体育教师马上批评了她，可是，没到两分钟，她又犯老毛病了。教师把童童请到中间来，让她表演，她才安静下来做体操。

观察实录 3：今天的集体教学活动是学习儿歌，飞飞坐在椅子上，眼睛看着教师。在学习儿歌的 30 分钟内，飞飞先后出现与旁边的小朋友说话、摆弄自己的衣服、站起来推前面小朋友的椅子等行为。就这样，对于儿歌的内容，飞飞几乎没有听进去。①

第四节　教育观察法应用案例

【案例 1】

大班幼儿模仿行为的观察研究②

美国心理学家班杜拉表示，模仿行为是人们在交往过程中相互影响的一种重要方式，涉及多个方面，尤其以幼儿发展初期的引导教育价值和社会交往价值最为重要。对模仿行为的研究与引导不仅仅可以促进幼儿的动作发展、认知结构以及思维能力的发展，还可以在教学过程中利用幼儿的模仿特点达到预期的教学效果，具有重要的教育意义。

幼儿模仿行为是幼儿自婴儿期就随之呈现的一种心理发展特征，3~4 岁是模仿行为出现的高频率阶段。笔者对曲靖市某幼儿园大班幼儿进行了为期两个月的观察研究，发现：对幼儿的模仿行为的教育，教师足够重视，但是仍然在引导教育以及示范教育的过程中有所欠缺，以致幼儿的模仿行为存在严重的机械模仿以及因对部分行为难以做出正确判断而出现了不良模仿行为。

一、幼儿模仿行为呈现的特点

大班幼儿模仿行为范围较广，涉及认知、动作、语言等方面，且多以同伴、教师及家长为模仿对象。在大班幼儿模仿行为中，既有积极模仿又有消极模仿，通过观察，大班幼儿模

① 于冬青. 轶事记录法：抓住幼儿有价值的行为[N]. 中国教育报，2015-05-03（3）.
② 何睿. 大班幼儿模仿行为的观察研究[J]. 教育导刊（下半月），2018（9）：42-45.

仿行为表现出以下特点。

（一）幼儿的模仿类型具有广泛性

1. 认知模仿

认知模仿行为主要是针对思维和想象的一种模仿能力。幼儿的认知模仿行为在绘画创作上有着非常明显的表现。

例如，在绘画创作的过程中，通常，同一桌幼儿所呈现的绘画作品相差不大，许多幼儿选择相邻幼儿的绘画作品为模仿对象。还有另一类幼儿的绘画作品多以引导活动时教师所展现的示范模板为主要模仿对象，与教师的示范画很接近。

在幼儿绘画创作之前，教师会进行一定的引导，多以教师讲述为主，这就在认知上局限了幼儿的思维，让幼儿在绘画创作的过程中局限在教师给出的大范围，而没有跳出教师设定的范围，用自己的思维与想象去创作。因此，部分幼儿无法自我创作，只能选择模仿同桌幼儿或者教师示范画。其次，在绘画过程中，教师的指导多以“模板演示”进行，这样的示范让幼儿只会“有样学样”，而不能独特地表达自己的想象，这种“模板演示”在很大程度上限制了幼儿想象的空间，让幼儿只能固定地去模仿老师的“模板”，从而造成认知模仿，这是一种示范行为的误区。

2. 动作模仿

在幼儿模仿行为中，动作模仿出现的频率高于认知模仿出现的频率。这是由于感知动作的发展优于抽象思维的发展，皮亚杰在《发生认知论》中也提出了相同的观点。在幼儿的活动过程中，笔者将幼儿的动作模仿行为分为有意模仿和无意模仿。

例如，当要完成某个户外活动的时候，教师会先给幼儿进行动作示范和分解，在教师动作示范时幼儿仔细观察，教师进行分解动作教学时幼儿会模仿教师来完成此项户外活动，这是动作模仿中的有意模仿。入园第一天，部分幼儿并不存在入园焦虑，但是在看见其他幼儿因为入园焦虑而哭泣时，有的幼儿也会跟随哭泣，这是一种无意识的模仿。

当幼儿要通过一定的活动来达到预期目标的时候，他会对教师的行为动作进行有意模仿，从而完成活动达到预期目标，这就是教师的正确示范作用所带来的积极效果。而无意模仿主要体现在幼儿没有固定的预期目标时，盲目地模仿某种动作行为，他对这种行为动作没有判断好与坏的能力，只是简单的“跟随”。

3. 语言模仿

语言模仿是模仿行为中最常见的一种现象。这种语言模仿多以表达“我也……”[1]进行。语言模仿的范围很广，多以比较的情况发生。

例如，在手工活动中，当教师给予其中一位幼儿帮助后，其他幼儿也会发出“老师，我也不会”的帮助请求，然而实际上这些幼儿有能力自己完成，却仍然要模仿请求帮助。此外，幼儿发生争执时，当其中一位幼儿表示自己没有过错的时候，另一名幼儿也会向教师表示他也没有过错。

这些语言模仿是一种消极的模仿。但是，语言模仿也存在积极模仿，主要体现在语言教学活动中。在语言活动过程中，教师很多时候就是利用幼儿的语言模仿来进行教学活动的，幼儿先模仿教师语言表达的生动性、形象性、准确性，然后再慢慢提高自己的表达能力。

由上可知，大班幼儿模仿行为较为广泛，主要以认知模仿、动作模仿、语言模仿为主，这些是幼儿学习的方式。正如叶圣陶先生所说："艺术的事情大都始于模仿，终于独创。"在幼儿发展的启蒙阶段，他们都是先通过模仿来学习，然后才加上自己的思维与想象进行创造。我们作为教育者，应该对这种模仿行为加以正确的引导。

（二）幼儿的模仿对象具有广泛性

1. 同伴之间互相模仿

在模仿行为中，存在模仿者与被模仿者。而幼儿之间互相模仿主要是有目的的模仿。有目的的模仿主要发生在教学活动和游戏中。例如，当进行绘画、数学或者区域活动时，有的幼儿能够很快地完成绘画作品、数学练习或者搭建积木，而未完成的幼儿就会焦躁，这个时候他就很可能会去模仿已经完成作品的幼儿，而放弃自己的思考。此外，幼儿之间的互相模仿还常常发生在关系较好或者座位相邻的幼儿之间，他们之间产生的模仿行为就是一种带有目的的模仿行为。在这个过程中，教师应该进行巡回指导，防止出现一种复制性的活动。在没有固定答案的情况下还可以鼓励幼儿呈现不一样的作品。

2. 幼儿对教师的行为进行模仿

前文中提到幼儿在认知发展以及动作、语言发展的情况下，在最初的学习过程中都会以模仿教师的行为作为开端，这是幼儿一个正常的学习过程。通常情况下，在开展语言活动时，幼儿都是先听教师讲述，然后慢慢跟着复述，最后才自己独立完成语言表达。而在户外活动中，大部分幼儿都是在自己当前已有水平基础上模仿教师而进入下一阶段的学习的。

3. 幼儿对家长的行为进行模仿

家长是孩子的第一任老师，幼儿的行为习惯与家长有着密不可分的联系。很多幼儿都会在潜移默化中模仿家长的行为，这就说明家长的日常行为非常重要。观察发现，幼儿的模仿行为与家长的职业、性格以及其他家庭因素有着莫大的关系。

例如，一位男幼儿的母亲是护士，所以在进行角色扮演的时候，他总是坚持要扮演穿着粉色衣服的护士；而另一位幼儿总是发生攻击性行为，经了解发现这是由于在家中当他做错事时，母亲会严厉批评甚至动手打他。

第一种情况是幼儿在模仿家长职业的行为，第二种情况是幼儿模仿母亲而产生攻击性模仿行为。所以在幼儿面前，家长应该做出好的带头示范作用。[2]

由以上可看出，幼儿模仿的对象具有广泛性，主要以同伴、教师、家长为主。这三者为幼儿的主要交往对象，在幼儿模仿行为中起到了关键作用。

（三）幼儿的模仿行为有积极模仿和消极模仿

从客观的角度来看，幼儿的模仿行为既有积极模仿也有消极模仿。积极模仿是指在教学活动中，幼儿有目的地对教师的行为进行模仿，从而达到学习的预期效果。这种模仿行为对促进幼儿的认知发展、动作发展以及语言表达能力、社会交往能力都有着积极的作用。消极模仿行为是一种模仿不良行为的情况，例如对攻击性行为的模仿、缺乏创新行为的机械模仿都是消极模仿行为。

模仿行为具有两面性，所以应该对幼儿进行正确的示范与引导，这样才能利用模仿行为让幼儿有一个积极的学习过程。

二、幼儿模仿行为存在的问题及分析

在观察研究中，笔者发现幼儿存在模仿攻击行为、教师示范不当以及家长没有做出正确示范等问题，分析如下。

（一）幼儿自我判断能力弱，存在盲目模仿

大班幼儿正处于一个认知能力不完善、判断能力较弱的发展阶段。在这个阶段，幼儿尚未形成正确判断对错的能力。而且这个阶段的幼儿的认知能力、思维能力以及动作发展都处于一个起步的阶段，加之他们爱模仿的心理发展特点，对于新事物，他们都充满了好奇与新鲜感，从而加重了他们模仿行为出现的频率。[3]正因为如此，他们还未来得及对模仿事物的好与坏、对与错做出正确判断，就已经开始了模仿行为。当幼儿接触到的不正确事物越多、越频繁，他所模仿的行为中的错误行为就越多。因此，要减少消极模仿，就要给幼儿创造一个积极健康、有正面榜样的环境，这样的环境有利于幼儿的健康发展。

（二）教师示范存在误区

1. 教学示范过多

在教学活动过程中，教师都会在幼儿开始活动之前进行正确示范，但是，过多的示范行为只会让幼儿局限在已有的思维框架里，从而限制了幼儿的语言表达、想象创作的空间。其实，无论在哪个领域的活动中，教师所要培养的是幼儿的观察能力、动手操作能力以及创新探索的能力，放手给幼儿一个自由的空间去发现、去探索，这才是我们所要培养的重要能力。而不是给出一个既定的模板，或者现成的规律、办法，让幼儿在已有的限定条件下做出千篇一律的成品来。幼儿的思维是无限的，教师在活动中应该鼓励幼儿，而不是做过多示范以固化幼儿。

2. 教师的实际行为与示范行为不符

大多数教师在教导幼儿的过程中，都能够很好地给幼儿正确的示范、正确的观点。但是，在实际生活中，教师却不一定能够以身作则，容易产生“嘴上一套，实际一套”的行为。其

实这些行为都是一些细节问题，可是当教师所教与所做相悖的时候，幼儿无法做出判断，就会因为感知动作的发展先于抽象思维的发展，而更加倾向于模仿动作行为。这就造成了幼儿由于模仿老师而出现了不正确的做法。

（三）家长没有做出正确示范

1. 家长的实际行为与示范行为不符

父母是幼儿的第一任老师。幼儿最初的行为习惯都来自自己的父母。但是在生活中，许多家长自身的行为与他们对幼儿的教育内容是不相符的，例如不断催促幼儿要收拾好自己的东西，而自己却丢三落四。家长应该注意自己的行为以及语言的正确示范，让示范行为与实际行为保持一致。

2. 家长对幼儿不良模仿行为不予纠正

大班幼儿处于发展的关键时期，因此，家长的行为和教育尤为关键。有些幼儿会受家长或者部分媒介的影响而模仿产生攻击性行为，这是一种不良的模仿行为。可是，部分家长却不以为然，认为爱打爱闹是小孩子的天性，没有在幼儿发展初期进行正确教育与引导，导致幼儿后期产生更严重的问题。因此，家长应该及时制止幼儿的任何不良模仿行为，并对幼儿进行教育，而不是放任不管。

三、促进幼儿模仿行为正确发展的建议

（一）加强对幼儿模仿行为的正确引导

1. 对幼儿模仿行为进行正确引导

幼儿的认知模仿、动作模仿、语言模仿都存在机械模仿行为。我们可以在幼儿学习新事物的时候，先利用机械模仿，让幼儿的认知能力、动作发展以及语言表达形成基础的印象，然后在这个基础印象上，对幼儿的思维进行引导，让幼儿自由地加以发展、想象，并且，在此过程中，教师的示范不宜过多，正确的引导重在培养幼儿的独立思考以及在适当模仿的基础上的创新和想象能力。[4]在这个目标下，教师的示范应该很少或者以局部示范为主，引导幼儿通过观察、动脑筋来学习新事物。[5]

2. 纠正幼儿的不良模仿行为

幼儿由于缺乏正确的、清晰的判断能力，可能会模仿一些不良行为。当幼儿出现不良模仿行为时，教育者应该及时地、严厉地制止，并正确引导。只有这样，才能培养幼儿的良好行为习惯。[6]

（二）提高幼儿的判断力，避免盲目模仿

首先，营造优良环境。在幼儿的成长过程中，给幼儿一个自由、优良的环境有利于幼儿

各方面的发展。一个自由创造的空间有利于幼儿的思维能力和想象力更加丰富多彩。[7]幼儿的思维才会有开阔性，而不是通过机械模仿出现一些大同小异的结果，闭塞了思维。自由、优良环境下的教育可以有效减少幼儿的机械模仿，促进幼儿的积极模仿。

其次，提高幼儿的判断能力。教育者应该在平时对幼儿进行是非好坏判断教育，让幼儿在面对选择时能够安全、正确地做出判断，[8]避免幼儿做出错误选择并进行不良模仿。

（三）树立优良榜样，强化示范作用

1. 教师的示范作用

在幼儿学习发展的过程中，教师是以一个引导者的身份存在的。而幼儿的很多行为习惯都来源于教师。因此，教师的言行举止对幼儿会产生巨大的影响。教师的实际行为要与自己所说的正确教育相符，给幼儿做出一个正确的、言行一致的表率。这样的示范作用让幼儿在认知上与行为上不会相悖，也更容易让幼儿养成良好的习惯。

2. 家长的示范作用

家长对幼儿进行教育的时候，应该时刻注意自己的语言表达文明、规范，这样潜移默化的影响会让幼儿模仿家长养成文明用语、规范用语的良好行为习惯。[9]除此之外，当家长之间出现争执时，一定要用讲道理的方式解决问题，否则，当幼儿与其他幼儿出现争执摩擦时，就容易模仿而出现攻击性行为。

3. 优秀人物的示范作用

媒介资源以及社会现象的冲击会让幼儿更加难以判断，应该尽量避免一些暴力现象出现在幼儿的视野中。相反，可以通过多种渠道让幼儿去学习、模仿优秀人物，也可以借生活中的一些正面行为对幼儿进行鼓励，让幼儿学习、模仿这些正面行为。当遇到这些情况时，及时进行教育，幼儿就会对这种行为产生更加深刻的印象。

综上所述，模仿行为是贯穿于人的整个成长过程的一种重要行为，而在启蒙阶段，对幼儿模仿行为的引导显得尤为重要。因此，在对幼儿模仿行为进行引导的同时，教师和家长要互相配合，在家园共育下让幼儿的模仿行为往积极的方面发展。

参考文献

[1] 李雪. 中班幼儿同伴模仿行为研究[D]. 南京：南京师范大学，2015.

[2] 夏玉文. 幼儿模仿性攻击行为浅析[J]. 小学科学，2016（12）：196.

[3] 侯沁妤. 幼儿模仿行为的观察报告[J]. 考试周刊，2016（2）：185.

[4] 季琴. 幼儿艺术教育中模仿与创造的关系[J]. 早期教育，2006（11）：15.

[5] 潘玉宇. 论幼儿绘画中机械模仿的有效指导策略[J]. 中国科教创新导刊，2010（36）：164.

[6] 夏梦羽. 以陶行知理论指导幼儿模仿行为探析[J]. 成才之路，2015（9）：78.

[7] 陈晨. 小班幼儿在日常生活中模仿行为的调查研究[J]. 才智，2017（3）：181.

[8] 陈慧. 幼儿园小班幼儿模仿行为的探究[J]. 时代教育，2011（11）：295.
[9] 祁玲玲. 怎样矫正幼儿的不良模仿[J]. 学子，2015（3）：22.

【案例 2】

小学低年级学生体育课堂问题行为的观察研究①

一、研究目的与研究方法

本文主要为了探究在小学低年级体育课堂中，学生的问题行为存在特点及其形成原因，为小学低年级体育教师尤其是经验不够丰富的新教师的课堂管理提供一些教学思路。

在 2015 年 12 月至 2016 年 1 月期间，笔者利用摄影设备随机录制了小学低年级四个班级共 16 节课，并对其进行研究，对学生出现的问题行为根据其影响范围大小进行分类记录，同时运用了访谈法和文献资料法、数据分析法等研究方法。

二、体育课堂问题行为的观察

笔者通过观察及相关统计分析，发现低年级学生体育课堂问题行为主要表现在以下几个方面。

（一）体育课堂问题行为种类多样，涉及人数较多

小学低年级学生在体育课堂中的问题行为较为普遍，体现在覆盖人群较大、行为种类多样。笔者将观察到的体育课堂中存在的问题行为分成九大类并进行整理统计。

低年级学生在体育课堂存在的问题行为种类较多，其中故意身体接触、和同学说话的问题行为出现的频次最高；擅自离开队伍、蹲坐地板，以及上课走神占较大比例，恶作剧、大声喧哗、乱甩衣服这些情节较为严重的问题行为所占比例最少。

（二）问题行为重复出现，固定在个别学生身上

笔者观察发现，低年级体育课堂中，几乎每一节课都存在问题行为，甚至这些问题几乎是上一节课的重演，下面是笔者的观察记录。

10 时 10 分：教师集合整队发出，大部分学生迅速寻找队伍位置，此时，两名学生望着其他班级发呆，教师几次点名提示其才慢吞吞归队。

10 时 15 分：热身跑结束，大部分学生已归队，此时一学生在其他班级队伍中穿梭捣乱，待准备活动开始时，班长将其带回。

10 时 30 分：课上，大多数学生在为其他小伙伴加油呐喊，此时有 3 名学生在绕着操场足球门追逐跑，教师发现后制止。

---

① 张燕霞，郑南辉. 小学低年级学生体育课堂问题行为的观察研究[J]. 福建体育科技，2016（3）：62-64.（有删改）

10 时 35 分：游戏环节，两名学生联合其他学生抢夺女生队游戏道具。

（三）体育课堂问题行为随着课堂的推进出现人次越多

按照体育课的时间分布来看，低年级学生的课堂行为存在一定时间节点性。笔者按照上课环节观察记录整理成图表，更能清楚地发现低年级学生的课堂问题行为分布规律：首先集合整队环节，学生出现问题行为的频次较少；热身跑阶段到准备活动环节出现课堂问题行为的人数逐渐增加；到课的基本部分阶段人数开始增加，在游戏阶段达到顶峰；游戏结束后，问题行为人数急剧减少。

（四）体育课堂问题行为的空间差异

经过观察发现，低年级学生体育课堂问题行为具有一定的空间集聚性。通过观察和访谈其他体育老师发现，在队伍的前部分同学在课堂上能够认真听课，偶尔出现一些轻微的如和同学聊天、走神之类的问题行为，但这部分学生由于在老师的视线范围，因此问题行为存在的时间较短，一般随着教师的上课声调和位置走动的变化而自我调整。相对于后排学生教师移动位置的时间明显少于前排学生，因此学生位置越靠后，出现问题行为的人数就越多，问题的种类也较多，问题的性质程度也较重，且问题行为持续时间较久，需教师着重提醒，甚至在有的班级，教师会中断授课来提醒。

（五）体育课堂问题行为的性别差异

低年级学生的问题行为存在性别上的差异。不同性别的学生在体育课堂上出现的问题行为的类型不同，产生问题行为的原因也不同。笔者将听课记录、观察记录进行整理，得出小学生的课堂问题行为在性别方面的差异。

低年级学生的体育课堂的问题行为在发生问题行为频次上，男生要明显高于女生且男女生问题行为的类型不同；从体育课堂问题行为的严重程度来看，男生则远远要大于女生。例如，大声喧哗、恶作剧和乱甩衣服这样情节较为严重的问题行为，男生较为突出，女生则多在身体接触、聊天等几个方面表现明显。

三、体育课堂问题行为产生的原因

（一）学生自我中心发展原因

低年级学生的年龄主要集中于 7 ~ 10 岁，这一年龄段学生身心发展具有阶段特点。首先，在感知觉上，其知觉和视觉发展较为敏锐，能够捕捉到较多相关的信息量，因此他们容易受到来自外界因素的干扰；其次，该年龄段学生注意力的稳定性较差，集中表现为在某一事物或活动上持续的时间较短。一般来说，该年龄段的儿童的可连续集中注意力时间为 6 ~ 10 分钟；男生的可持续注意力时间弱于同龄女生。7 岁以前，男女儿童的注意力稳定性都快速发展，且两者之间差别不大，但是 7 岁开始，女生的注意力稳定性发展速度明显快于男生，尤其是在

7~8岁之间。8~10岁的男女生注意力稳定性发展速度基本相同，但存在显著的差异性。[1]

（二）获得关注的需要

马斯洛需要层次理论指出，人有生理的需要、安全的需要、情感和归属的需要、尊重的需要和自我实现的需要。[2]其中情感和归属的需要在青少年儿童身上体现得尤为凸出。学生进入学校后，其社交环境开始发生变化，他们不再处于家庭环境中人人关注的状态。希望得到别人的关注与赏识是人的本能，[3]学生希望在体育课堂上得到老师和同学的关注，对于学习成绩较差的孩子来说，获得老师的表扬和赞赏的机会较少，当良好的行为表现无法得到所需的关注需要时，孩子就会寻求其他途径，如破坏课堂秩序、在课堂中怪声怪气模仿老师讲话等，这时候老师的关注重心往往会转移到其身上，对其进行批评教育。因此，孩子就自觉建立了不良行为与教师关注的联结。

（三）教师的原因

在低年级的体育课堂中，体育教师占主导地位，其在体育课堂中采用的教学模式是影响低年级学生注意力的一个重要因素。

一是在教材的选择上，假如教学内容太难，孩子的学习自信心会受到挫伤，容易引起情绪的紧张和不安。而对于低年级的学生来说，当要完成的任务过难时，其容易产生抵抗心理，拒绝配合课堂教学，从而产生不良问题行为。相反，教材选择过于简单，则无法引起学生的学习积极性，甚至会让部分同学感到无所事事，从而引发他们的问题行为。

二是体育教师在课堂中，或因课堂准备不充分，或缺乏合理的教学组织形式，或采用的教学方法不当，都会使得体育课堂变得枯燥无趣，无法引起学生学习兴趣，从而产生体育课堂问题行为。

四、总结与讨论

小学低年级的学生在体育课堂问题行为存在的类型较多，覆盖面较广。对于这些体育课堂的问题行为，不应简单粗暴处理，应多以鼓励性提醒为主。帮助学生逐渐完善自我的控制和管理能力；在教学模式上，采用符合该年龄段认知水平的体育教材，选择情境教学法、游戏教学法、比赛法等能够激起学生兴趣的教学模式，并在出现体育课堂问题行为时及时纠正，并注意纠正方法。合理利用低年级学生注意力最为集中的时间段，选择适当方式将发生问题行为学生的注意力转移至课堂中，从而减少课堂问题行为的发生，促进学生身心全面健康发展，保证体育活动安全高效地开展。

参考文献

[1] 凌光明. 小学低年级学业不良儿童的有意注意稳定性研究[D]. 苏州：苏州大学，2001.
[2] 唐凤菊. 小学生课堂问题行为现状调查及对策研究[D]. 长春：东北师范大学，2012.
[3] 尹逊霞. 小学生课堂问题行为的观察研究[D]. 济南：山东师范大学，2015.

【思考与实践】

1. 制订观察计划表

选择一所农村小学或者幼儿园，用观察法研究其开展多媒体教学的情况，并制订观察计划表。

2. 事件取样法运用技能训练

4岁幼儿同伴冲突特点的观察研究

训练目的

理解并在教育实践中运用事件取样法，学会规范地进行观察记录，并对记录资料进行整理分析，得出结论。

训练要求

1. 根据观察目的及观察条件，选择观察对象，熟悉相关变量及操作定义。
2. 掌握并运用观察记录的方法。
3. 进入现场进行观察记录。
4. 整理分析记录的资料，得出结论。

训练指导

1. 观察目的

通过自然情境下的客观观察，了解4岁幼儿同伴冲突的起因和冲突的表现形式，以及幼儿在发生冲突时所采用的解决策略。

2. 观察内容

操作定义：幼儿同伴冲突是指幼儿在与同伴玩耍或相处过程中发生的相互抵制或对抗，表现为交往双方在行为、言语或情绪等方面的对立。[①]幼儿同伴冲突均始于一方反对另一方的对抗行为或言语，在冲突过程中双方的对抗具有不同的形式且程度不同，冲突各方注意力会发生转移，活动明显中断或冲突双方的说话语调、面部表情、动作方式会发生变化。在冲突过程中，冲突各方都会运用自己的策略来实现自己的目标，通常会以冲突中的一方或双方从冲突事件中转移注意力或转向另一种活动情境为结束。

3. 观察对象

中班一个班的幼儿。

4. 观察场所

室内、自由游戏阶段。

5. 观察时间

每天上午观察，持续观察15天。

6. 观察记录

填写《4岁幼儿同伴冲突特点观察记录表》

---

① 蒋秋芳. 中班幼儿同伴冲突及应对策略研究[D]. 南京：南京师范大学，2007：11-12.

4 岁幼儿同伴冲突特点观察记录表

事件＿＿＿＿＿＿＿号　　观察日期＿＿＿＿＿＿＿　　观察者＿＿＿＿＿＿＿

姓名	年龄	性别	持续的时间	发生背景	行为性质	结果

【阅读与拓展】

[1] 刘东东. 对小学优秀教师阅读教学课堂提问的观察研究[J]. 现代教育科学，2016(7).

[2] 邢林宁，陈亮华. 师范生儿童行为观察能力培养研究[J]. 萍乡学院学报，2016（1）.

[3] 于巧. 教育，从观察开始——小学音乐课堂教学中教师观察学生的策略研究[J]. 中小学音乐教育，2013（1）.

[4] 刘双，张向葵儿童早期自尊的行为观察研究[J]. 心理与行为研究，2010（2）.

[5] 李丹，程赟. 学前儿童在家在园亲社会行为的比较观察研究[J]. 宁波大学学报（教育科学版），2006（2）.

[6] 庞虹. 儿童研究中的观察方法[J]. 外国心理学，1984（3）.

[7] 赵承福，邵小武. 对我省城乡 4653 名小学低年级学生不良行为的观察研究报告[J]. 山东师范大学学报（哲学社会科学版），1982（2）.

[8] 沈雪梅. 关爱与方法：幼儿行为观察案例分析[M]. 上海：复旦大学出版社，2014.

[9] 王陆. 课堂观察方法与技术[M]. 北京：北京师范大学出版社，2012.

[10] 卢家楣. 教育科学研究方法[M]. 上海：上海教育出版社，2012.

[11] 陈伙平，王东宇，丁革民，等. 教育科学研究方法[M]. 福州：福建教育出版社，2008.

第四章　教育调查法

教育调查法作为教育研究的基本方法，可以帮助教师了解自己的教育对象在学习、生活、身心发展等诸多方面的情况，也可以了解家长对教师教育教学情况的意见和建议，以便帮助教师改进自己的教学。

第一节　教育调查法概述

一、教育调查法的含义和特点

（一）教育调查法的含义

教育调查法是指研究者从研究目的出发，深入教育实际收集研究对象的资料并进行分析和研究，从而了解教育现状、发展趋势和形成科学认识的一种研究方法。教育调查研究是通过问卷、访谈等科学方式，搜集教育问题的资料，从而对教育的现状做出科学的分析，发现问题，寻求解决问题之策，探索教育规律的一种研究方法。

（二）教育调查研究法的特点

1. 现实性

调查重点在于了解教育现状而不是教育史实，主要目的是了解现实问题，描述“现在事件”。

2. 自然性

教育调查一般是在自然状态中收集资料，不干涉调查对象的正常活动，不人为地改变教育状态，在此前提下，获取真实和详尽的研究资料。

3. 间接性

教育调查不是研究者通过直接观察研究对象来了解情况，而是通过问卷、访谈等方式获取信息，进而间接地了解研究对象的情况，是一种间接观察。

4. 灵活性

教育调查研究法受时间、空间的限制较小，方式灵活多样，可问卷调查，可访谈调查，也可座谈调查，可借助现代科技手段与工具调查，运用范围广泛，可大可小，可集可散。

（三）教育调查法的优缺点

方式简便灵活，较少受限制，这是教育调查法最大的优点，但该方法也有自身的缺点。

1. 可信度受被调查对象的态度和作风影响，主观性较强

由于调查研究法是向别人间接了解情况，因此，被调查者所反映事情的客观性和真实性程度，决定了我们获得资料的可靠性程度。如果被调查对象所反映的事情主观植入成分太多，我们所获得的资料的可靠性就差，自然调查的信度就差。正因如此，教育调查法常常与其他科学研究方法结合使用。

2. 难以确定现象之间的因果关系

由于调查研究法是在自然状态下收集资料，而不是通过实验去主动操纵和改变现象与变量，因此，同一时间内，可能有多种事实现象发生，难以辨别其先后顺序，即使当我们通过调查发现某些现象之间有密切关系时，我们也难以确定谁是因谁是果，因为这些现象之间的关系会有多种可能。

二、教育调查的主要方式

（一）访谈调查

访谈调查简称为“访谈”。访谈法可以说是社会调查中最常用的方法之一，是访问者通过与被访问者面对面的接触、有目的的谈话，以寻求研究资料的方法。

（二）问卷调查

问卷是指为统计和调查所用的，以设问的方式表述问题的表格。问卷调查就是研究者用这种控制式的测量对所研究的问题进行度量，从而搜集到可靠资料的一种方法。问卷法大多用邮寄、个别分送或集体分发等多种方式发送问卷。由调查者按照表格所问来填写答案。

（三）会议调查

会议调查是指通过召开座谈会的方式进行调查。会议调查使用的范围不大，调查者通常只是通过与少数人的交谈来了解相关情况、收集资料。

三、教育调查研究的一般步骤

就调查过程的顺序而言，教育调查研究一般有三个阶段：准备阶段、调查实施阶段和分析总结阶段。

（一）准备阶段

准备阶段的具体工作包括明确调查目的、拟定调查提纲、选择调查对象、制定调查方案

（确定调查研究的类型和方法）。

（二）调查实施阶段

调查实施阶段是整个调查研究过程中最关键的阶段，它的任务是按照调查设计的内容和要求系统、客观、准确地收集有关资料。研究资料的收集可以通过不同的方式进行，如通过现场观察、实施测验、邮寄问卷、当面交谈、电话访问等收集现实资料。在调查过程中要确保所收集的资料的质量。

（三）分析总结阶段

分析总结阶段的主要任务是在全面占有调查资料的基础上，对资料进行系统的整理、分类、统计和分析，并写出研究报告以及对研究的成果进行评估和应用。至此，调查研究的全部过程结束。

第二节　问卷调查法

一、问卷调查法的含义

问卷调查法是研究者通过事先设计好的问题来获取有关信息和资料的一种方法，研究者以书面形式给出一系列与研究目的有关的问题，让被调查者做出回答，通过对问题答案的回收、整理、分析，获取有关信息，问卷调查法是教育调查中最常用的收集资料的方法，在教育调查中被广泛使用。

二、问卷调查法的优点和缺点

（一）问卷调查法的优点

问卷调查简便易行，可以节约人力与物力，方式多样，可以邮寄，可以登报，可以现场派发问卷，因此问卷调查具有效率高的优点；问卷调查一般都是匿名进行，有利于调查对象如实表述自己的观点，故而问卷调查具有较强的客观性；问卷调查采用相同的问卷形式，有利于对调查对象的平均趋势与一般情况做比较分析，所以具有统一性；问卷调查可以涉及较大的范围，问卷大多采用封闭型回答方式，便于调查对象作答，因而具有广泛性。

（二）问卷调查法的局限

调查前，问卷设计者预先设定了有限或固定的范围，调查对象的回答受到限制，缺乏弹性，可能会遗漏或忽略某些深层次、更为细致的信息；因无法控制调查对象，调查问卷的回收率难有保证，特别是邮寄发出问卷的寄还，靠调查对象的自觉和自愿，没有任何约束，所以往往回收率不高，这就容易对样本所要求的数量造成一定的影响；问卷所得到的回答的真实性难以检验，问卷调查收集到的事实或意见真假难以分辨或核实。

问卷调查法有上述的优势和局限，所以适用的范围是有限的，并非所有情况下都可以采用问卷调查法。

三、问卷的结构

一份完整的问卷，通常包括标题、前言、指导语、问题、选择答案、结束语等。

（一）标题

标题是调查内容的高度概括，它既要与调查研究内容一致，又要注意对被调查者的影响。问卷标题应简明扼要，清晰地表明调查的主题与对象。

（二）前言

前言一般包括调查者的身份、调查的内容与目的、关于匿名的保证、保密及合理使用调查结果的承诺、对被调查者回答问题的基本要求（如是邮寄的问卷，写明最迟寄回问卷的时间）以及对被调查者的合作与支持表示感谢等内容。例如：

亲爱的家长：

近年来，幼儿外语学习成为社会各界普遍关注的热点，为了使幼儿外语学习能够更加科学和规范，我们特进行此次调查。本问卷旨在了解您对幼儿外语学习的态度和您孩子外语学习的状况，您的回答对我们至关重要，调查数据将作为科学研究的依据。本问卷无须填写姓名和联系方式，答案也没有对错之分，请您根据自己的情况如实填写，我们将对调查内容严格保密。衷心的感谢您对我们工作的支持！

××（单位）××课题组
×年×月（×日）

（三）指导语

指导语主要是用来指导被调查者填写问卷的一组说明或注意事项，如果需要，还可以附样例。指导语要简明易懂，使人一看就明白如何填写（如果设计的问卷题型比较单一，这部分的内容可以与前言部分合在一起）。指导语主要有对所选答案做记号的说明、选择答案数目的说明、填写答案要求的说明等内容。

（四）问题与选择答案

问题和选择答案是问卷的主体部分。问题是问卷的核心内容，编制的问题要简洁明了，要与被调查者的知识与能力水平相适应，符合研究的目的要求。

（五）结束语

结束语要对被调查者再次表示感谢，还可以在结束语中以适当的方式提醒被调查者对填写的内容进行复核。

四、问卷设计的原则

（一）方便作答原则

调查问卷中题目应该尽量方便调查对象回答，不必浪费过多笔墨，也不要让调查对象觉得无从下手，需要花费很多时间思考。

（二）问题相关原则

调查问卷中除了少数几个提供背景的题目外，其余题目必须与研究主题直接相关。

（三）问题单一原则

调查问卷中每个题目应只涉及一个问题，不能兼问，违反这一原则的例子如：“你是否赞成强化幼儿教师的竞争上岗制度和小学教师的城乡轮岗制度？”

（四）问题明确原则

问题的设定要适合拟调查对象的知识水平与理解能力，还要避免容易引起不同理解的概念与语句。违反这一原则的例子如：“（针对小学生）你在学习中出现过习得性无助的情形吗？”

（五）问题中性原则

问题不能带有倾向性或导向性，应该避免隐含某种假设或期望的结果。例如：“作为学生，您认为遵守校级班规对你的成长有益吗？”

（六）对象适合原则

调查问卷中题目的语言风格与用语应该与调查对象的身份相称，因此，在编拟题目之前，研究者要考察调查对象群体的情况。如果对象身份多样，则在问题的内容与表述方式上尽量大众化。

（七）拒绝术语原则

调查问卷中避免大量使用技术性较强的术语及行话，以便使被调查对象都能读懂题目。例如针对一般的社区居民提问“您认为您的社区亲职教育工作开展得如何？”这就是一个不合适的问题。“亲职教育”是一个专业术语，一般的社区居民可能根本就不了解。当然，拒绝术语是针对不了解术语的调查对象而言的，但在专业领域中对该领域相关专业人员进行调查，完全可以也必须使用该领域的专业术语。

（八）选项穷尽原则

调查问卷中题目提供的选择答案应在逻辑上是排他的，在可能性上又是穷尽的。例如，“您的最后学历是什么？”的备选答案有“A. 中专 B. 本科 C. 硕士研究生”三个答案，显然没有穷尽学历类型，有的题目应提供中立的答案，如“不知道”“没有明确态度”等，这样可以避免调查者在不愿意表态或因不了解情况而无法表态的情况下被迫回答。

（九）尊重隐私原则

调查问卷中尽量避免涉及个人隐私问题，如收入来源；避免那些会给答卷人带来社会或职业压力的问题。

五、问题的类型及回答方式

（一）问题的类型

问卷中常用的问题有以下几种类型。

1. 直接问题和间接问题

直接问题是针对所要了解的内容，直接向被试提问的一种方式。这种问题具体明确，直截了当，可用于了解被试对一些问题的看法和切身的感受。例如，“你是否喜欢自己的工作？”“你对现在的工作环境满意吗？”

间接问题是与所要了解的内容有关，但又不是直接对这个内容提问的问题。如要了解学生是否负担过重，不是直接问被试负担重不重，而是问一些与之有关的问题，如“你每天看多长时间电视？”“你每天做作业的时间大概多长？”等。间接问题往往更能具体地反映事情的真实情况。

2. 具体问题和抽象问题

具体问题是直接从具体的事情出发，问被试一些事实，如“班里有多少名同学经常迟到？”“有哪些同学经常不按时交作业？”等。

抽象问题是征求被试对一些问题的看法，需要回答人说明自己观点的问题。回答抽象问题需要经过认真思考，说出自己对这个问题的看法，如“你认为目前小学生学习兴趣不浓的主要原因是什么？”“怎样解决教师不敢管学生的问题？”等。显然，抽象问题的回答比具体问题要难。

（二）问题的回答类型

从问题的形式上看有不同的回答方式，总的可以分为封闭式和开放式两大类。

1. 封闭式问题

封闭式问题也叫结构式问题，有固定的答案，被试通过填空或选择的形式完成问题。一般有是否式问题、选择式问题、排序问题、填表格式的问题、划记式问题以及顺序式量表问题等几种形式。

2. 开放式问题

开放式问题指在问卷中只提出问题，不提供答案，由被调查者自由回答。由于回答问题不受限制，被调查者可根据自己的意愿回答，畅所欲言，充分发挥主动性和创造性，调查往往能获得一些意想不到的、富有启发性的信息，开放式答案制作容易，问题简单、直接，易于做定性分析，但是数据处理较困难，同时也容易出现被调查者不愿书写过多文字而导致问卷作答率低的结果。

开放式问题与封闭式问题各有优缺点。开放式问题可充分获取各种可能的信息，但作答较费时，不像封闭式问题那样简易明了，并且对数据归类、分析也较费时。

六、问卷调查法的实施程序

（一）明确调查目的

在进行问卷调查的过程中，调查目的是首先要考虑的问题，因为调查目的是问卷设计的灵魂，是问卷调查的出发点和中心，它决定着调查的一切方面，如调查对象的选择、调查范围的确定、调查内容的设计、调查结果的分析。因此，在问卷调查的开始阶段，首先应该明确调查目的。

（二）确定问卷的框架

一般来说，问卷调查常常用于了解个人态度或具体行为等方面的问题，为了解不同群体对问题的态度和选择，在制作问卷时，都会在问卷中安排“个人基本情况”这一部分内容，因此，问卷的主体常常由三部分组成，也就是个人基本资料（事实问题）、态度（观念）问题以及行为问题。

（三）编制问卷

确定问题是问卷设计的关键，在对调查目的和内容有了比较清楚的了解后，就可以确定问卷的提纲，然后设计问卷初稿。一份问卷的题目应该控制在 70 道题以内，如果问题较难回答，要考虑相应减少题目的数量。同时，还要预估问卷完成的时间，尽量将被调查者完成一份问卷的时间控制在 30 分钟左右。如果时间太短，调查的内容和范围往往受到局限；如果时间太长，被调查者往往会产生厌烦心理，以致影响问卷调查的效果。

（四）问卷的试用与修改

设计好的问卷，一般要经过反复多次的修改才能完成初稿。试用是将问卷初稿打印若干份（具体份数视调查样本决定，一般是 30～100 份），在正式调查的总体中抽取小样本进行试探性调查，以便了解问题是否全面、清楚，问卷内容和形式是否正确，填答是否完整，是否能满足调查的要求，问卷的编码、录入、汇总过程是否准确等。根据试用情况，或根据有关专家、研究人员提出的修改意见，对问卷进行修订，如果必要可再进行试用，直至完全符合要求，最终定稿。

（五）问卷的发放与回收工作

问卷发放时必须关注两个问题：一是要有利于提高问卷的填答质量；二是要有利于提高问卷的回收率。问卷可以由调查者本人亲自到现场发放，也可以委托其他人发放。不管是调查者本人到场发放问卷还是委托他人发放，都必须征得有关组织的同意，取得他们的支持与配合。

问卷回收时要当场粗略地检查填写的质量，主要检查是否有漏填和明显的错误，以便能及时纠正，保证问卷有较高的有效率。根据有关专家研究测定，成功的问卷回收率应达到 70%以上，而 50%的回收率是送发问卷调查的最低要求。如果回收率不到 50%，调查结论的可靠性就难以保证。①

【课堂实训与讨论 1】

阅读下列调查问卷，深化对调查问卷的编制要求与问题设定原则的认识。

中小学教师环境教育能力调查②

一、调查目的

保护环境是我国的基本国策，加强环境教育是贯彻基本国策的基础工程，在中小学进行环境教育，是提高学生素质，解决我国面临的环境问题，实施可持续发展战略的需要。

北京市开展了联合国教科文跨学科项目“环境、人口与发展”（简称 EPD）的研究工作，有近百所学校参加。该项目强调环境、人口和发展等问题应通过一种综合的方法解决，以便能达到以人为中心的、平等的可持续发展，特别提出教育界的行动对于动员全社会的支持尤其重要。其中，“探究中小学环境教育、人口健康教育促进社会可持续发展的途径与方法”是研究重点之一。为了了解 EPD 实验校教师环境教育能力的现状，并以此作为确定今后教师培训内容与方法的依据，我们进行了有关实验校教师环境教育能力的调查。

二、调查方法及内容

（一）方法及对象

采用问卷的方式进行调查，调查对象为 EPD 实验校（中学 12 所，小学 16 所）的教师。

（二）调查内容

1. 基本情况

学历、职称、职务、教龄、任教科目、参加职前和在职环境教育培训情况。

① 金哲华，俞爱宗. 教育科学研究方法[M]. 北京：科学出版社，2011：100-130.
② 金哲华，俞爱宗. 教育科学研究方法[M]. 北京：科学出版社，2011：123-126.

2. 环境教育能力

教师对中小学进行环境教育的认识与态度（包括环境教育对提高学生素质的作用、环境教育与现有课程教材的关系）。

教师对环境教育概念的认识（包括环境教育的基本内容）。

教师进行环境教育的基本教学技能（包括分析本学科教学大纲和教材中有关环境教育内容的能力、收集资料的能力、带领学生开展环境教育活动的能力）。

教师进行环境教育的跨学科合作能力与评价能力（包括与其他学科教师合作开展环境教育的能力、与校外机构合作开展环境教育的能力、对开展的环境教育教学活动的总结与评价能力）。

三、调查指标

教师对环境教育概念的认识：1 题、3 题、7 题。

教师对中小学环境教育的认识与态度：2 题、4 题、5 题、8 题。

教师对继续教育中进行环境教育的认识与态度：10 题。

教师环境教育的基本技能：12 题、14 题、15 题、19 题、20 题。

教师跨学科合作、制订和实施环境教育计划的能力：13 题、17 题、18 题、21 题。

教师环境教育教学与活动的评价能力：16 题。

教师的环境意识：6 题、9 题、11 题。

中小学教师环境教育能力调查问卷

老师：

您好！本调查是为了开展“环境、人口与发展”项目研究，明确教师培训方向而进行的。本调查不记姓名，无所谓对错，为使研究结果真实可靠，我们希望了解您的真实想法。衷心感谢您的合作！

您的基本情况

单位：

学历：

毕业学校：

职称：

职务：

教龄：

目前所教年级：

任教科目：

职前是否接受过系统的环境教育培训（是　　否　　）？（在所选项后打“√”）

是否参加过在职的环境教育系统培训（是　　否　　）？（在所选项后打“√”）

以下问题请根据您的观点选择（只选一项，在所选项上打“√”）。

1. 环境教育是解决环境问题最基本的、综合的、有效的措施。

A. 赞成　　B. 基本赞成　　C. 没想过　　D. 不大赞成　　E. 不赞成

2. 环境教育为中小学教育注入了新的内容，对提高学生素质有重要作用。

A. 赞成　B. 基本赞成　C. 没想过　D. 不大赞成　E. 不赞成

3. 环境教育主要是进行爱护自然环境的教育。

A. 赞成　B. 基本赞成　C. 没想过　D. 不大赞成　E. 不赞成

4. 环境教育会影响现有课程的教育，影响升学考试。

A. 赞成　B. 基本赞成　C. 没想过　D. 不大赞成　E. 不赞成

5. 环境教育与我现在所教的课程关系不大，而与别的课程关系更密切。

A. 赞成　B. 基本赞成　C. 没想过　D. 不大赞成　E. 不赞成

6. 下一代人肯定会找到解决环境问题的办法，我们现在不必为环境问题过分担忧。

A. 赞成　B. 基本赞成　C. 没想过　D. 不大赞成　E. 不赞成

7. 为了适应当前及未来社会的发展，每个公民都应该受到面向可持续发展的环境教育。

A. 赞成　B. 基本赞成　C. 没想过　D. 不大赞成　E. 不赞成

8. 每位中小学教师都必须了解环境教育的原则、内容和方法。

A. 赞成　B. 基本赞成　C. 没想过　D. 不大赞成　E. 不赞成

9. 环境保护是国家大事，靠个人努力无助于解决环境问题。

A. 赞成　B. 基本赞成　C. 没想过　D. 不大赞成　E. 不赞成

10. 应该在教师继续教育中开设有关环境教育的课程。

A. 赞成　B. 基本赞成　C. 没想过　D. 不大赞成　E. 不赞成

11. 目前改善环境问题最主要的是：

A. 每个人的努力　B. 公民自发的环保运动

C. 政府制定相应的政策法规　D. 其他

以下问题请根据您的教育教学实际选择（只选一项，在所选项上打“√”）。

12. 备课时注意分析大纲及教材中有关环境教育要求，以便在教学中渗透环境教育。

A. 经常　B. 较经常　C. 一般　D. 偶尔　E. 从未做过

13. 参加有关环境教育的教学及课外活动专题讨论。

A. 经常　B. 较经常　C. 一般　D. 偶尔　E. 从未做过

14. 找出所教课程中与环境教育有关的所有要求和内容。

A. 经常　B. 较经常　C. 一般　D. 偶尔　E. 从未做过

15. 注意收集并自学环境教育有关材料。

A. 经常　B. 较经常　C. 一般　D. 偶尔　E. 从未做过

16. 对于所开展的活动进行总结评价，提出改进意见。

A. 经常　B. 较经常　C. 一般　D. 偶尔　E. 从未做过

17. 与其他科目的教师共同探讨开展环境教育的有关问题。

A. 经常　B. 较经常　C. 一般　D. 偶尔　E. 从未做过

18. 与学校领导、其他教师、环保部门和其他组织等共同设计环境教育和教学活动。

A. 经常　B. 较经常　C. 一般　D. 偶尔　E. 从未做过

19. 带领学生在校内校外开展实地环境调查。

A. 经常　B. 较经常　C. 一般　D. 偶尔　E. 从未做过

20. 充分利用校园环境开展各种环境教育教学活动。

A. 经常　B. 较经常　C. 一般　D. 偶尔　E. 从未做过

21. 指导学生向学校及有关部门提出环保或改善环境的建议。

A. 经常　B. 较经常　C. 一般　D. 偶尔　E. 从未做过

22. 您认为在今后的课题培训中，培训重点应放在（　　）（请排出顺序）。

A. 环境知识

B. 如何选择、制订教学计划和策略以实现普通教育和环境教育的目的

C. 如何设计环境教育活动

D. 如何进行环境教育教学评估

23. 您认为在环境教育中遇到的或将要遇到的最大问题是什么？

____

____

____

____

____

____

问卷到此结束，衷心的感谢您对我们调查的热情支持！

【课堂实训与讨论 2】

分析下列问卷中的问题，讨论这些问题设计存在何种缺陷。

1. （针对幼儿家长的问题）大多数家长认为幼儿园不应该像小学那样注重语文和数学课程的教学，您认为呢？（开放性问卷问题）

2. （针对小学生家长的问题）专家建议小学生每天的家庭作业不能超过半小时，您认为呢？

3. （针对小学生家长的问题）多数家长认为小学生的作业负担很重，您的看法是（　）。（封闭性问卷问题）

A. 重　B. 比较重　C. 一般　D. 轻　E. 比较轻

4. （针对小学生的问题）你喜欢你的语文、数学和英语老师吗？

5. （针对小学生的问题）你喜欢本学期的课程吗？

6. （针对小学生的问题）你知道你家今年的开销预算吗？

7. （针对小学生的问题）你知道顶针的用法吗？

【课堂实训与讨论 3】

阅读下列调查问卷，讨论该问卷有哪些需要改进的地方。

农村幼儿教师专业发展需求的调查问卷（节选）

尊敬的老师：

您好！欢迎您参加本次调查。本调查目的是了解目前农村幼儿园教师专业发展的现状与

需求，您的答案无对错之分，请您如实填写，谢谢您的合作！

××（单位）“农村幼儿教师专业发展需求”课题组

×年×月×日

问卷填写说明：本问卷题目分两类：一类是选择题，请在选择题题首的括号内填上您认为合适的答案序号。例如，您认为该题合适的答案是A选项，您只需在题首括号中填入“A”。另一类是非选择题，请您根据题干要求填写答案。

一、您的基本情况

1. 姓名：
2. 您现在的单位：
3. 您常用的联系电话：
4. 您的专业：
5. 您的年龄（岁）：
6. 您的幼儿园教龄（年）：
7. 您的最高学历：
8. 您的职称（如未评，请留空）：

二、基本内容

9. 您觉得幼儿教育与小学教育是否存在不同？（　）

A. 有不同　B. 没有不同　C. 没认真思考过

10. 您对目前幼儿教师工作环境和薪酬待遇的满意程度如何？（　）

A. 很满意　B. 基本满意　C. 不太满意　D. 很不满意

11. 大多数幼儿教师认为目前最不满意的是工资收入，您认为您最不满意的是？（　）

A. 工资收入　B. 住房保障

C. 地位和声望　D. 发展的机会和空间

12. 您对个人专业成长的满意程度是？（　）

A. 很满意　B. 基本满意　C. 不太满意　D. 很不满意

13. 您是否愿意进一步提高专业水平？（　）

A. 非常愿意　B. 愿意　C. 一般　D. 不愿意

14. 您认为目前农村幼儿教师专业发展面临的困难是？（　）（可多选）

A. 无相关政策支持　B. 工作任务繁杂

C. 工作压力大　D. 单位不支持

E. 自身基础较差　F. 其他

15. 您认为自己专业发展比较欠缺的是？（　）（可多选）

A. 系统的理论知识　B. 教育教学专业技能

C. 教育信息技术运用能力　D. 科研能力

E. 课程资源开发能力　F. 其他

16. 您认为促进教师专业发展最有效的途径是？（　）（可多选）

A. 自学　B. 观摩教学　C. 课题研究

D. 名师帮带　　E. 系统培训　　F. 其他

17. 关于专业培训的内容，您希望是？（　）（可多选）

A. 教学技能　　B. 中外幼儿教育理论

C. 科研方法　　D. 教师和幼儿的心理调适

E. 论文撰写　　F. 其他

……

再次感谢您的作答。请认真核查一下您的答案，务必确保无漏答和错答。

第三节　访谈调查法

调查法在实际运用过程中，又有书面的问卷调查和实地的访谈、座谈等具体方法。问卷调查、访谈、座谈共同体现了调查法的特点和要求。在实际调查中，不能单靠其中的某一方法，而应综合运用。

一、访谈调查法的含义与特点

（一）访谈调查法的含义

访谈调查法又称访谈法、谈话法或访问法，是指调查者通过与研究对象交谈收集所需资料的调查方法，是一种研究性交谈。我国古代“采风问俗”“咨询乡老”采用的主要就是访谈法。

从本质上说，访谈和发放问卷都是沟通的过程，沟通的目的都在于获取研究所需的第一手资料，访谈是以口头语言的问答来搜集信息。

（二）访谈调查法的特点

访谈调查法运用的过程是访谈者与受访者相互影响和相互作用的过程，是访谈者主动与受访者建立积极信赖关系的人际交往过程的体现，访谈调查具有特定的科学目的和一整套设计、编制与实施的原则。

（三）访谈调查法的优缺点

1. 访谈调查法的优点

（1）灵活性。

访谈调查是访谈员根据调查的需要，以口头形式，向被访者提出有关问题，通过被访者的答复来收集客观事实材料，这种调查方式灵活多样，方便可行。访谈中，可以根据被访者的反映，对原先设定的调查问题做调整或展开。如果被访者不理解问题，可以提出询问，要求解释；如果访谈员发现被访者误解问题，也可以适时地解说或引导。

（2）适应性。

访谈者可以针对不同的访谈对象准备不同的问题，使访谈调查具有更强的适应性。

（3）准确性。

访谈调查是访谈员与被访者直接进行交流，可以通过访谈员的努力，使被访者消除顾虑，放松心情，做周密思考后再回答问题，这样就保证了调查材料的真实性和可靠性。

（4）深入性。

访谈员与被访者直接交往或通过电话、上网间接交往，具有适当解说、引导和追问的机会，因此可探讨较为复杂的问题，可获取新的、深层次的信息。在面对面的谈话过程中，访谈员不但要收集被访者的回答信息，还可以观察被访者的动作、表情等非言语行为，以此鉴别回答内容的真伪、被访者的心理状态。

2. 访谈调查法的缺点

（1）实施成本较高。

访谈调查常采用面对面的个别访问，面对面的交流必须寻找被访者，路上往返的时间往往超过访谈时间，调查中还会发生数访不遇或被拒的情况，因此耗费时间和精力较多。另外，较大规模的访谈常常需要训练一批访谈人员，这就使费用支出大大地增加。与问卷相比，访谈要付出更多的时间、人力和物力。由于访谈调查费用大、耗时多，故难以大规模进行，所以一般访谈调查样本较小。

（2）受被访者个性的影响。

访谈调查法依赖被访者的配合，如果被访者不合作或者拒绝回答访谈员提出的问题，或者故意隐瞒事实，或者虚假作答，或者被访者基于各种考虑不敢作答，这些都会直接影响访谈调查的进行。

（3）内容记录与结果处理困难。

访谈调查中如果被访者同意现场录音，则可以在访谈结束后有充裕的时间整理内容。但在被访者不同意现场录音的情形下，就要求访谈员有较高的文字记录水平，这对一般人而言是很难做到的。同时，不同的被访者的回答是不同的，没有统一的答案，这使得处理与分析访谈结果成为一件比较复杂和困难的工作。

二、访谈调查法的类型

按照不同的分类标准将访谈分为不同的类型。

（一）按访谈结构的控制程度划分

按访谈结构的控制程度分为结构式访谈和非结构式访谈。

结构式访谈，是指事先将问题进行标准化处理，具有固定结构的访谈。在这种访谈中，选择访谈对象的标准和方法、所提的问题、提问题的顺序、记录回答的方式都已经标准化了，研究者按访谈要求以同样的程序问同样的问题，并做好访谈记录。结构式访谈有利于统一收集数据，有利于数据的统计分析，但灵活性不强，不利于了解受访者关心的问题，不利于受访者提出自己的问题。

非结构式访谈，是指事先只拟定访谈一个题目，或只提供一些开放性问题，有粗线条的访谈提纲，访谈者在提问的同时鼓励受访者提出问题，并且根据访谈的实际情况对访谈程序、内容、题目等做灵活调整。这种访谈的优势是可做灵活调整，访谈者的问和受访者的答都有调整的空间，受访者也有提出问题的机会，访谈者也可就访谈中出现的重要问题、新的问题或者尚存疑问的问题进行追问，使研究更加深入地进行，但非结构式访谈不利于数据的量化统计分析。

（二）按访谈正式的程度划分

按正式的程度分为正式访谈和非正式访谈。

正式访谈，是访谈者和受访者双方约定好时间、地点、参加人员，正式就研究的问题进行交谈。

非正式访谈，是访谈者根据受访者日常的工作、时间安排，双方以便利为原则，就研究的问题进行交谈。例如，开会前或共同参加同一活动时，双方根据当时的实际情况就研究的问题进行简短交谈。

（三）按接触的方式划分

按接触的方式分为直接访谈和间接访谈。

直接访谈，是访谈者和受访者坐下来面对面交谈。直接访谈的优势是双方除了语言交流之外，可以通过表情、动作对对方的情绪波动、精神状态等非语言的信息有全面的了解和把握。

间接访谈，是指双方可以通过网络、电话等媒介就研究的问题进行交谈。间接访谈可以突破地域的限制和时间的限制，使访谈更方便地进行；因为不直接见面交谈，所以受访者在不愿意让人看到自己时或者谈一些尴尬的话题时就会轻松些。不足就是双方不见面，访谈者无法通过受访者的表情、动作等判断对方的情绪、态度等。

（四）根据受访的人数划分

根据受访的人数分为个人访谈和集体访谈。

个人访谈，顾名思义，访谈者只有一名访谈对象，两个人就研究的问题进行交谈。在个人访谈中，受访者是一个人，可以受到访谈者较多的个人关注，彼此交流的机会也多，有些问题可以根据实际情况进行深层挖掘，受访者交谈起来也比较放松，不足之处是不能就研究问题集思广益，比较费时间。

集体访谈，是访谈者和受访者都可以是多人，其中以一名访谈者为主，其他访谈者为参与者，一般 1 ~ 3 人，受访者根据需要可以是 6 ~ 10 人，大家就研究的问题进行交谈。其优势是大家对研究的问题进行集体性建构，集思广益，甚至可以进行争论，为研究提供丰富的资料。不足之处是由于每个受访者的个性不同，他们在独自受访和在集体受访中的表现可能有所不同，每个受访者受关注度程度和积极发言的程度也会有所不同。

综上所述，访谈的类型多样，对访谈类型的选择可以根据研究的性质、目的、内容、对象、情境、研究阶段的不同而不同，同一个研究内容，也可以采用几种访谈方式，将几种访谈方式结合起来运用，效果会更好。例如，以“‘优秀教师’的定义”为主题进行访谈，可以正式访谈和非正式访谈、直接访谈和间接访谈、个人访谈和集体访谈相结合的方式进行，多渠道收集资料，而且这些资料还可以起到验证相关研究结果的效果。[①]

三、访谈调查法的实施程序

（一）准备

访谈前应准备好一切可用的记录工具或设备，如纸、笔、录音设备等；要根据研究的目的和理论假设，准备详细的访谈提纲，并将其具体化为一个个访谈问题；访谈前尽可能收集有关被访者的材料，对其经历、个性、地位、职业、专长、兴趣等有较为充分的了解；确定访谈的方式与进程，访谈的时间与地点或场合的选择要有利于被访者真实、准确地回答问题，有利于形成畅所欲言的沟通氛围。

（二）实施

访谈调查是人与人之间的交往活动，是社会互动的一种形式。通常，被访者不会随意向“陌生人”提供资料，访谈的关键在于访谈员的言语表达艺术和交谈技巧。提问、倾听、回应被认为是访谈中的三项主要工作。在访谈中，这三项工作是相互依存，密不可分的。

1. 访谈调查中的提问

（1）访谈者在提问时态度应真诚、自然、尊重。

访谈法是建立在与人交谈的基础上的一种科学研究方法。人与人的交流是建立在真诚、相互的尊重与情感的自然流露基础上的，因此我们在对被访者进行访谈时应当坦诚、真挚，对被访者表示足够的尊重，使访谈者与被访者之间建立起良好的相互信任和友好的关系，使整个访谈在愉快、轻松和友好的气氛中进行，只有这样才能使被访者在访谈过程中感觉舒适和安全，对所提问题畅所欲言。

（2）访谈者应采用被访者能接受的表达方式进行提问。

我们在对被访者进行访谈时常常运用一些访谈者自己的习惯性语言，而忽视了被访者是否习惯或能接受。一些研究者常常将一些比较书面的、多在科学研究中出现的语言放置在问题中，使被访者不能正确或者根本不能理解访问者所提的问题。若被访者连问题都听不懂，又如何使访谈进行下去呢？因此，访谈者在进行访谈的过程当中应当选择被访者熟悉的语言方式，一方面使双方更易于沟通，同时也能使被访者感觉亲切、放松，有利于访谈的顺利进行。

（3）访谈者在提问时应循序渐进。

每一个访谈都要从一个话头慢慢延展开来，而不能急于进入主题。访谈者应当先选择一些较为轻松的话题开始访谈，然后再提一些比较浅显、简单的问题，循序渐进，逐渐围绕访

---

① 张志杰，冯超，李士萍．教育科研方法[M]．北京：北京师范大学出版社，2018：116-117.

谈的主题，进行深入的访谈，这样才不会使被访谈者感觉突兀、无法进入状态，使整个访谈过程自然流畅、顺理成章。

（4）访谈者的提问方式应当中立。

访谈者在编制问题前，由于其研究的目的，也许会对被访者的回答存在某些预期，因此会导致有的访谈者在提问时，所提问题带有某些态度倾向，使被访者受到访谈者态度倾向的影响，使研究结果的可靠性、客观性受到影响。

（5）访谈者在提问时应围绕事先编制好的访谈大纲。

访谈者在访谈的过程中，应当根据事先编制好的访谈大纲展开访谈，遇到预期之外的情况也应当以访谈大纲为基础进行适当的调整，以保证研究过程、结果的客观。[①]

2. 访谈调查中的倾听

访谈调查中，倾听很重要，访谈员的“听”有多种类型。

（1）“接受的听”。

“接受的听”即对回答不做任何评价的听，指的是访谈员主动接受和捕捉被访者给予的信息，是开放型访谈中最基本的倾听方式。“接受的听”不代表什么都不做。在听的过程中，访谈员要适时给予对方积极的反馈，让被访者明白自己的角色。如不时地使用“嗯”“是”“懂了”“明白了”等非指导性的话语，或用点头、目光和手势等非语言信息鼓励被访者继续讲下去。

（2）“建构的听”。

访谈员在倾听时积极地与被访者进行对话，在平等的交流中访谈员和被访者共同建构新的“现实”，即“建构的听”。在这种情况下，访谈员用自己的观点影响对方，得到了对方的接受和认可，从而使访谈的内容成为双方共同探讨的结果。“建构的听”需要访谈员有较高的素质，有自我认识和反省的能力，能够与对方共情，通过双方互动达到对“现实”进行重构。“建构的听”是以“接受的听”为基础的。

（3）情感层面上的“听”。

情感层面上的“听”可以有“无感情的听”“有感情的听”和“共情的听”三种情况。“无感情的听”指的是访谈员在访谈过程中不仅不流露自己的感情，而且对被访者的感情表露也无动于衷，这样被访者就不会进一步敞开自己的心扉。“有感情的听”指的是访谈员在访谈过程中能对被访者所说的话表露自己理解和认同的感情，在这种情况下，被访者往往会因为受到对方的感染，愿意表达自己的情感。“共情的听”指的是访谈员在倾听中与被访者在情感上达到了共鸣，同欢乐，同悲伤。这种听并不是访谈员居高临下的理解，而是从心底确实体会到了对方的喜怒哀乐，产生了心灵上的共鸣。这种听需要访谈员有宽广的胸怀去接纳其他人的不同情感。

3. 访谈调查中的回应

回应指的是访谈员对被访者在访谈过程中的言行所做出的反应，包括言语反应和非言语反应。回应的目的是使自己与对方建立起一种对话关系，及时地将自己的态度、意向和感觉

---

① 王萌. 浅谈访谈法中的提问技巧[J]. 现代教育科学，2006（5）：106.

传递给对方，回应会影响到被访者的谈话内容和积极性。常用的回应类型有以下几种。

（1）认可。

认可指的是访谈员对被访者所说的话表示已经听见，希望对方继续说下去，其方式包括言语行为，如“嗯”“对”“是的”“是吗”“很好”等；非言语行为，如点头、微笑、鼓励的眼神等。认可是为了维持谈话，使对方感到自己被重视、被接受、被欣赏，从而起到鼓励对方多说话的作用。

（2）重复、重组和总结。

重复指的是访谈员将被访者所说的事情重复说一下，如被访者没有听清楚所提的问题，访谈员可以适时重复一遍。例如：“你可能没有听清楚我刚才提出的问题，我再说一遍。”重组指的是访谈员将对方所说的话换一种方式说出来。总结指的是访谈员将对方所说的内容用一两句话概括出来。这三者虽然形式不同，但都有类似的功能：为对方理清所谈的内容；检验自己对对方所谈内容的理解是否准确；表明访谈员在注意倾听并满怀兴趣，从而鼓励和促使对方继续往下说。

（3）澄清。

澄清是指如果访谈员不能确知被访者的意思，可请被访者重复描述一番，以澄清回答内容。例如：“我不完全懂你的意思，请你再解释一下。”澄清是访谈员对被访者谈话的反应，弄清楚是否理解了对方的陈述。

（4）追问。

追问指的是访谈员就被访者前面所说的某一个观点、概念、事件或行为进一步探询，当被访者的回答不清楚、不完整或不合乎题目的意思时，需要访谈员接着提出一些问题，以获得满意的回答，这就是追问。追问的目的是为了更多地了解事情的细节或对方的看法。追问要适时，不要打断对方的思路；还要适合，不要追问令对方为难的问题。

（5）自我暴露。

成功的访谈员在访谈中并不总是听和点头微笑，在适当的时候也应该以适当的方式暴露自己。自我暴露指的是访谈员就对方所谈的内容，通过述说自己的经历或经验做出回应，这可以使被访者了解到访谈员曾有过与自己一样的经历和感受，从而拉近了双方的心理距离，使访谈关系变得比较轻松、平等。例如：“我小时候也很调皮，常常挨老师的批评。”但是，这种自我暴露要适当，避免喧宾夺主。

（三）结束

访谈通常需要在预先安排的合适的时间内结束，但有时由于各种预料外的原因，被访者可能一时还没有意识到该结束了或者还愿意继续往下交流。但如果访谈者认为继续交流没有实质意义，应该结束谈话了。此时访谈者可有意地给对方一些语言和行为上的暗示，表示访谈可以结束了。例如：“您还有什么想说的吗？”“对今天的访谈您有什么看法？”或断开话题问对方：“您今天还有什么安排？”或做出准备结束访谈的姿态，如开始收拾录音机、合上记录本等。

访谈结束时，要记得感谢被访者的支持与合作，应该向被访者表示通过访谈获得了很多有价值的材料和信息，学到了很多知识。如果这次访谈尚未完成任务，还需进一步调查的话，那么必须与被访者约定下次再访的时间和地点，最好还能简要说明再次访问的主要内容，让被访者有思想准备。

【课堂实训与讨论 4】

阅读以下材料，学习访谈提纲的拟定。

研究目的：通过访谈调查法研究我国儿童的入学准备

背景材料：儿童年满 6 周岁就可以进入小学学习，这是我国对儿童入学年龄的要求。进入小学后，儿童就会遇到许多新的问题。如独立处理各种事情、与同伴友好相处、掌握与遵守规则、在较长的课堂时间内保持注意、形成积极的学习态度等。但是，并非每个儿童在各方面都做好了适应学校生活的准备。国外研究指出，16%～35%的适龄学前儿童尚未达到必需的准备状态，这些儿童在起点上的差距将被逐渐扩大，比其他人更可能发展成为学校中的学业落后者或问题儿童。目前国内关于“入学准备”的研究还很少，无法满足实践的需求。另外，由于文化差异的存在，国外的研究结果难以直接运用于国内实践。因此，我们设计了本研究。①

访谈提纲主要由两个问题组成：

1. 作为小学一年级的教师，您认为儿童在入小学时应具备哪些素质？
2. 作为小学一年级的教师，您认为这些孩子在幼儿园期间，哪些方面的培养不够理想？

【课堂实训与讨论 5】

针对上一题的背景，有人拟定了如下访谈提纲，请认真阅读，并仔细分析，找出该提纲存在的缺陷。

1. 您认为在小学一年级的学生中，他们有哪些表现让你头疼？
2. 儿童在入学时应具备哪些能力？
3. 儿童在入学时应形成哪些习惯？
4. 您觉得这个阶段的孩子在学习方面会存在哪些困难？
5. 入学学习技能的影响？
6. 儿童身体状况的影响？
7. 儿童入学时的生活能力状况？
8. 与同伴的相处中表现如何？
9. 作为一年级教师，您认为孩子在幼儿园阶段肢体发育和身体素质如何？
10. 儿童入学前学校和老师应该做什么准备？
11. 如果您是一名幼儿园教师，在培养儿童时应该怎么做？
12. 作为小学一年级教师，您认为刚入学的儿童经常出现的问题有哪些？通常怎样解决？
13. 您认为儿童入学时，家长会起到哪些作用？②

---

① 暴占光，张向葵．儿童入学准备的访谈研究[J]学前教育研究，2005（5）：14.

② 阎晓军．教育科研方法案例与操作[M]．北京师范大学出版社，2016：136-137.

第四节　教育调查报告的撰写

一般来说，一份调查报告由题目、正文、结尾三个部分组成。

一、题目

（一）标题

调查报告可以用调查对象及其主要问题做标题，如《××市部分幼儿心理品质的调查报告》，也可以用提问做标题，如《教师为什么不愿管学生？》，还可以用用主标题与副标题相结合的复式标题法，如《绿色海量阅读实施现状调查研究——对××市 21 所小学的一次调查》。标题要与报告主题吻合，文字要简洁，有吸引力和感染力。

（二）摘要与关键词

摘要一般应说明调查研究工作的目的、调查采用的方法、调查的结果和最终结论等。摘要应具有独立性和自明性，一般不宜超过 300 字。关键词是反映调查报告主要内容的词语，对文献检索有重要作用，一般可选 3 个左右。摘要和关键词置于调查报告正文之前。

二、正文

（一）引言

引言又叫前言、序言，简短扼要地说明调查的目的、意义、任务、时间、地点、对象、范围等。引言是报告的有机组成部分，对整篇报告起着总领和引导作用。

（二）调查方法和结果

调查方法和结果部分可谓正文的核心，一般包括两个内容：一是说明本调查所采用的方法，二是简单介绍此次调查的结果。该内容是调查报告的中心内容，在篇幅上应占调查报告的绝大部分。

（三）分析讨论

分析讨论部分是研究者对调查结果的评价或推论。凡是与课题有关的内容都可以进行分析讨论，从不同层面、不同角度展开。一般而言，分析讨论的主题涉及以下几方面：解释调查结果；对结果做出理论上的分析和讨论；调查的不足之处及尚待解决的问题；可进一步朝哪些方面推广等。调查结论与调查结果不同，结论是对调查结果的分析与评价而推断出的，以调查结果为基础。

结论是调查报告的结束部分，即解决问题的部分，它起着画龙点睛的作用，是整篇调查报告的归结，但不是实验结果的简单重复，而是经过综合分析，将各种数据材料连贯起来，思索判断，逻辑推理，形成总体论点，结论是去粗存精、由表及里、抽象出共同的、本质的规律，它与正文紧密衔接，与前言相呼应，使调查报告首尾呼应。结论还要求措辞严谨、准确、鲜明。

三、结尾

（一）参考文献

（二）注释

（三）附录

附录位于报告的最后，但并不是每篇调查报告都有附录，视具体情况在必要的时候才附上。有些资料，如各种调查问卷、原始数据、研究记录、有关调查背景的照片等，可以帮助读者进一步了解调查的细节，增加可信度，或回答在报告的正文部分由于篇幅所限而可能产生的某些疑问，但由于文字或图片较多而不适合置于调查报告正文，此时就可以考虑将其作为报告的附录。①

第五节　教育调查法应用案例

【案例 1】

幼儿教师继续教育管理现状与主观需求的调查研究
——以广东省为例②

一、问题的提出

幼儿教师的素质是影响幼儿教育质量的关键因素，而幼儿教师的继续教育是提升教师综合素质、促进教师专业化发展，进而提高幼儿教育质量最经济、最有效的做法。随着社会发展以及“终身教育”思想的影响，社会对于教师的综合素质要求越来越高，教师在职后通过各种形式的继续教育提升自己的专业水平已得到了广泛认可和重视。然而，通过对广东省幼

① 金哲华，俞爱宗. 教育科学研究方法[M]. 北京：科学出版社，2011：127-130.

② 徐艳贞，陈东耿. 幼儿教师继续教育管理现状与主观需求的调查研究——以广东省为例[J]. 中国成人教育，2015（12）：128-130.（有删改）

儿教师对继续教育现状的满意度调查了解到，目前只有 19.89%的幼儿教师认为继续教育满足了自身的需求。可见，幼儿教师继续教育的管理现状不容乐观。幼儿教师继续教育管理机构或部门作为承担幼儿教师继续教育工作的重要载体，它的管理水平和运行质量是影响幼儿教师质量的关键和重点。已有的研究表明，[1]“按需施教、讲究实效”是实施继续教育的一个基本原则。因此，我们有必要对幼儿教师继续教育机构的管理现状以及教师的主观需求进行调查研究，深入分析两者之间的差距，为幼儿教师继续教育机构的有效管理提供决策参考和启示。

综合关于教育管理的各种定义，[2]幼儿教师继续教育管理在本研究中界定为继续教育管理机构或部门根据教育教学理论和规律，通过资源优化配置，充分发挥人力、物力、财力等信息的作用，利用内部各种有利条件，提高幼儿教师的素质、促进其专业化发展的活动过程。幼儿教师继续教育管理主要包括继续教育制度的制定、学习时间的安排、学习频率的确定、教学方式与考核方式的选择等。

二、研究对象与研究方法

（一）研究对象

本研究以广东省为个案进行研究。根据广东省的分布，采用随机抽样的方法，从珠三角、粤东、粤西、粤北等区域各抽取 1 到 2 个城市，分别是广州、佛山、深圳、汕头、湛江、梅州、清远，在每个城市选取不同性质、不同级别的 2 所幼儿园的幼儿教师作为问卷调查的对象。另外，在问卷调查的基础上，本研究还选取了不同岗位、不同职称的 7 名幼教工作者进行深度访谈。

（二）研究方法

本研究采取定性研究和定量研究相结合的方法，设计调查问卷和访谈提纲，获取幼儿教师继续教育管理现状与教师主观需求的数据。

1. 问卷调查法

本研究主要采用自编问卷《广东省幼儿教师继续教育调查》进行调查工作。问卷分为开放和封闭两类题目，开放题目主要用于获取幼儿教师对继续教育管理的感知描述、对管理机构或部门的抱怨和期望等信息。封闭题目在于获取继续教育管理机构或部门的管理内容和教师需求内容方面的数据。本研究在 2015 年对广州、佛山、深圳、汕头、湛江、梅州、清远等地区的 14 所幼儿园通过现场发放、电子邮件等形式共发放问卷 350 份，回收 338 份，基于数据分析的严格要求，去除无效问卷，得到有效问卷 321 份，有效问卷率为 91.7%，获得的数据使用 SPSS 18.0 进行统计分析。

2. 访谈法

在问卷调查的基础上，本研究还在问卷调查的 14 所幼儿园中选取了 7 名不同岗位、不同学历的幼儿教师，通过面对面、QQ 等形式进行访谈。访谈主要分为正式访谈和非正式访谈。

问卷调查前主要采用的是非正式访谈，目的是为编制问卷提供依据和参考；问卷调查后主要采用的是正式访谈，旨在就问卷中模糊的、难以得出的数据的问题进行深层次的访谈，探究其具体的原因。

三、研究结果与分析

（一）管理制度制定的现状与教师需求的结果分析

通过调查看出：目前有 47.04%的幼儿教师继续教育机构或部门制定了明确的管理制度；有 31.77%的继续教育机构或部门制度不明确或者未制定任何管理制度；还有 21.18%的教师对继续教育的制度不是很了解；87.53%的幼儿教师都认为继续教育机构或部门有必要或者非常有必要制定明确的管理制度；只有 1.56%的幼儿教师认为没有必要。

通过对比分析可知，目前还有相当一部分继续教育机构或部门的制度建设现状没有达到幼儿教师的期望，使幼儿教师的学习缺乏安全感和秩序感。通过访谈了解到，有些继续教育机构尽管投入了较大的人力、物力和财力，但由于缺乏明确的管理制度，继续教育的预期效果受到严重影响。因此，继续教育机构或部门应进一步加强和完善管理制度，优化继续教育的环境，提高教师学习的积极性。

（二）教育频率的现状与教师需求的结果分析

调查发现，目前能偶尔参加继续教育的幼儿老师为 38.94%，极少参加继续教育的教师为 26.79%，仅有 26.17%的教师能经常参加继续教育。而在教师需求方面，58.57%的幼儿教师都期望能经常参加继续教育，还有 6.54%的教师希望能较多地参加继续教育。可见，幼儿教师实际参加继续教育的情况与教师的需求之间还存在较大的差距，继续教育的频率还无法满足教师的需求。

通过对幼儿教师进一步的访谈了解到，继续教育的频率无法满足教师的需求主要是以下原因造成的：一是经费不足，尤其私立幼儿园没有预留足够的继续教育经费，只靠政府补贴，而目前政府补贴的经费还无法满足教师经常参加继续教育的需求，在很多情况下需要教师自费参加继续教育，从而削弱了教师参加继续教育的积极性。二是由于幼儿园师资力量缺乏，为了维持正常的教育教学活动，幼儿园没有办法让更多的幼儿教师参加继续教育，导致继续教育成为优秀教师或者骨干教师的福利，仅仅可以满足少部分教师继续教育的需求。另外，还有个别的私立幼儿园，由于师资不稳定，流动频繁，幼儿园担心花费成本培养出来的优秀教师流失，也导致幼儿教师继续教育活动偏少。

（三）时间安排现状与教师需求的结果分析

调查发现，目前继续教育的时间最多的是安排在周末，比例达到 38.72%，依次是寒暑假 23.06%，工作日 21.38%，晚间 17%；而从幼儿教师的需求来看，则比较倾向于工作日和寒暑假两个时间段进行继续教育学习，所占比例分别为 37.38%和 36.45%，选择晚间进行继续教育学习的只有 4.67%。

通过对比分析可看出，工作日和寒暑假都上升了十几个百分点。究其原因通过对幼儿教师访谈了解到，寒暑假（主要是暑假）的时间比较长，教师除了安排自己的生活和休息外，还有较多的精力和时间进行学习。在工作日进行继续教育学习，教师都比较倾向于外出学习，这样便于集中精力，全身心投入学习。但是由于幼儿教师工作日的工作任务繁重，人手紧缺，外出学习的时间都不会很长。另外，幼儿教师都不大认同在晚间进行学习，主要原因是幼儿教师的工作任务比较重，白天一天的工作已经很疲惫，她们希望在晚上能够放松和休息。幼儿教师基本都是女性，家庭负担比较重，有些晚上还要照顾家庭和孩子。因此，继续教育时间的安排应该充分考虑幼儿教师的实际情况，体现人文关怀。

（四）教学形式的现状与教师需求的结果分析

调查发现，目前继续教育机构或部门主要采用的教学形式为以理论专题讲授（28.99%）和教育教学活动观摩（21.23%）为主，而幼儿教师所期望的继续教育教学方式主要是教育教学活动观摩（34.99%）和案例分析（26.18%）。通过分析可以看出，幼儿教师对教育教学活动观摩和案例分析的形式认可度比较高。这说明幼儿教师较关注自己的教学成长，最需要的是基于亲身体验和问题情境，借助于不断反思建构知识的教学形式。而理论专题讲授由现状的28.99%下降到需求的16.60%，下降了十二个百分点，究其原因，主要是教师认为，专题理论讲授以培训者为中心，缺乏幼儿教师的参与和互动，教师很难把学到的理论转化为自己的教学实践，也较难调动自身的主动性和积极性。因此，继续教育机构或部门应该根据幼儿教师的实际需求，探索多样化的教学形式。

（五）考核方式的现状与教师需求的结果分析

调查发现，当前继续教育机构或部门采用的最主要的考核方式是提交培训总结，所占比例为32%，其次是提交学习心得和考试，所占的比例分别为22.94%和21.53%。而从幼儿教师所期望的考核方式来看，幼儿教师最喜欢的是提交学习心得，所占比例是32.08%，上升了将近十个百分点。通过进一步访谈了解到，教师普遍觉得学习心得的形式自由，可以根据所学的内容进行反思，促进知识的内化。教学活动展示由现状到需求也上升了十五个百分点，究其原因，主要是教师认为可以将自己学到的知识进行活学活用，用理论指导实践，满足自身的成就感。同时，考试的形式由现状到需求下降了十九个百分点，表明教师很不认可这种考核形式，认为考试是一种机械、传统的考核形式，主要强调死记硬背，不能帮助教师形成实践性知识。

四、对策与建议

（一）政府应加大经费投入，保证幼儿教师继续教育权利

经费是开展幼儿教师继续教育工作的重要资源，是提升继续教育质量的重要保障。本研究调查了解到58.57%的幼儿教师都认为一个学期应该有2次或以上的继续教育机会，而在现实的继续教育中只有34.3%的教师才有这样的继续教育机会，26.8%的教师一年才有一次或者

更少的继续教育的机会，看来幼儿教师继续教育的频率还远远不能满足教师的需求，幼儿教师参加继续教育的权利还没有得到保障。通过深度访谈了解到，这主要是两方面原因造成的：一是政府投入的继续教育经费不足，分配到各个幼儿园的教育名额有限，基本上只能满足部分骨干教师或者优秀教师的继续教育需求。二是幼儿园教师数量不足，当教师有机会外出参加继续教育时，没有额外的教师接手其教育任务，幼儿园的教育教学工作就会受到影响。因此，继续加大幼儿教师继续教育的经费投入，扩大幼儿教师的数量，不断提高幼儿教师的素质是幼儿教师对政府的集体期待。

（二）树立以“幼儿教师为本”的理念，注重需求分析

幼儿教师的内部学习需求是其发展的原动力。幼儿教师继续教育机构或部门只有站在满足幼儿教师需求的角度，才能持续而稳定地激发他们学习的主动性和积极性。通过对广东省幼儿教师继续教育满意度的调查了解到，幼儿教师继续教育缺乏实效性，大多数幼儿教师都期待通过参加继续教育能提高自身的业务水平，但当他们有机会参加继续教育时，却发现时间不够人性化、教学形式单一、教育制度不够明确，继续教育的现实满足与他们的需求存在着一定的差距，致使继续教育失去活力。

“以人为本，赋予发展丰富、科学的时代内涵，是现代管理活动的出发点和归宿。”[3]因此，幼儿教师继续教育机构或部门应该树立以“幼儿教师为本”的观念，确定其在发展中的主体地位，主动服务于教师，促进教师全面和谐发展。继续教育工作始于对幼儿教师需求的分析，只有正确分析教师的需求状况，才能增强教育的针对性和实效性。在培训工作中，幼儿教师继续教育机构或部门可采用问卷调查、访谈、观察等方法了解幼儿教师需求和专业发展水平，在此基础上，安排继续教育的时间、确定教育地点、制订教育计划、设置教育课程、选择实施方法等，最终促进幼儿教师的全面发展。另外，继续教育机构或部门有必要建立开放灵活的终身教育体系，使幼儿教师可以根据自身的发展需要自主选择继续教育的时间、地点、内容和方式等，按照自己的职业生涯规划，不断提高自身的综合素质。

（三）规范管理制度，增强教育实效

本研究了解到现行的幼儿教师继续教育管理不够完善；管理的过程带有盲目性和随意性，缺乏长远的规划和系统的研究，导致继续教育的实效性不强。因此，幼儿教师继续教育机构或部门除了要注重幼儿教师自身的需求以外，还要建立健全幼儿教师继续教育管理制度，加强对幼儿教师继续教育的领导和指导。首先，要建立教育决策指导系统，对幼儿教师继续教育进行长远规划和蓝图绘制。其次，要遵循教师专业成长的规律，定期调查分析幼儿教师继续教育的需求现状，根据继续教育的目标和教师的需求，合理确定教育目标、设计实施方案、安排教育进程等。再次，注重继续教育的过程管理和质量管理，建立多层次的执行系统，合理安排继续教育时间和地点，科学调配师资力量，组织协调各种人力、物力、财力实施继续教育方案。最后，建立继续教育的监督体系和评价激励体系，对继续教育的过程进行监控、检查，及时反馈教育过程中各环节的信息，发现问题及时处理。建立科学的考核评价体系，对继续教育的效果和过程进行考核，同时把幼儿教师参加继续教育的考核结果和教师的职称评定、评优等联系起来，不断增强继续教育的实效性。

（四）幼儿教师应树立终身教育的理念

如今是终身学习、终身教育的时代。哈钦斯在《学习社会》一书中指出：“教育作为个人权利和国家需要的观念已被迅速接受。”[4]而幼儿教师处在这样一个终身学习的时代，由于职业的特殊性，他们既是“教育者”同时又是“学习者”，他们只有不断地学习才能适应社会发展的需要和教育发展的需要。那么，继续教育对于幼儿教师的终身学习而言则更为重要与必须。因此，幼儿教师必须转变观念。首先，要摒弃“一劳永逸”式的学习思想，不能把拿到文凭或者资格证书看作专业学习的终结，更不能把继续教育仅仅看作完成上级的任务，用学分敷衍应付等。其次，幼儿教师应该提高对继续教育的认识，端正学习动机，珍视教育的机会，把参加继续教育当成自身的一种需求和责任，变成一种内在的动力。

参考文献

[1] 田寅生. 江苏省特殊教育学校教师继续教育需求情况调查研究[J]. 中国特殊教育，2011（1）：57-64，74.

[2] 孙绵涛. 教育管理学[M]. 北京：人民教育出版社，2006：133.

[3] 王蓓颖. 高校教师继续教育的问题与对策研究[J]. 教师教育研究，2011（5）：22-26.

[4] Roben M. Hutchins. The Learning Society[M]. Fredericka：Praeger Publishers，1968.

【案例 2】

贫困地区留守儿童和非留守儿童教育状况比较研究
——来自一个国家级贫困县的调查①

2016 年 3 月 5 日，李克强在政府工作报告中指出，教育承载着国家的未来、人民的期盼。公共教育投入要加大向中西部和边远、贫困地区倾斜，改善薄弱学校和寄宿制学校办学条件，落实提高乡村教师待遇政策。从家庭到学校，从政府到社会，都要为孩子的安全健康、成长成才担起责任，共同托起明天的希望。近些年来，面对教育经费问题、师资问题、留守儿童问题，国家以更加公平的视角来关注农村教育。本研究就留守儿童和非留守儿童的教育问题进行探究并提出针对性的解决措施。

一、研究缘起

根据妇联发布的《我国农村留守儿童、城乡流动儿童状况研究报告》，按照《中国 2010 年第六次人口普查资料》样本数据推算，全国农村留守儿童 6102.55 万，占农村儿童的 37.7%，占全国儿童 21.88%。[1]此外，教育部发布的《2013 年全国教育事业发展统计公告》显示，全国义务教育阶段在校生中农村留守儿童共 2126.75 万人。[2]由这些数据可以看出，留守儿

① 张国洋. 贫困地区留守儿童和非留守儿童教育状况比较研究——来自一个国家级贫困县的调查[J]. 上海教育科研，2016（8）：41-44.（有删改）

童已经成了一个庞大的群体，其教育问题也引起了诸多学者的关注。一些研究表明，父母一方不在身边，缺少了和儿童的交流，或者缺少了父母一方的监管，都有可能对儿童的教育产生负面影响；[3]大量研究都发现，父母外出打工的汇款越多，可能子女做家务劳动和做农活的时间越少，专注于学习的时间则有可能增加，因而父母外出打工也可能对子女的教育产生积极的影响。那么当这些作用交互在一起时，两者的家庭教育、学校教育和社会教育又会有何不同呢？近年来，受“留守儿童比其他儿童更脆弱的”观点的影响，一些政府和非政府组织都针对留守儿童提出了一系列的援助措施，但是这样对非留守儿童又不够公平，这些将是本文接下来探讨的内容。

二、研究设计

（一）研究对象

河南省某县（以下称“M 县”）因经济发展落后等原因在 2006 年进入国家级贫困县的名单。根据 2014 年《河南省统计年鉴》，M 县义务教育阶段的学生一共有 99 060 人，[4]王世炎等调查发现南阳市义务阶段的留守儿童总数占义务教育阶段学生的 48%。[5]以此为参照，M 县义务教育阶段的留守儿童大致有 47 548 人，留守儿童与非留守儿童比例为 1：1。故在 M 县开展贫困地区留守儿童和非留守儿童教育状况的比较研究具有典型意义，笔者选取了 M 县义务教育阶段 20 名学生进行了深入的访谈，访谈对象包括留守儿童 10 名，女生占 6 名；非留守儿童 10 名，女生占 3 名。编号 1～10 代表留守儿童，编号 11～20 代表非留守儿童，除被访者 6 和被访者 17 父母一方是高中以上学历外，其他儿童的父母都是初中及以下学历。

（二）研究方法

本研究以半结构式访谈为主、直接观察为辅，进行数据的搜集。访谈提纲主要涉及家庭教育、学校教育、社会教育三大内容。笔者根据骆风编写的家庭教育指标体系，构建出包括家长教育观念、家庭教育内容、家庭教育策略、家长道德文化素质的家庭教育访谈提纲。就学校教育而言，本研究主要将其放置微观层面，即学生个体的综合素质，主要测量学生的学业成就、身体健康、心理健康三个指标。社会教育是指国家和社会公民团体在学制系统以外，为了提高国民素质，利用文化教育设施，对全体国民进行的一种教育。[6]本研究中社会教育主要指参加社会实践、参观博物馆、看电视和其他服务类的活动。

研究采用滚雪球抽样的方法选取 M 县留守儿童和非留守儿童各 10 名进行访谈，并对访谈结果进行系统分析。

三、研究结果

（一）留守儿童与非留守儿童在各方面的发展无明显差别，“弱势群体”情况堪忧

在学习方面，两类儿童的学习成绩、学习积极性等无显著差异。当询问“你觉得爸妈在家的同学学习好，还是不在家的学习好？”时，被访者回答如下：

“我们班有很多爸爸出去打工的同学，他们很努力，学习成绩比我们好，老师比较关注他们，对他们很好。”（被访者 14）

“我们班基本都是留守儿童，我觉得根本还是看自己，这和父母在不在家没有关系，我们班学习好的那几个爸爸都出去打工了。”（被访者 7）

出现上述现象的原因，一方面是父母的教育观念淡薄，施加于孩子的影响很小；另一方面取决于学生个人的努力程度，这与是不是留守儿童没有联系。在和同学相处方面，几乎所有儿童都认为自己能够和同学友好相处。比如：

“有好几个好朋友，都是我们村上的，有时候说说话，有时玩游戏，有时讲学校发生的事情。”（被访者 8）

“下课的时候有时会和前后排同学讲题，寒暑假就和村里的同学一起玩。”（被访者 18）

留守儿童没有出现同伴交往问题是因为在 M 县学生认为父母出去打工是很正常的现象。当问及“你对你们班父母出去打工的孩子会不会有偏见？”时，被访者 15 说：“我们班很多同学的父母都出去打工了，和他们玩得很开心。没有偏见，这位同学就是父母出去打工的，我们放假后一直一起玩。”

在身体素质方面，两类儿童身体素质都较好，不经常生病。比如：

“身体倍儿棒，每天都走路去上学，家离学校 1500 米，正好锻炼身体了。”（被访者 11）

“每天学校都会集体做广播体操，我的身体还好吧，并不是经常生病。”（被访者 7）

近年来，随着经济的发展，农村的物质生活水平也有了较大的提高。M 县实施了营养餐计划，两类儿童在营养方面并没有太大的差异；同时，每个儿童每天的运动量差不多，两类儿童身体素质都比较好，差异并不明显。有的研究同样表明留守儿童和非留守儿童在饮食、衣着等方面没有太大差异。[7]

但是农村儿童内部存在一些需要特殊关注的“弱势群体”，他们或父母离异，或生活极其困苦。被访者 6 说：“我觉得爸妈出去打工是因为他们不爱我了，感觉被父母抛弃了，我是父母的累赘，我们班有好几个父母离婚的同学。在学校觉得同学不喜欢我，在村里也没有朋友。”

还有一个男孩，家庭极其贫穷，父亲年迈多病，母亲离家而去，他不得不辍学在家照顾生病的爸爸。他说：“我想努力学习，但是因为要照顾我爸，有时候又学不会，如果今年我爸的病好一点，我就回学校继续上学。”

相关研究也表明，这些儿童的智力发展、学习成绩、被同学接纳的程度和亲子关系明显较差，在品德、性格方面的问题也明显偏多。[8]

（二）农村家庭教育观念朴素，对儿童没有明确的发展目标

当问及“父母对你的学习期待高吗？”几乎所有儿童都认为父母对自己的学习期待较高。被访者 1 说：“爸妈对我的学习关注很高，一般要求都是 90 分以上（满分 100 分），打电话的时候经常问我在学校的学习状况和考试成绩。”

但是家长的教育观念还是很朴素的。首先，家长对自己孩子的未来发展没有明确的指导。当询问“父母对你未来有什么期待呢？”时，回答如下：

“没有什么期待吧，爸妈从来没有在我面前说过这件事情。”（被访者 2）

“一点都没有，有时候他们偶尔会说你要向村里的谁谁学习，告诉我要好好学习但我真的学习不好。”（被访者 14）其次，家长缺乏对孩子未来的投资意识。当问及“你上过特长班吗？”除三名留守儿童外，其他儿童都没有上过特长班。这从侧面说明了相比于非留守儿童，留守儿童父母有投资子女教育的倾向。

再次，很多父母片面地以成绩衡量儿童的综合发展。被访者 9 说：“回家一般都在学习，很少出去玩。如果做与学习无关的事，我妈就说不好好学习管这些事情干吗。村里一个学习好的同学家长觉得他各方面都好，其实他人品不好。”

最后，监护人未能引导孩子养成正确的习惯，很多儿童沉迷于玩电脑和手机游戏。对于“放学回家你一般干什么？”被访者 11 说：“回家写作业，写完作业吃饭，然后就看电视打游戏，作业有时在学校就写完了，一般打游戏打到十一二点。”

父母不具备正确教育孩子的知识造成了上述情况。这些儿童的父母基本都是初中及以下学历，文化程度较低，缺乏家庭教育知识，更不知道如何参与到对儿童的教育中。

（三）学校教育理念落后，教育状况不容乐观

M 县的很多学校育人观念、施教方式依然落后，学校甚至没有任何拓展课程。当向这些儿童询问在学校学习的状况时，一些儿童的回答如下：

“从小到大，班级的同学都在 70 个以上，老师只关注（成绩）好的学生，像我们（成绩）比较差的，老师要么说两句，要么就扔在那里不管了。”（被访者 16）

“老师除了讲课基本不和我们交流。我们学校没有书法课，只有主科，副科都不上，老师让我们在教室里背英语、语文。”（被访者 1）

造成上述问题的原因有很多，其中一个就是师资不足导致的大班额问题，在有限的师资条件下，老师不可能关注到每个学生。相关数据可以佐证：河南省教育投入指数为 54.0，位居全国 25 位，落后于全国平均值 6.2 个百分点，义务教育阶段师资指数严重偏低。这同时也说明了教师对待儿童的态度不会因其留守儿童的身份而有差异，只会因成绩好坏而出现“远近之别”。

（四）农村的社会教育资源薄弱，对儿童发展没有明确支撑

社会教育作为与家庭教育和学校教育并列的三大教育体系之一，在一个人的成长中发挥着重要的作用。[9]然而 M 县文化基础设施几乎没有，光顾书店的儿童寥寥无几，很多儿童在空闲时间要么打游戏，要么在路上闲逛。比如：

“朋友一起打游戏或自己打单机游戏，或看电视剧，这里没有什么可以玩的地方，有时候觉得生活好无聊。”（被访者 13）

“我们这地方什么都没有，博物馆、展览只在电视上见过，不知道那是啥，生态园还可以去玩玩，但是时间长了就玩腻了。”（被访者 6）

M 县儿童文化知识面狭窄，打牌、游戏已经占据了部分农村儿童的闲暇生活。农村的社会教育产品供给不足，农村儿童没有可以参加的社会教育形式是问题产生的根源。

四、提升农村教育质量的建议

（一）丰富家长的家庭教育知识，加强家长与子女的沟通

面对家长教育知识缺乏的情况，笔者认为应该构筑以村委会为核心，建立引导农村家长学习家庭教育知识的多元主体参与体系。首先，村委会应该和非政府组织定期请一些专家、学校的老师来给村民上课，传授如何正确地关注儿童的学习，如何正确地评价儿童，如何为儿童未来发展提供相关支持等知识；其次，鼓励监护人投入更多的时间和精力到亲子教育中，将学到的知识付诸实践；最后，外出务工的父母应该和留守儿童保持密切的联系，多和他们的监护人进行有效的沟通，对孩子进行积极的监督与管理。

（二）转变教师育人方式，提升教师育人理念

学校应该整合多方面的资源，积极调动内部资源，联系学科优秀教师和学者定期在学校开设讲座，向教师传授相关教学经验和新的教育思想，提升教师对教育的认识，以民主的方式将知识传授给学生，尽力做到“不让一个孩子掉队”；教师之间可以成立专业发展小组，分享专业知识与技能。有关研究表明，教师的支持对学生的学习成绩、学校认同和同伴评价具有积极的作用。[10]教师应该转变以成绩评价学生的观念，同时多关注学生的生活，促进学生的良性发展。

（三）集多方力量，以补偿教育的方式填补社会教育不足

补偿教育源于英美国家，目的是弥补一些弱势群体的孩子在智能和社会发展方面的不足。[11]根据国外的经验和我国农村教育的实际情况，可以创造一种学校和村民相结合的补偿教育模式。当学生没有在学校接受教育时，由没有务工的村民和老师对学生进行指导和教育。李明华认为我国一些农村存在着“富百姓、穷政府、弱学校”的现象，其中“富百姓”是指在一些农村，由于劳动力外出务工而逐渐富裕的农村村民。[12]这些外出务工的村民可以拿出部分资金成立“农村学校补偿教育基金会”，用于支付照看他们孩子的村民和老师的工资。如果其他非留守儿童的父母也想让自己的孩子接受这种补偿教育，他们就需要向基金会缴纳费用。

（四）加强农村文化基础设施建设，引导儿童合理利用闲暇时间

对于儿童玩手机和感到无聊的问题，应该构建一种类似“农家书屋”的社会教育形式，让学生从沉迷电视和游戏中解放出来。有研究表明，“农家书屋”在培养留守儿童养成良好的阅读习惯、增进阅读技能等方面具有重要作用。[13]村委会可以和书店进行协商，为农村儿童提供较低价格的借书卡，并倡导爱心人士向儿童赠送优秀读物；定期选择有文化知识的村民、学校老师、志愿者向农村儿童进行作品的解读和阅读引导；每个村设置读书班班长，向村里的儿童发布与读书相关的通知；定期开读书会，分享读书心得。村委会应该根据不同年龄儿童的心理特点，开展具有针对性的社会教育活动，满足农村儿童的社会文化需求。

在我国的贫困地区，留守儿童和非留守儿童都是弱势群体，相关部门和组织应该根据地

区的差异对农村儿童区别对待，而不是仅仅关注留守儿童。

参考文献

[1] 我国农村留守儿童、城乡流动儿童状况研究报告. http://acwf. people. com. cn/n/ 2013/0510/ c99013-21437965. html.

[2] 2013 年全国教育事业发展统计公告. http://www. moe. edu. cn/publicfiles/business/ htmlfiles/moe_633/201407/171144. html.

[3] McLanahan，Sara，and Gary Sanderfur. Growing up with a Single Parent: What hurts，What help[M]. Harward Uiversity Press，1994.

[4] 河南省教育统计年鉴. http：//www. ha. stats. gov. cn/hntj/lib/tjnj/2015/indexch. html.

[5] 王世炎，赵起城，王书延. 农村留守教育问题凸现——来自河南的调查报告[J]. 调研世界，2011（4）：37-40.

[6] 关冬生，关淑凡，石军. 青少年社会教育与学校教育、家庭教育的比较研究——以广东为例[J]. 中国青年研究，2013（3）：9-13.

[7] 杨敬忠，王伊欢，张克云，陆继霞. 父母外出务工对留守儿童生活的影响[J]. 中国农村经济，2006（1）：57-65.

[8] 徐安琪. 问题儿童？缺陷儿童？异常儿童？——千余名教师视角中的父母离异学生[J]. 青年研究，2002（3）：1-8.

[9] 宋宁娜. 学校、家庭及社会教育[J]. 南通大学学报（社会科学版），2014（2）：99-104.

[10] 李文道，邹泓，赵霞. 初中生的社会支持与学校适应的关系[J]. 心理发展与教育，2003（3）：73-81.

[11] 杨军. 促进基础教育的均衡发展——来自美国的经验[J]. 外国教育研究，2004（11）：10-14.

[12] 刘纪蕊. “富百姓、穷政府和弱学校”现象及教育治理[J]. 开放教育研究，2015（6）：26-38.

[13] 邓倩，胡登全. 留守儿童文化生活需求下的农家书屋建设研究——以重庆市留守儿童为例[J]. 图书情报工作，2013（20）：78-81.

【思考与实践】

结合本章内容，从下列选题中选择一个题目（也可另行自选题目），主要运用教育调查法进行小微课题研究，形成 1500 字左右的教育调查报告。

1. 幼儿园教学“小学化”问题调查研究

2. “校园欺凌”现象调查研究

3. 幼儿（小学）教师工作压力现状调查研究——以××××地区为例

4. 小学课堂教学中教师“过度”行为的研究（“过度”行为可以从教师过度依赖多媒体教学手段、过度依赖某单一教学方法、过度提问、过度发掘文本等角度考察。）

【阅读与拓展】

[1] 罗璇，王小红，常丽娟. 张家口农村小学特岗教师群体工作现状的调查与研究[J]. 中国农村教育，2019（3）.

[2] 曹春艳，史晓荣，宋德艳. 小学教育全科型师范生专业发展现状调查研究[J]. 陕西学前师范学院学报，2019（2）.

[3] 刘巧亮. 农村小学高年级学生非连续性文本阅读现状的调查研究[J]. 教育观察，2018（22）.

[4] 邓霞，张若璇. 农村小学数学教师模型思想教学现状的调查研究[J]. 教育观察，2018（14）.

[5] 张雅俐. 小学生口语表达能力调查研究——以运城市盐湖区某小学三、四、五年级小学生为例[J]. 教育理论与实践，2018（14）.

[6] 李克勤，袁小平. 小学校长价值领导力调查研究[J]. 湖南师范大学教育科学学报，2018（5）.

[7] 邵忠祥，凌琳，范涌峰. 民族地区农村小学教师职业倦怠现状及对策研究——基于贵州省黔东南民族地区的调查[J]. 教师教育论坛，2018（4）.

[8] 陈向明. 教育研究中访谈的倾听技（艺）术[J]. 教育理论与实践，1998（4）.

[9] 陈向明. 教育研究中访谈的回应技（艺）术[J]. 教育科学，1998（2）.

[10] 张燕，刑利娅. 学前教育科学研究方法[M]. 2 版. 北京：北京师范大学出版社，2014.

[11] 蒋泓洁. 中小学教育科学研究方法[M]. 北京：北京师范大学出版社，2010.

[12] 赵世明，王君. 问卷编制指导[M]. 北京：教育科学出版社，2006.

[13] 袁方. 社会调查原理与方法[M]. 北京：高等教育出版社，2001.

[14] 刘畅. 社会调查与统计[M]. 北京：中共中央党校出版社，1998.

[15] 宋林飞. 社会调查研究方法[M]. 上海：上海人民出版社，1990.

第五章　教育实验法

教育实验是教育或教学改革的基础，几乎所有有效的教育教学改革都是建立在教育实验基础之上的。教育实验研究法是身处教育第一线的广大教师常用的研究方法。

第一节　教育实验法概述

在教育科学研究中，经常会遇到各种问题，比如，哪种教学方法效果更好、如何培养学生的学习动机等，对这些问题人们自然会有自己的设想，这就有了研究假设。有了研究假设，大家自然就想到能否采用某种方法去验证假设，这就是教育实验法所要解决的问题。

一、教育实验法的含义与特点

（一）教育实验法的含义

教育实验研究法是根据一定的理论和假设，通过人为地控制教育现象中某些因素从而探索变量之间某种因果关系的研究方法。

（二）教育实验法的特点

实验研究法的主要特点就是对无关变量的控制，因为有了对无关变量的适当控制，自变量和因变量（实验结果）之间的关系才有可能是因果关系。如果没有对无关变量进行适当的控制，即使实验有了好的效果，也不能完全归因于实验变量的作用。

教育实验有明确的实验设计和确定的实验程序，具有可重复性。通过重复性实验研究，可以检验原始实验的真实性和确切的效果。

（三）教育实验法的优缺点

1. 教育实验法的优点

能确立因果关系，认识事物的本质和规律，是教育研究中建立因果关系的最好方法；能重复验证，研究结果客观、准确、可靠；能对变量进行控制，提高研究的信度；能将实验变量和其他变量的影响分离开来；能为理论的构建提供佐证和说明。

2. 教育实验法的缺点

应用范围有限，有些问题难以用实验的方法来解决；适合研究的自变量数目较少，往往缺乏清晰、可以分解并可以操作的问题；影响实验结果的变数太多，难以控制所有的无关变量；需要较多的人力、物力、财力；对参与研究的人员要求较高。

二、教育实验的基本问题

（一）教育实验假设和推论

与相关研究相比，实验研究具有能对研究中各种可能存在的因果关系进行确定的特点，实验研究一般都需要提出或确定一个或几个有待检验的假设，然后才能基于假设而做出客观合理的推论。

教育实验假设是指用来说明某种教育现象但未经证实的论题。实验推论则是研究人员基于实验假设做出某些适合于实验检验的可操作的、合理的推论，来判断最初的假设是否正确。例如，“看暴力性动画片会导致儿意的攻击性行为发生”就是一个假设，从该假设可以进行推论，得出“儿童平均每周或看暴力性动画片的时间越长，则似乎对同伴的攻击行为的频率将越高”这一推论。

（二）实验变量的确定与控制

实验变量是指与研究问题有关而且是可以操作或可以测评的可变因素或条件。实验研究中主要涉及三种变量：自变量、因变量和无关变量。

1. 实验变量

（1）自变量。

自变量，又称独立变量，是指由研究者选定并进行操纵，对被试产生影响的变量（采取的教育方法或措施），是研究者呈现给被试的刺激变量。例如，要考察几种不同的教学方法对学生的学习影响有没有显著差异，在这里，教学方法就是实验自变量。

（2）因变量。

因变量是指伴随自变量的变化而发生改变的变量，也就是实验的结果。因变量是一种结果变量，必须具有一定的可测性。例如，要考察几种不同的教学方法对学生的学习影响有没有显著差异，在这里，学生的学习成绩、学习兴趣等就是实验因变量。

（3）无关变量。

无关变量，也称干扰变量或控制变量，泛指除自变量以外所有可能对实验起干扰作用从而影响结果的因素。例如，如进行几种不同教学方法的比较实验，教学方法之外的教师水平、学生原有基础、家庭辅导、学习时间等等一切可能影响教学效果的因素都是该实验中的无关变量。

2. 实验变量的控制

（1）自变量的控制。

自变量的确定，必须以研究的目的和假设为依据。首先是对自变量的明确定义，如确认自变量是否可以操纵。可以操纵的自变量是指研究者能够控制、调节、操纵并且有规律地变化的条件，如实验中的文字、声音、作业难度、时间等。不可操纵的自变量是研究者无法控制和改变的条件，如性别、年龄、发展水平等。

确定自变量时，要努力去寻找那些可以改变的变量。所谓可以改变的变量，是指针对那些相对稳定的变量而言的变量。自变量要具有可操作性。自变量是由主试操纵的一些措施，如果模糊不清，就无法准确操作，因此，对自变量要做出准确的操作性定义，即用明确、统一、可以量化的术语，对自变量进行严格的规定。

（2）因变量的控制。

对被试施加自变量后，引起了因变量的变化，这种变化需要明确的评价指标加以衡量，有了明确的评价指标，并在实验的各阶段按照这些指标进行观察、测试，才可能对实验的假设做出解释。在确定这些指标时，必须注意：第一，指标与实验目的要密切相关。如实验是以培养学生劳动习惯为目的，则必须有衡量其劳动习惯变化情况的指标。第二，指标必须具有一定的客观性。如以客观题型测试所取得的成绩等作为评价指标，而一些主观材料如社会、家长、学生的反映等可作为分析结果时的参考。第三，指标必须具有一定的区分度。即自变量的变化能明显地反映在因变量指标的变化上。例如“小学数学自学辅导”教学实验，规定了四项评价因变量的指标，即数学成绩、自学能力水平、自学能力的迁移水平，以及各科成绩发展水平。

（3）无关变量的控制。

教育实验中，无关变量较大地影响着结论的准确性，只有加强对它们的控制并对结果进行适当的统计处理，才能将这种影响减少到最低限度。对无关变量的控制，是提高实验科学性的关键，凡与自变量无关而又可能影响因变量的各种因素，都要自觉地、尽可能地加以控制。

控制无关变量可以从以下几个主要方面考虑：第一，对被试的控制。被试必须处在自然状态之下，不能使他们了解自己是实验的对象，尤其不能使他们了解实验的自变量，否则就可能造成由于他们对实验自变量的偏向而影响实验的结果。例如，在等组实验中，最重要的就是尽可能使各组被试等质。第二，对环境的控制。防止各种偶然因素对实验结果的影响。对环境控制可以采用恒定法、抵消法或平衡法。第三，对统计方法的控制。运用统计方法对实验数据做技术性处理，以消除无关因子在实验结果中的影响。第四，对主试的控制。在等组或轮组实验中，各组主试若不是同一人选，则必须注意他们各方面条件的对等。要对主试进行必要的培训，使其掌握实验的要求。[1]

【课堂实训与讨论 1】

阅读下列材料，分析实验研究中的自变量、因变量与无关变量。

不同移情训练法对儿童分享行为影响的实验研究

为比较不同移情训练方法对幼儿分享行为的影响，某幼儿园通过竞赛活动选拔出幼儿园被试 60 人，按实验要求随机分成：情境讨论组、角色扮演组和控制组。先对幼儿的分享行为进行前测，组织情境讨论组和角色扮演组进行训练，时间为一个月，每周三次，每次一小时；对控制组不进行任何训练，只按常规道德教育进行。最后对幼儿的分享行为进行后测。分享

---

① 胡中锋. 教育科学研究方法[M]. 北京：中国人民大学出版社，2018：110-127.

行为的测量指标是指真正达到和别人共同分享快乐目的的分享，对于玩具来讲包括给别人玩或一起玩；对于奖品来讲包括分给或送给别人（让别人占有）。[①]

考试焦虑对错误记忆的影响的实验研究[②]

背景说明：DRM 范式一般先让被试学习词表，然后进行再认测验。再认测验中包含一部分与所学词语有语义联系的关键诱词，要求被试确定每个呈现词是否在先前的学习词表里出现过。

实验目的：采用错误记忆研究的经典 DRM 范式，考察具有情境性特质焦虑特点的考试焦虑对错误记忆的影响。

被试选择：在一次单元考试开始前半小时，对某中学 550 名高一年级学生施测认知考试焦虑量表，从 45 名高考试焦虑者、77 名中等考试焦虑者、21 名低考试焦虑者中分别随机抽取 15 名，共 45 名作为被试。男女比例相当，年龄为 15～17 岁，被试视力正常或矫正视力正常。

实验设计：采用 3（高焦虑、中等焦虑、低焦虑）×3（学习词、无关词、关键诱词）混合设计。

实验步骤：根据 DRM 经典范式，编制实验材料。学习材料为 10 列词表，每列词表所包含 12 个词，都与同一个关键诱词产生联想。另有 3 个无关项目在学习的最开始呈现，以消除首因效应。学习结束后完成 30 道心算题，全部为两位数的加减法计算，以消除近因效应。

实验分为学习阶段和测验阶段。均在计算机上进行。学习阶段提醒被试计算机将呈现一系列词表，请用心记住它们。然后进入再认测验阶段，要求被试确认显示的词语是否先前出现过。

第二节 影响实验效度的因素

实验效度即实验的有效性，是指实验目的达到或者实现的程度。实验效度主要有两种：内在效度和外在效度。

实验的内在效度是指实验变量对因变量所造成的真正影响的程度，也就是我们通常说的“实验到底有没有真正成功”。实验的外在效度是指实验结果的概括性和代表性程度，换言之，就是指实验结果可推广到实验对象以外的其他受试者或实验情境以外的其他情境的程度。

实验的内部效度越高，其结果就越能确认是由实验处理所造成的；而实验的外部效度越高，其结果的可推论范围就越大。实验的内部效度和外部效度是相互联系、相互影响的。提高实验内部效度的措施可能会降低其外部效度，而提高实验外部效度的措施又可能会降低其内部效度。二者的相对重要性，主要取决于实验的目的和实验的要求。一般而言，在实验中控制额外变量的程度越大，则对因果关系的测量就越有效。因此，可以在保证实验内部效度的前提下，采取适当措施以提高外部效度。

---

① 魏玉桂，李幼穗. 不同移情训练法对儿童分享行为影响的实验研究[J]. 心理科学，2001（5）：557-562.

② 陈顺森，唐丹虹. 考试焦虑对错误记忆的影响[J]. 心理发展与教育，2009（1）：46-52.

一、影响内在效度的因素

影响内在效度的因素很多，主要有以下八个因素。

（一）历史因素（或同时事件）

历史因素（或同时事件）指的是实验期间，由于实验周期较长，一些未经控制的其他相关因素可能会涉入实验过程，进而影响实验的内在效度。

（二）成熟因素

实验期间，随着实验的推移，实验对象的身体与心智发生自然变化，进而影响实验变量对因变量的作用，影响实验的内在效度。

（三）测验因素

测验因素指前测的暗示对实验因变量的影响。如果实验安排有前测，前测可能会暗示被试，前测的经验往往有助于提高被试的后测成绩，这样就影响了实验的内在效度。

（四）工具的稳定性

不同的测量工具与测量手段对实验因变量都有不同的影响，都可能影响测量结果的准确性。工具本身的质量不高，就很难保障实验结果准确。

（五）统计回归（或趋中效应）

统计回归指在实验取样时，选择某些特质处于两个极端的被试，这些被试在前后测时，出现最低分和最高分的被试其得分向中间回归（趋中）的现象，即低分组提高了分数而高分组降低了分数。仅从低分组提高了分数考察，尚不能完全说明实验的效度高。

（六）差异的选择

所选择的两组或多组被试，在实验处理之前，各方面的能力本来就存在差异或不相等，那么，其实验结果的差异就不能归因于实验处理。

（七）受试者的流失

实验对象在实验期间由于某种原因退出实验，导致实验结果出现偏差，进而降低实验的内在效度。

（八）选择与成熟的交互作用、选择与历史的交互作用等

前述各类因素彼此的交互作用，也就是复合因素的交互影响，也会影响实验的内在效度。

二、影响外在效度的因素

（一）实验环境的人为性

一般的实验都需要在严格的控制条件下进行，实验环境的人为性可能使某些实验结果难以用于解释日常生活的现象。在特定的实验环境中，被试通常知道自己处于被观察的地位，实验使用的仪器设备也会影响被试的行为。

（二）被试样本缺乏代表性

被试必须具有代表性，但实际上这是很难做到的。被试背景的特定性使得被试群体很难代表社会大众。

（三）测量工具的局限性

实验者对实验中变量的操作定义往往以所使用的测量工具为基准。实验材料和测验类型的差异可能使多个研究者对同一个问题的研究结论无法汇聚。①

第三节　教育实验设计

尽可能充分、清晰地将实验自变量与因变量之间的关系体现出来，是设计教育实验首先要考虑的关键问题。拓展开来说，也就是在实验之前就要考虑选择合适的实验模式，考虑哪一种实验设计适合所做的研究，能验证研究假设；哪一种实验设计能较好地控制无关因素的干扰；哪一种设计能有助于研究结果的鉴定和推广。

一、教育实验设计模式分类

对实验设计模式进行分类具有重要的意义，掌握不同的分类标准，确定教育实验类型、特点、适用条件和要求等是做好教育实验的基本前提。我们从不同角度对教育实验设计进行分类，常见的分类有以下几种。

（一）根据实验自变量的个数划分

依照实验自变量的个数，教育实验设计可分为单因素设计和多因素设计。单因素设计是指只有一个实验自变量的实验设计。多因素设计也称组合变量实验设计，是指有两个或两个以上的实验自变量的实验设计。

---

① 罗润生. 教育科学研究方法[M]. 北京：教育科学出版社，2013：169.

（二）根据因变量的观测安排划分

根据因变量的观测安排，教育实验设计可分为后测设计、前后测设计等。后测设计就是在实验之前没有对被试进行测量，仅在实验之后进行测量的实验设计。前后测设计是指在实验之前和之后都对被试进行测量的实验设计。

（三）根据接受实验群体的组织形式划分

根据接受实验群体的组织形式，教育实验设计可分为单组设计、双组设计和循环组设计。单组设计是指实验对象只有一组的实验设计。双组设计是指实验对象为两个组，其中一个组为实验组，另一个组为控制组。循环组设计中实验对象有多个组，各个组轮换成为实验组。

（四）根据实验的目标划分

按照实验的目标，教育实验设计可分为确认性实验、探索性实验和验证性实验。确认性实验也称试探性实验，目标主要是借助实验搜集的事实材料，确认所研究的对象是否具有研究假设内容的特征。探索性实验以认识某种教育现象或以教育者个性发展规律为目标，通过解释与研究对象相关的因果关联，解决有关问题来试图建立某种理论体系。这类实验多以专门研究人员为主进行。验证性实验以验证已取得的实验成果为目标，用再实践的经验来检验、修整和完善已经取得的实验成果。

（五）根据实验操纵与控制的严密程度划分

根据实验操纵与控制的严密程度，教育实验设计可分为前实验设计、准实验设计和真实验设计。前实验设计是对任何无关变量都不予以控制的实验设计。准实验设计是指由于实验条件限制，对无关变量尽可能控制的实验设计。真实验设计是指实验条件控制得比较严密、系统地操纵自变量、全面控制无关变量的实验设计。

二、教育实验设计常用模式介绍

（一）单组设计

单组实验设计是选择一个或一组被试，对其施加某一种或数种实验处理的实验设计。单组设计中只有实验组，没有控制组，但实验因子可以为一个或多个。

单组实验设计中较常用的有三种，分别是单组前后测实验设计、单组纵贯重复前后测实验设计和单组多因子实验设计。

1. 单组前后测实验设计

在这种实验中，没有对照组，只有一个实验组，该实验组并非随机选择的。实验之前先对实验组进行测量，实验处理之后再次测量，然后比较两组测量结果，得出相应的结论。

这种设计的优点是相同的被试都接受前测与后测，降低了差异的选择和受试者的流失等因素对实验内在效度的影响，但缺点是对无关变量的控制仍然不够，整体来说内在效度较差。

2. 单组纵贯重复前后测实验设计

当我们从事连贯式的长期实验研究时，往往采用单组纵贯重复前后测实验设计。单组纵贯重复前后测实验设计也称单组纵贯时间系列设计。使用这种设计时，要对实验组做周期性的一系列测量，并在测量的这一时间系列中间呈现实验变量，然后对测量结果进行差异显著性检验。在这种设计中，可以把不同时间段的实验处理视为不同的实验处理。

这种设计的缺点是实验延续的时间较长，历史的因素可能影响到内在效度；在外在效度方面，测验的反作用或交互作用效果可能影响结果。

3. 单组多因子实验设计

这一设计的要求是，以单组作为实验对象，施加两种或两种以上的实验处理。每一种实验处理均进行前测和后测，然后比较各种实验处理的效果。

（二）双组设计

双组设计是选择两个组，一个为实验组，一个为控制组，对两组分别施以不同的实验自变量（或相同自变量的不同水平），然后测量和比较不同实验自变量（或相同自变量的不同水平）所产生的影响，进而得出结论。双组设计根据实验组和控制组的条件是否相等分为等组设计和不等组设计两种。

1. 等组设计

等组设计也叫配对组设计，它是指在实验自变量发生作用之前，根据一定标准，将被试两两配对，然后编为两组，使被试组尽量保持同质性的设计方法。通常的做法是对全部被试进行与实验内容相关的测试，并依据测试结果，选择相同特质的被试进行配对，然后以随机分派的方式，将其中一个分派到实验组，另一个分派到控制组。实验处理后，对实验组的结果和控制组的结果进行比较。

根据有无前测，等组设计又可分为等组后测设计、等组前后测设计、等组交叉前后测设计。

（1）等组后测设计。

在等组控制后测实验中，利用随机选择或配对选择方法将被试分为两个等组，分别作为实验组与控制组，两组在实验处理前都不进行前测。对实验组进行实验处理，控制组不做任何处理。实验处理后，两组都接受后测，比较实验结果，以确定实验处理对被试行为改变的影响。

（2）等组前后测设计。

用随机方法选择被试，并将其随机分派到实验组和控制组。实验处理前，两组都接受前测。实验组接受实验处理，控制组不进行实验处理。实验处理后，两组都接受后测，比较两组实验结果。这种模式是对等组后测设计模式的改进。

（3）等组交叉前后测设计。

对实验组只实施后测，不实施前测；对控制组只实施前测，不实施后测。实验处理之后，对实验组的后测结果与控制组的前测结果进行比较，然后推导实验处理对被试的影响。

2. 不等组设计

在不等组设计中，实验组和控制组都有前测，而与等组设计相比，二者的主要区别在于：这种设计不是采取随机方法分派被试，所以实验组与控制组在各方面条件未必相等。这种实验一般以固定的班级为单位，随机分派为实验组和控制组，对两组实施前测，只对实验组实施实验处理，而控制组不接受实验处理，之后对两组进行后测。不等组设计一般包括不等组后测设计（固定组比较设计）与不等组前后测设计两种。

（三）循环组设计

循环组设计也称轮组实验设计、平衡设计或拉丁方设计，是一种为减少实验顺序对实验的影响，而采取的一种平衡实验顺序的技术。这种设计将各种实验处理（不管是几个）轮换施行于各组（各组不必均等），然后根据每种实验处理所发生变化的总和来决定实验的效果。

在循环组设计中，实验处理顺序的安排可以采用“拉丁方阵”。拉丁方阵是一种 $K \times K$ 的排列方式。在这种排列方式里，每一个字母或数字在每一行每一列之中必须出现一次，而且只能出现一次。方阵大小是根据所安排的实验自变量的数目而定的，自变量的个数（或同一自变量的不同水平数）又等于实验组的组数。这种方阵的最小限度为 2×2。循环组设计由于在平衡配置过程中许多无关因素被相互抵消了，内在效度较好。循环组设计对分组和对无关变量控制没有要求，适合于自然情境下的实验。

三、教育实验控制的原则

实验控制的基本原则是“最大最小控制原则”，意思是使实验变量产生最大变化，使其他无关的变量与误差产生最小的影响。这个原则包括三层意思。

（一）控制实验变量

实验的目的就是使实验变量直接、完全导致实验结果，因此，要尽可能地使实验变量产生最大的变化。

（二）控制无关变量

要完全消灭无关变量是不可能的，这是教育实验与自然科学实验的最大区别。要控制自变量之外一切可能影响或干扰实验结果的其他变量，保持这些变量不变或只产生最小变化，甚至将其排除在实验情境之外。

（三）选择好的测量工具

选择好的测量工具才能获取准确的实验结果，务必将实验的误差降至最低限度。

四、教育实验控制的方法

（一）随机控制法

随机控制法指的是将参与实验的被试随机外派到实验组和控制组，也称随机分组，即将所有被试随机分成两个组，再从两个组中随机抽取一个组作为实验组，剩下的那个组就是控制组或对照组。

（二）物理控制法

物理控制法指的是对实验情境进行控制，严格按照实验的要求设置实验情境。例如，为了使实验情境保持恒定，降低干扰实验变量对因变量的影响，要设法控制声音、灯光、气氛、周围环境等物理因素。

（三）排除控制法

排除控制法指的是预先将可能影响实验结果的变量排除在实验条件之外。

（四）纳入控制法

纳入控制法指的是将影响实验结果的某种因素也当作自变量来处理，这实际上就是进行多因素的实验设计。

（五）配对控制法

配对控制法指的是将实验组和对照组的被试一一配对。这种控制方法要求极高，一般很少采用。

（六）测量选择控制法

测量选择控制法指的是根据测量的结果进行选择与分配，保证实验组和对照组在实验之前基本相同，比如，实验班与对照班的平均成绩基本一样。[①]

【课堂实训与讨论 2】

分析下列实验设计采用的是何种模式。

1. 在幼儿园进行的使用某种学具对儿童智力发展的影响的实验研究中，为了了解和比较实验在小班、中班和大班三个时间段的效果，可以把三个阶段的实验看作三个实验处理，对实验班的小朋友分阶段进行四次智力测验。在刚进幼儿园时实施第一次智力测验，在小班结

---

① 胡中锋. 教育科学研究方法[M]. 北京：中国人民大学出版社，2018：120-121.

束时实施第二次智力测验，在中班结束时实施第三次智力测验，在大班结束时实施第四次智力测验，对这四次测验的结果进行以下比较分析：比较一、二次测验的结果，比较二、三次测验的结果，比较三、四次测验的结果，然后再对各次的比较结果进行比较，从而了解实验效果在不同的时间段有无差异，如果有差异，了解哪个时间段的实验效果最好。

2. 要对一个班级进行两种教学方法的对比实验。在实施甲种方法前进行一次测验，在实施甲种方法后，再进行一次测验，拿两次测验成绩比较，即可求出甲种方法所产生的效果，用同样办法将乙种方法实验一次，可以求出乙种方法所产生的效果，最后对两组测量结果进行差异显著性检验，就可以知道哪一种方法的效果比较好。①

3. 为了解某种新的识字教学法对提高小学生识字效果的影响，教师选取了二年级一个班的学生，先运用该识字教学法进行教学，半个学期后，测验学生的学习成绩。

4. 为了解某种新的识字教学法对提高小学生识字效果的影响，教师选取了二年级一个班的学生，先用传统方法进行识字教学，半个学期后，测验学生的成绩；再运用该新识字教学法进行教学，半个学期后，测验学生的学习成绩。

5. 为探索学具在小学数学教学中的使用方法和作用，某小学从五年级十个班中经过摸底测试，选取两个实验班和两个对比班。实验班结合教学内容，注意充分运用学具进行教学，而对比班则依旧采用普通的方法进行教学。最后对这些班学生进行基本数学概念、基本数量关系以及思维灵活性和创造性等方面的测验。

6. 实验假设，在语文教学中，对学生进行阅读技巧的训练有助于提高学生的学习成绩。为验证该假设，从小学六年级学生中随机挑选 100 名学生，随机变为两个班，其中一个为实验班，一个为对比班。分班之后，对两个班同时进行测试。然后，在实验班采用阅读技巧训练，一个月后进行测试。对比班不采用阅读技巧训练，一个月后与实验班同期进行测试。在实验中，由同一教师执教，保持教学内容、作业量与学生学习的时间总量等均相同。

7. 为了解新编的小学《思想品德》教材是否优于旧教材，研究人员接洽一所小学做实验，结果这所学校不允许他采用随机方法从各班级中抽取学生，并随机分派到实验组和控制组，而只能提供六个原来班级学生作为实验对象。这时，研究者只好将六个班级随机分派三个班为实验组，另三个班为控制组（显然，这种分派方式不能看作随机分派，因为每一位学生并没有同等机会被分派到实验组或控制组。不过，在不能完全随机分派学生的情况下，以班级为单位随机分派也是一种可取的措施）。接着，研究者实施一项思想品德水平测验于两组受试者；然后，实验组使用新编教科书教学，而控制组仍使用旧教材教学。一个学期后，两组再接受思想品德水平测验，则可比较新旧教材之优劣。②

8. 某实验要确定 A、B 两种字体对学生阅读效果的影响。实验自变量有两个水平，实验组就应为两个，实验设计方阵应为 2×2。施测办法：第一个时间段，对甲组施测 A 字体实验，对乙组施测 B 字体实验；第二个时间段，对甲组施测 B 字体实验，对乙组施测 A 字体实验。最后把两种不同字体对学生阅读效果的影响总和进行比较，即可知两种不同的字体对阅读效果的影响。

当上述实验中自变量增加为三个水平时，那实验组也应增为三个，实验设计方阵应为 3

① 胡中锋. 教育科学研究方法[M]. 北京：中国人民大学出版社，2018：117.

② 金哲华，俞爱宗. 教育科学研究方法[M]. 北京：科学出版社，2011：162.

×3。对甲、乙、丙三个组轮流实施 A、B、C 三种实验处理，使每一种实验处理不但在各组循环了一遍，而且在实验次序的每一种组合上都循环了一遍，最后再把三种不同字体对学生阅读效果的影响总和进行比较。[①]

【课堂实训与讨论 3】

阅读下列两则实验案例，分析该实验采用的是何种模式，并讨论该试验模式的优点和缺点。

合作训练对幼儿合作水平影响的实验研究（节选）[②]

一、引言（略）

二、实验方法

（一）被试

选取河北省某幼儿园的两个中班，一个班为实验班（作为干预对象），一个班为控制班（不进行干预）。每班幼儿 40 名，平均年龄为 4.5 岁，男女幼儿各 20 名。

（二）实验设计及程序

实验分干预实验和迁移实验两部分，两部分的实验设计均采用前后测设计。

（三）干预实验设计及程序

1. 前测

干预实验的前测采用自然观察法。

根据早期研究合作行为的“卡车竞赛”法，布置一个活动室，利用玩具材料按路线布置成仿真赛车现场，事先准备了两辆大小和形状均相同、颜色不同的玩具卡车，沙包若干充当货物。小朋友两人一组做开车运货（沙包）游戏。一人开红车，一人开绿车。红车走红色的弯路，绿车走绿色的弯路，不管是红车还是绿车都可以走中间的一条共用的直路（黄色的路），每条路只能使一辆车通过，每个人都能控制一个能走直路的门。幼儿在参加比赛时，两人一组运货，两人分别在直路的一端，相对向另一端同时运货。

计分方法：由于两人走直路合作运货需要很好的配合，因此能够这样成功合作的计 3 分；一人走直路一人走弯路计 2 分，因为这是他们在考虑对方后，一方让步出现的结果；两人都走弯路记 1 分；相互对抗不能完成任务，说明没有出现合作行为，计 0 分。

2. 后测

方法同前测。为了减少练习效应，测试使用的玩具材料在颜色和种类上有所变化。

干预实验 3 个月后，即在第一学期末进行。

3. 延迟后测

实验停止 3 个月后再次进行测试。方法同上。为了减少练习效应，测试使用的玩具材料在颜色和种类上不同于以前的测试。

（四）迁移实验

迁移实验的目的是要探讨合作训练的结果能否有效地运用到合作解决数学问题上。迁移实验采用前测后测实验班控制班设计，前测、后测和延迟测验时间与干预实验的前、后及延

---

① 胡中锋. 教育科学研究方法[M]. 北京：中国人民大学出版社，2018：119.

② 鲁忠义，霍习霞. 合作训练对幼儿合作水平影响的实验研究[J]. 教育研究，2004（11）：52-56.

迟测验时间相同。

迁移实验的任务是让不同团体的幼儿合作完成按数取物的数学任务。为研究团体大小对合作的影响，将幼儿分成两种团体：一种是对幼儿进行2人配对分组，另一种是进行3人配对分组。先进行2人组合作按数取物测试，再进行3人组测试；每一种团体中又先进行合作按7取物测验，再进行按10取物和按20取物测验。

计分方法：如果两人能够合作完成按7、10、20取物，分别计1、2、3分；3人合作完成任务者分别计2、3、4分。

（五）实验的干预措施

干预措施以陈会昌的幼儿社会技能训练课为参考。关于幼儿合作的内容有以下几个方面：商量、处理争吵、建议和劝说、在群体中做决定、尊重他人的观点、分享、容纳他人。每周一和周四进行一次教学干预，每项内容进行3个课时的训练，共21课时的集体教学，同时在日常生活和其他课程中也要进行随机合作教育，干预时间为3个月。

三、结果与分析（略）

四、讨论（略）

五、建议（略）

七巧板不同训练方式对幼儿创造性思维影响的实验研究（节选）①

一、问题提出（略）

二、实验方法

（一）实验假设

本研究采用“3（年龄班：小班、中班、大班）×3（训练方式：创意拼摆、图谱拼摆、自由拼摆）”的随机设计，对比研究三种七巧板训练方式对幼儿创造性思维发展的影响。创意拼摆是教师运用头脑风暴法、情境教学法、问情解决法组织教学，引导幼儿自由拼图。图谱拼摆是教师出示七巧板图谱，以讲解法、演示法为主导，让幼儿模仿拼图。自由拼摆是教师提供七巧板材料、拼摆主题，不提供任何指导，让幼儿自行拼图。尽管三种训练方式使用的是相同的七巧板，但教师的指导方式完全不同。我们假设：三种训练方式对幼儿创造性思维的影响存在着差异性，创意拼摆的效果显著高于自由拼摆，而自由拼摆的效果又显著高于图谱拼摆。

（二）实验变量与控制

自变量：自变量1为年龄班，具体分为小班、中班、大班；自变量2为七巧板的训练方式，具体分为创意拼摆、图谱拼摆、自由拼摆。

因变量：幼儿创造性思维。创造性思维是突破传统思维习惯，以新颖独创的方法解决问题的思维过程。本实验中以《托兰斯创造性思维测验——图画测验》中流畅性、独创性、标题抽象性、精致性、沉思性（抗过早封闭性）的得分为衡量标准。

控制变量：为了保证实验结果的可靠性，以下变量必须控制好：实验教师具有相似的教育背景；实验教师严格遵守训练方案；实验中的突发事件（幼儿出现疾病、家庭变故等）。

（三）实验对象

本研究运用目的抽样法，选择江苏省南通市某幼儿园（省优质园）。共有165名幼儿参加

① 周星星，王灿明．七巧板不同训练方式对幼儿创造性思维影响的实验研究[J]教育测量与评价（理论版），2014（5）：47-51.

前测，剔除无效问卷，得到有效被试 157 名。根据幼儿创造性思维的前测结果，我们将每个年龄段幼儿分为三个实验班，并保证各年龄段三个实验班之间幼儿创造性思维水平不存在显著差异，随机分配实验处理。

（四）研究工具

1. 实验材料

本实验选用传统七巧板，由一个正方形分割成五个等腰直角三角形、一个正方形和一个平行四边形构成，是常见的 10cm × 10cm 木质彩色七巧板。

2. 测验工具

实验前、后测均选用《托兰斯创造性思维测验——图画测验》。正式评分前，我们邀请创造教育学专家对评分人员进行培训，讲解评分细则和注意事项，并进行预评分。预评分采用评价打分法，同一份问卷由三个不同专业背景（学前教育学、认知心理学、应用心理学）的研究生分别评分，对打分有分歧的项目逐项探讨，最终形成一致意见。本研究在三位评分者对评分细则理解透彻的基础上进入正式评分，每份问卷的最终得分取三位评分者的平均分。

3. 统计工具

本研究采用 SPSS 17.0 软件，对前、后测数据进行录入、统计与分析。

三、实验过程

（一）准备阶段

1. 形成《七巧板创造性思维训练方案》

本研究在完成《七巧板创造性思维训练方案》初稿的基础上，召开“七巧板创造性思维训练方案”专题研讨会，邀请有关高校学前教育和创造教育专家、市教育科研中心学前教育教研员以及幼儿园骨干教师进行论证和研讨，通过研讨和反复修改，最终形成《七巧板创造性思维训练方案》定稿。

2. 培训实验人员，提高其理论素养及操作水平

本研究共划分九个实验组，每组配备一名实验教师、一名记录人员。除分散学习和研讨以外，我们还组织了四次集中培训，内容分别为：（1）开展创造教育研究、学前创造教育研究读书交流会。（2）听取关于教育实验研究的讲座。（3）阅读刘守勤主编《七巧板智力拼图1600 例》，开展实验人员七巧板拼图竞赛。（4）实验人员学习不同训练方式的教学流程、原则、方法等。

（二）实施阶段

本研究根据自编的《七巧板创造性思维训练方案》开展实验，持续 8 个星期，共 12 课时，总计 360 分钟。

（三）总结阶段

研究者进行后测，采用 SPSS 17.0 软件，对前、后测数据进行统计分析，然后撰写实验报告，进行结题鉴定。为了推广实验结论，展示实验成果，表彰优秀教师，课题组还举办了“七巧板拼图大赛”，邀请有关领导、教研员、骨干教师和媒体记者进行现场观摩。

四、实验结果（略）

五、讨论（略）

六、结论与建议（略）

第四节　教育实验法应用案例

【案例 1】

对幼儿园学习障碍儿童的心理研究及教育对策的实验（节选）[①]

一、问题的提出（略）

二、研究的意义（略）

三、国内外研究的现状分析（略）

四、具体问题

（1）幼儿园中学习障碍儿童的学习态度、动机和学习特点。
（2）幼儿园学习障碍儿童概念的界定。
（3）影响幼儿园学习障碍儿童学习困难的主要因素。
（4）对幼儿园学习障碍儿童进行心理引导和教育干预的主要措施和途径。

五、理论基础和事实依据（略）

六、研究方案

（一）研究思路

通过对幼儿学习、活动情况与其心理素质的观察、实验来分析和思考学习困难与其心理素质的内在联系，从而进一步探索心理意义上的解决学习困难的有效方法和途径。

① 张宝臣，李兰芳. 学前教育科学研究方法[M]. 上海：复旦大学出版社，2016：95-96.（有删改）

（二）研究方法

1. 实验法

通过开展学习障碍儿童学习困难与心理素质的实验研究，揭示两者之间的函变关系。

2. 观察法

观察学习障碍儿童的现实表现，以及他们在学习兴趣、愿望、学习态度和交友方面与普通孩子的差异。

（三）研究对象

幼儿园大班儿童。

（四）取样方法

按目的取样法。

七、实验设计

（一）实验研究假设

学习障碍儿童的学习困难与其心理素质之间存在着函变关系，可以通过幼儿心理素质的提高来改善其学习困难。

（二）实验模式

单组前后测配组。

（三）变量及其观测方法

自变量：学习障碍儿童的心理素质。
因变量：学习障碍儿童的学习活动表现。
无关变量：幼儿的成熟水平，外在教育力量。

（四）实验程序

基本流程：选题论证→研究设计→具体实施→分析统计→实验报告→重复深入。
具体步骤（略）。

【案例 2】

3 岁前幼儿社会性培养的实验研究①

一、问题的提出

2 至 3 岁幼儿的社会性行为，一般是指个体社会化进程中，幼儿可能养成的符合社会文化要求的行为态度、行为方式、行为技能和行为习惯。希望通过本研究能够对生活在集体教养机构中的 2 至 3 岁幼儿社会性行为培养的目标和内容、组织和方法等问题发出探索，为建构我国学前道德教育启蒙的课程多提供一些实证研究的依据。

二、实验前的准备工作

(一) 2 至 3 岁幼儿社会性行为的培养目标

我们根据有关 3 岁前幼儿发展的研究和教育的资料、幼儿园品德教育的目标以及长期的托儿所实践经验，把 2 至 3 岁幼儿的社会性行为培养目标初步规定如下。

（1）能获得初始的生活技能和卫生习惯。

（2）能具有最初步的对人、对物的积极情绪和正确态度。

（3）能懂得和遵守基本的集体生活规则，获得初始的规则意识和角色感受，逐渐形成某些习惯性的社会行为。

（4）理解简单的行为评价语词，能对自己和周围人经常发生的行为做出简单的判断。

(二) 选定实验班级

以××师范大学托儿所的大托（二）班为实验班，实验开始时的幼儿年龄为 2 岁 1 个月至 2 岁 11 个月，人数 25 名，分大小两组。大组 13 人，年龄为 2 岁 7 个月至 2 岁 11 个月；小组 12 人，年龄为 2 岁 1 个月至 2 岁 6 个月。大组中有 7 人是从小托班升入，其余都来自家庭，全部是独生子女。

(三) 实验前班级情况分析（略）

(四) 确定实验内容和要求，制订教育活动计划

我们根据社会性行为的培养目标和本班的具体情况，确定了五项可操作的行为进行培养，并为每项行为设计了具体的教育目标和内容，把全部内容融进 20 个教育活动加以贯彻。这五项行为的内容如下。

情绪教育：高高兴兴上托儿所。

---

① 卢乐珍，楼必生. 幼儿道德启蒙的理论与实践[M]. 福州：福建教育出版社，1999：289-296.

礼貌教育：宝宝有礼貌。
卫生教育：宝宝讲卫生。
爱惜物品教育：宝宝爱玩具。
同伴关系教育：团结友爱就是好。

（五）确定教育效果的测查内容

由于3岁前幼儿行为测量比较困难，所以只能测查其对行为的理解判断能力。

1. 测查工具：8对好坏行为的图片共16张

第一对 情绪识别：知道笑比哭好。
第二对 礼貌问候：知道早上应说“老师早”，离园应说“老师再见”；有礼貌比没礼貌好。
第三对 生活能力：知道进餐吃得干净比吃得不干净好。
第四对 生活能力：知道讲卫生、保持双手和衣服干净比不讲卫生好。
第五对 爱图书：知道轻轻拿书、看书比撕书好。
第六对 爱玩具：知道爱护玩具、收拾玩具比扔、抢玩具好。
第七对 关心同伴：知道谦让玩具比抢夺玩具好。
第八对 团结友爱：知道帮助同伴比欺侮同伴好。

2. 测查方法

分别向每个幼儿依次呈现8对图片，询问以下问题：
（1）这个小朋友在干什么？那个小朋友在干什么？
（2）你喜欢哪个小朋友？不喜欢哪个小朋友？
（3）你为什么喜欢这个小朋友，不喜欢那个小朋友？

3. 评分评级标准

若回答正确，第（1）题得2分，第（2）题得1分，第（3）题得1分，每对图片满分为4分，总分为32分。

以8分为一个等级，可分为4个等级。1～8分为一级，9～16分为二级，17～24分为三级，25～32分为四级。

三、教育实验进程

（一）前测

由实验组人员对实验组的25名幼儿逐个进行提问、评分，定级并统计整理。

（二）教育活动的实施

实验从秋季幼儿入所后的第二个月开始，做法如下：

（1）每周由负责教育实验的教师分别组织大组和小组幼儿进行社会行为教育活动，每次10分钟。

实验小组进行现场观察，活动结束后，与实验教师共同讨论、分析活动过程及幼儿的反应，研究其原因，提出改进意见。

（2）把社会性行为的目标要求渗透在一日生活的各个环节中，随时对幼儿的良好社会行为进行观察记录与强化。

（3）加强与家长的联系，家所配合，共同教育。

（三）学期末进行后测：各项要求均与前测相同

为了排除自然成熟因素对成绩的影响，实验结束后我们对本所另一平行班进行了同项目的测查。对照班与实验班的幼儿在年龄、家庭文化背景、教师等诸方面的条件基本相同，只是平行班没有专门进行“社会性行为”的系统教育活动，而是和过去那样一般性地进行常规教育。该班人数为24人。

（四）教师对幼儿行为变化的评价

实验结束后请本班的两位教师按平时观察印象分别对每名幼儿的行为评等排序。取其平均数，作为行为认知的对照。

四、结果分析（略）

五、结论和启示（略）

【案例3】

合作学习会影响学优生吗？
——小学五年级一个班级的实验研究[①]

通过为期 12 周的教学干预，考查合作学习对小学学优生学业成绩及同伴关系、自尊和社交焦虑水平等社会性因素的影响。探讨合作学习是否会影响小学学优生的学习成绩和社会性发展。得出如下结论：通过合作学习，实验班学优生的语文、数学成绩高于对照班学优生，但没有显著差异。实验班学优生同伴关系的被接纳度和接纳度水平均高于对照班学优生，其中被接纳度具有显著差异。实验班学优生的自尊水平和社交焦虑水平都稍高于对照班学生，但都没有显著差异。由此，一般而言，合作学习不会影响小学学优生的学习成绩和社会性发展。

① 蒋波. 合作学习会影响学优生吗？小学五年级一个班级的实验研究[J]. 上海教育科研，2007（1）：66-67.（有删改）

一、引言

在新课程改革的推动下，合作学习已经成为当前小学课堂最常用的教学方式了。与传统教学方法相比，合作学习从未发现会降低学生的成绩。成绩不同的学生都能从参与异质合作学习小组中受益。多数研究显示高、中、低成绩的学生从合作学习中获得的一样多。也有一些研究显示高成绩的学生将获得的多一些。与此相反的是，有研究认为，如果高成绩的学生与低成绩的学生在异质小组中学习，他们的成绩将会降低。一些教师、学优生及其家长都反对进行异质分组的合作学习，他们担心学优生会被用作“小老师”，浪费学习时间，影响学习进度，而难以在学业上继续发展。他们还担心学优生的学习态度和行为表现会受到学困生的消极影响，可能会被“带坏”。

本研究通过 12 周的教学干预，探讨合作学习对小学学优生的学习成绩及同伴关系、自尊和社交焦虑等社会性发展的影响，从而确定合作学习是否会影响小学学优生学习成绩的提高和社会性的发展。

二、研究方法

（一）被试

本研究选取江苏省镇江市某小学五（5）班为实验班，五（3）班为对照班。由语文、数学教师对学生作学业优秀、良好、一般和不良四级划分。五（5）班学优生为 9 名，五（3）班学优生为 13 名。两班在学习成绩、班级气氛和教师情况等方面具有良好的同质性。

（二）研究工具

1. 学业成绩指标

采用该校所在镇江市××区期末统考的语文、数学试卷。

2. 同伴关系问卷

采用同伴提名法评定儿童的同伴关系。问卷中列出了全班所有学生的姓名，要求被试选择喜欢的学生。然后，统计每个学生的接纳度和被接纳度。

3. 自尊量表

采用 Rosenberg（1965）编制的 SES 量表。为便于儿童理解，进行简单修改。Dobson 等（1979）和 Fleming 等（1984）报告的 Cronbach's α 系数分别为 0.77 和 0.88。

4. 儿童社交焦虑量表

采用 La Greca 等（1988）编制的 SASC 量表，该量表由 10 个项目组成。该量表的 Cronbach's α 系数为 0.76，两周后重测信度为 0.67（n=102）。

（三）研究程序

1. 实验前测

实验前对两班学优生进行同伴关系、自尊和社交焦虑的测查，结果没有显著差异。

2. 实验干预

实验班采用合作学习进行语文、数学学科的教学干预，连续进行 12 周。对照班进行传统教学。两班在教学要求和时间上没有差异。

合作学习的教学程序如下。

（1）教学前期工作。主要包括：① 组建异质小组，第 7 周重建小组。② 确立组名、组训和小组奋斗目标。③ 确定个人基础分。以前一学期期末考试和单元测试成绩的平均分为个人基础分（最高设为 90 分）。④ 组员角色分工，如主持人、协调员、监督员、记录员、统计员和检查员等，并定期交换角色。⑤ 明确合作学习的规则。⑥ 明确个体责任和小组责任。学生在自己学会的基础上，还必须帮助同伴。⑦ 教授和练习小组活动技能。⑧ 备课。教师要拟订学术性目标和社交技能目标，选择适当的学习材料，编制作业单和测试题。

（2）教学实施过程。主要包括：① 大班教学。教师要善于精讲，给学生提供小组学习的知识背景，留出充分的时间进行合作学习。② 组内合作，主要包括分配任务、独立学习、完成作业单、小组讨论和汇报等。一般每节课小组活动 2~3 次，每次 3~10 分钟，总共不超过 20 分钟。③ 组间交流。教师可以组织学生以小组报告的形式进行组间交流，还可以小组测试的形式开展组间竞争。④ 小组测试。基于 Slavin 的 STAD 小组计分方法，体现重奖轻罚的思想，确定个人提高分计分法（见表 1）。由个人测验分可得到个人及小组提高分。⑤ 评价奖励。对小组平均提高分达到 10、20、30 分的小组，分别授予良好组、优秀组和超级组的称号。⑥ 总结反思。教师和学生要定期进行反思总结，以强化合作学习的效果。

表 1　个人提高分计法

测验分	个人提高分
满分（不管基础分是多少）	30
高于基础分 10 分以上	30
高于基础分 5~10 分（含 10 分）	20
等于或高于基础分 5 分以内	10
低于基础分 1~10 分（含 10 分）	0
低于基础分 10 分以上	-10

3. 实验后测

干预结束后，采用镇江市××区期末统考试卷进行期末考试，获得语文、数学成绩，并再次对两班学优生进行同伴关系、自尊和社交焦虑的测查。

4. 数据分析

采用 SPSS. 10.0 软件进行数据统计。

三、研究结果

（一）合作学习对小学学优生学业成绩的影响

表 2　两班学优生学业成绩的显著性检验（M±SD）

学科	实验班	对照班	t 值
语文	96.44±1.67	95.08±2.10	1.627
数学	90.56±3.78	89.69±5.98	0.382

实验班学优生的语文、数学成绩尽管高于对照班学优生，但是并没有显著差异。在此基础上，进一步考察实验班学优生的语文、数学成绩在实验前后的差异水平，发现语文成绩达到显著水平（$t=-2.622$，$p<0.05$），数学成绩没有达到显著水平。

（二）合作学习对小学学优生社会性发展的影响

表 3　两班学优生社会性发展的显著性检验（M±SD）

		实验班	对照班	t 值
同伴关系	被接纳度	19.44±3.97	13.38±6.12	2.606*
	接纳度	10.44±2.79	8.15±2.88	1.857
自尊水平		32.08±3.62	30.77±3.49	0.938
社交焦虑水平		4.08±1.85	3.77±2.83	0.328

注：*表示 $p<0.05$。

与对照班相比，实验班学优生的同伴关系发展较好，被接纳度和接纳度水平均高于对照班学生，其中，被接纳度具有显著差异。尽管实验班学优生的自尊水平高于对照班学生，但是没有达到显著差异。在两班学优生在社交焦虑水平上也没有显著差异，实验班学优生的社交焦虑水平甚至还略高于对照班学生。

四、分析讨论

（一）合作学习对小学学优生学业成绩的影响

经过 12 周的合作学习，实验班学优生获益较小，尽管语文、数学成绩均稍高于对照班学生，但并未达到显著水平。原因可能在于，由于教学形式的变革，学优生不再像以往那样受到教师的呵护和同伴的遵从，再加上其基础分的起点较高，上升空间较小，因此他们每次为小组挣得的自我提高分往往没有同伴多，导致其自尊水平难以提高，这可能会造成学习动力不足，导致学习成绩提高不够明显。另外，据课堂观察和个案访谈发现，在实验初期，部分学优生对充当小老师去辅导同伴，特别是学困生很有热情。虽然在帮助同伴的同时，学优生也能提高认知水平，增进知识理解，但由于他们还仅仅是孩子，“教学”往往不得要领，缺乏经验。在辅导同伴时，难以处理好“教”和“学”的关系，的确存在着“荒废”学业的问题，结果帮助同伴进步了，自己却停滞不前。也有的学优生错误地认为帮助学困生会影响自己的学习，从而降低了活动水平。此外，由于教师对此关注不够，在相当大的程度上影响了学优生学习成绩的提高。

（二）合作学习对小学学优生社会性发展的影响

实验班学优生同伴关系的被接纳度显著高于对照班学优生。原因在于，在传统课堂教学中，学优生的交往面较窄，只倾向于与相同层次的学生进行交往，并不愿意同中等生和学困生交往，相对而言就不为更多学生所接受。在合作学习中，异质分组为学优生与其他层次学生的交往提供了良好的基础。第 7 周的小组重组进一步扩大了学优生的交往面。在小学阶段，能力和学习是受欢迎者吸引同伴的首要特点。在实验初期，小组主持人多由学优生担任，这能充分展示他们的学习能力和组织能力。而且，在小组责任的驱使下，学优生还积极帮助同伴。这样，学优生往往更容易为同伴所接受。

课堂观察发现部分学优生仍倾向于与相近层次的学生进行交往，而很少与学困生进行交往。在实验初期，学优生的确满怀热情去关心和帮助学困生，但是学困生的成绩和综合表现很难在短时间内得到较大提高，导致很多学优生失去对学困生的信心，较多地保持原有倾向，而且这种情绪可能或多或少地波及中等生，而不太愿意与中等生和学困生进行交往，使得学优生同伴关系的接纳度与对照班相比没有达到显著水平。

通过合作学习，实验班优等生的自尊水平尽管有所提升，但是与对照班相比没有达到显著水平。开展合作学习后，学优生在当小老师帮助同伴的同时，体验到助人为乐的喜悦，有助于形成积极的自我意识，增加自我效能感，从而获得高自尊。但是，个人提高分计分法使得每个学生都在进行自我竞赛。学优生由于个人基础分较高，因而在组间竞争中为小组成功而取得的个人提高分相对较低，使得学优生的优势地位不再像以前那样明显。这在很大程度上导致学优生的自尊水平难以得到较大提升，个别学优生的自尊水平甚至会有所下降。

实验班学优生的社交焦虑水平高于对照班学优生，尽管没有显著差异。通过个案访谈发现，很多学优生并不乐意与学困生进行交往。他们由于缺乏与学困生进行交往的心理准备和技能经验，担心帮助同伴会浪费自己的时间，影响自己的学习进度和学习成绩，这使他们在与同伴交往，在进行小组合作学习时往往心怀忧虑，不能很好地降低社交焦虑程度。

五、结论

实验表明，通过合作学习，实验班学优生的语文、数学成绩高于对照班学优生，但没有显著差异。实验班学优生同伴关系的被接纳度和接纳度水平均高于对照班学优生，其中，被接纳度具有显著差异。实验班学优生的自尊水平和社交焦虑水平都稍高于对照班学生，但都没有显著差异。由此表明，合作学习一般不会影响小学学优生的学习成绩提高和社会性发展。由于实验样本较小，还有待于进一步深入研究。

【思考与实践】

根据课题“通过解题思维策略训练提高小学生解题能力的实验研究”进行实验设计，要求实验设计类型采用循环组设计。

【阅读与拓展】

[1] 张艳梅. 情境绘本阅读影响幼儿创造性思维发展的实验研究[J]. 江苏教育研究，2017（11A）.

[2] 尹绍清，谢利东，李昌茂，等. 3~5 岁幼儿责任心发展的实验研究[J]. 陕西学前师范学院学报，2017（10）.

[3] 李文辉，余婷婷，郭黎岩. 幼儿语音加工中莫扎特效应的实验研究[J]. 沈阳师范大学学报（社会科学版），2017（3）.

[4] 曹培杰，王济军，李敏，等. 概念图在小学作文教学中应用的实验研究[J]. 电化教育研究，2013（5）.

[5] 李丽娜，程淑英，陈允恩，等. 某小学四年级开设心理健康团体辅导的实验研究[J]. 中国健康心理学杂志，2012（6）.

[6] 余祯. 小学中高年级语文学科熟词免抄实验的研究报告[J]. 上海教育科研，2012（4）.

[7] 邢艳利. 小学英语阅读教学设计的实验研究[J]. 北京教育（普教），2011（3）.

[8] 但菲，杨丽珠，冯璐. 在游戏中培养幼儿自我控制能力的实验研究[J]. 学前教育研究，2005（11）.

[9] 盛群力. 从两种研究范式谈教育实验[J]. 教育研究，1995（9）.

[10] 李海林. 美国中小学课堂观察——一位教育学教授的笔记[M]. 北京：教育科学出版社，2015.

[11] 戴海崎，等. 心理与教育测量[M]. 广州：暨南大学出版社，2007.

[12] 金瑜. 心理测量[M]. 上海：华东师范大学出版社，2005.

[13] 朱德全，宋乃庆，彭智勇. 基础教育实验研究[M]. 重庆：西南师范大学出版社，2001.

[14] 杨章宏. 教育实验研究[M]. 杭州：浙江教育出版社，1998.

第六章　教育行动研究法

第一节　教育行动研究法概述

行动研究始于20世纪40年代的美国，50年代被应用于教育研究之中，70年代以来越来越受到教育研究工作者的欢迎，目前已经成为教育实践工作者广泛采用的教育研究方法。

一、教育行动研究法的含义与特点

（一）教育行动研究法的含义

教育行动研究法是指在实际教育情境中，由教育实践工作者和专家共同合作，针对实际问题提出改进计划，通过在实际中实施、验证、修正而得到研究结果的一种研究方法。

教育行动研究的目的不在于建立理论、归纳规律，而以改进和解决教育实际问题为取向。由于教育行动研究的主体是教师，因而行动研究能够将改革行动与研究工作相结合，与教育实践的具体改革行动紧密联系。

（二）教育行动研究法的特点

1. 主体特点

行动研究的主体是教育实践工作者，而不是外来的专家学者。外来的专家学者不是教育行动研究的主体，他们参与研究，角色只是协作者，主要作用是提供意见与咨询。

2. 目的特点

行动研究是为行为而研究，其目的是为了解决教育实践工作者所处的情境、遇到的问题，而不是为了建构学术理论。行动研究的目的具有实用性，问题的解决具有即时性。

3. 情境特点

行动研究是在行动中研究，研究的环境就是教育实践工作者所在的工作情境，并非经过特别安排的或控制的场景。行动研究的过程就是教育实践工作者解决教育问题的过程，也是教育实践工作者学会反省、提高探究问题与解决问题能力的过程。

（三）教育行动研究法的优缺点

1. 优点

（1）灵活性。

教育行动研究具有较强的灵活性。行动研究简便易行，容许边行动边调整方案，实验条件的控制比较松弛。

（2）参与性。

参与性体现在典型的行动研究中，研究人员由专职研究人员、行政领导和一线教师联合构成，研究人员直接或间接参与方案的实施。

（3）评价持续。

行动研究强调评价的持续性，诊断性评价、形成性评价、总结性评价贯穿于整个研究过程。

（4）反馈及时。

教育行动研究过程中，教育实践与科学研究处于动态结合与反馈中，一旦发现较为肯定的结果，便立即反馈到教育实践中去。

（5）综合运用多种研究方法。

综合使用文献研究法、个案研究法、观察法、调查研究法、经验总结法、实验研究法、测量法与比较研究法等多种研究方法。

2. 缺点

由于其非正规性而缺少科学的严密性，研究的计划性、系统性较差，内在的控制性不严，主观性强，经验成分多，其结果的准确性、可靠性不够，代表性较差，内外效度较低。

二、教育行动研究的类型和适用范围

（一）教育行动研究的类型

行动研究的类型大体上有两种：一是独立进行的行动研究；二是联合性的行动研究。分为三个层次，这三个层次分别为：单个教师的行动研究，协作性的行动研究（理论工作者与教师合作），以及学校范围内的联合行动研究。

（二）教育行动研究的类型和适用范围

教育行动研究主要适用于教育实际问题的研究而非理论问题的研究。单个教师的行动研究规模小，问题范围窄、具体，易于实施，但力量单薄，很难从事深入的、细致的、说服力强的研究。协作性行动研究的特点是可以发挥多个教师的集体智慧和力量，但可能在理论的指导方面较欠缺。学校范围内的联合行动研究是专业研究人员、教师、政府部门、学校行政领导等组成的较为成熟的研究队伍所从事的研究。这是较为理想的行动研究，它的特点是有专业人员参与，有较强的理论指导，研究力量强，能充分地发挥领导、教师、研究人员的作用。[①]

---

① 金哲华，俞爱宗. 教育科学研究方法[M]. 北京：科学出版社，2011：190-191.

教育行动研究法适用范围虽然广，但却不适合宏观层次的研究，一般只适用于中小规模的研究。例如：游戏化学习对学生学习兴趣影响的比较研究，发展、提高学生（幼儿）运用学习策略的研究，幼儿园大班额分层教学的行动研究，农村小学生课外作业优化设计研究，小学中低学段学生学习习惯养成的行动研究，研究性学习中学生自我管理能力培养的行动研究，等等。

第二节　教育行动研究法的实施

一、教育行动研究法实施的原则

（一）伴随行动

行动研究是不断地行动，要从行动中发现问题、研究问题、解决问题，要从一系列的行动中逐渐提高教育、教学工作的水平，逐渐改善原有状况。

（二）合作研究

行动研究常称为合作性的行动研究，它要求从事相同工作的人共同研究，特别是本学校的人共同研究，有时也可以要求本地其他学校的人员共同研究。家长、学生及社会有关人士也可以是合作研究的对象。

（三）灵活适用

行动研究是解决实际问题的方法，只要有利于问题的解决，一切预定的计划均可改变。在行动研究中要随时根据实际情况的需要及可能，确定要解决的问题，提出解决问题的假设，并制订研究计划。

（四）过程完整

行动研究要利用多种方法与工具，不断考察工作的结果，搜集各种情况改善的证据，监测研究对象发展的程度。在每一个行动之后，都要予以考核或检讨，以便随时修正行动，促成问题的妥善解决。

二、教育行动研究法实施的环节

教育行动研究是一个螺旋式发展的过程，每一个螺旋发展圈都包括四个互相联系、互相依赖的环节：计划、行动、考察和反思。

（一）计划

计划是行动研究的第一个环节，它包括对问题的分析与解决问题的设想。

教育行动研究不要求计划完善周全，但计划必须有充分的灵活性和开放性，可以在实施的过程中，根据情况的发展变化及时予以修改或调整。

（二）行动

行动即实施计划，也就是按照目的和计划行动。这里采取的行动，就是对研究对象的干预，即施加自变量的影响。行动的执行不是为了检验某一设想或计划，而是为了解决实际问题。

（三）考察

本环节的任务是搜集资料，从而对行动的整个过程、获得的结果、行动的背景等尽可能有详细的了解。考察是反思、修正行动计划、确定下一步行动的前提条件。

考察的内容主要包括行动背景因素及其制约因素、行动过程和行动结果。为了全面而深刻地认识行动的过程，需要进行多视角的考察。考察既可以是行动者本人，也可以是实践对象或其他人。为了使考察系统、全面、客观，鼓励研究者综合运用多种有效的技术手段和方法。

（四）反思

反思是对行动结果及其原因进行思考，是一个螺旋圈的终结，又是过渡到另一个螺旋圈的环节。这一环节包括整理和描述、评价和解释，最后还要写出行动研究报告。

教育行动研究的四个步骤是不断循环的，每一次循环都有所改进或提高。

三、教育行动研究报告的结构

教育行动研究报告由报告题目、作者、作者单位、摘要、关键词、引言（概述）、主体（本论）、结论、参考文献和附录等内容构成。其中引言（概述）部分要说明研究问题的提出、研究现状、研究目的、意义、研究假设等。主体（本论）部分是报告的主体部分，占报告的大部分篇幅。该部分的结构方式根据具体研究的目的和内容确定，一般包括研究设计与实施（研究方案、研究工具、实施过程）、实施结果、数据分析与讨论等。结论部分主要阐述研究形成的总体观点，阐明研究取得的成就（支持假设的方面及原因）与存在的不足（不支持假设的方面及原因），还需要说明有哪些问题有待更深入的研究以及今后努力的方向（进一步行动的策略）等。

【课堂实训与讨论 1】

阅读下列材料，巩固对教育行动研究的认识，并分析材料中各步骤分别对应于教育行动研究的哪个环节。

“小学科学课教学方法的改进”教育行动研究①

发现问题：某小学五年级科学课的李老师，开学两个月以来组织了两次小测验，发现所

① 李昌连，朱扬寿．小学教育研究方法[M]．南京：南京大学出版社，2014：116-117.

任班级同学的学习效果不佳。因此，他想通过对自己教学的研究来了解问题所在，从而改善学生的学习状况。

初步的文献探讨：李老师发现问题后，开始查阅有关书籍，了解有关影响学生学习效果的因素。结果发现教师自身的知识水平、人格、期望等因素和学生的学习态度、动机，以及教学方法、教学设备和教学时数的多少等都会影响到学习的效果。

确定合作对象与研究计划：李老师与同年级的其他两位科学课老师合作，通过多次商讨，确定了研究的计划，即通过对彼此课堂教学进行观察来发现问题。三个老师运用他们自己设计的观察表并结合田野笔记①的方式对彼此的课堂进行观察，并在观察之后对记录结果进行比较和讨论。同时，李老师还设计了问卷对学生进行调查。综合观察和调查的结果，合作小组将李老师班学习效果不佳的原因初步归结为教学方法单一。

拟订行动方案：两位老师帮助李老师一起制订了行动的计划，即每周至少进行一次实验，开展一节课堂讨论，每两周带领学生进行一次户外活动。

实施行动方案：依照上述计划，李老师开始进行新的科学课教学活动。

评价结果：一个月后通过测验，了解学生的学习效果。

修正方案：如果结果有效，则继续实施行动方案，否则必须再与合作者一同分析与诊断产生问题的原因，以修正行动方案。

【课堂实训与讨论 2】

阅读下列教育行动研究案例，分析各部分分别对应于教育行动研究的哪个环节，同时讨论该研究是如何体现教育行动研究是一个螺旋式发展过程的。

教师专业发展之行动研究（节选）②

摘　要：通过行动研究来促进教师的专业发展已经成为当今世界范围内教师教育改革的热点问题，而采取制定教师职业生涯规划、开展教师校本培训和实施发展性教学评价等行动研究策略则是促进教师专业发展的有效途径。研究表明，这些策略不仅提升了教师的专业素养，改善了教师的课堂教学行为，而且提高了教师的教学研究与反思能力。

关键词：教师专业；行动研究；生涯规划；校本培训；教学评价

一、研究的问题与方法

（一）研究的问题

从国外已有研究来看，教师专业发展主要有三种类型："第一类是指教师的专业成长过程；第二类是指促进教师专业成长的过程；第三类认为以上两种含义兼而有之。"本研究倾向于第二种含义，也即主要通过在职培训的方式来促进教师的专业发展。在具体的研究问题上，包括教师在其专业成长过程中所需要的专业规划能力、专业素养以及课堂教学能力三个方面。其中职业生涯规划能力是教师在其职业成长过程中对自己的专业发展期望目标的整体设计能

---

① 田野笔记是用书面语言的形式记录调查者在针对某个较大主题的参与观察的过程中所看到、听到、经验到和想到的信息。与田野笔记相关的一个概念是田野调查。田野调查又叫实地调查或现场研究，属于传播学范畴的概念。田野调查是"直接观察法"的实践与应用，主要用于自然科学和社会科学的研究，如人类学、民族学、民俗学、考古学、生物学、生态学、环境科学、民族音乐学、地理学、地质学、地球物理学、语言学、古生物学、社会学等。

② 陈柏华，高凌飚. 教师专业发展之行动研究[J]. 课程・教材・教法，2007（10）：77-82.

力，专业素养则是教师所应该具备的专业知识、专业意识以及专业信念等，课堂教学能力则指教师在课堂中对教学的组织、实施、调控及其反思能力。

（二）研究方法

行动研究的途径很多，有问题解决研究、合作研究以及叙事研究等。本研究采取合作式行动研究，首先研究者通过进入学校现场，观察教师的教学活动并通过与教师"交谈"来发现教师专业发展中的问题；然后由双方一起组成研究小组，在互动、协商的基础上，通过观察、经验反思和自我陈述等具体研究方法，对佛山市四所小学的教师进行了近两年的研究。

在研究过程中，我们首先对教师专业发展的需求进行了问卷调查和访谈，一方面了解到教师在专业发展中自我规划能力的缺乏，另一方面得知他们迫切需要提高专业素养和课堂教学能力；然后根据发现的问题，通过研究者与实践者的协商，采取了制定教师职业生涯规划、开展校本教师培训以及实施发展性教学评价三个行动研究策略和"规划—培训—评价—反思"的模式来促进教师专业发展。

二、行动研究策略

（一）制定教师职业生涯规划

教师职业生涯规划是教师根据自己的主客观条件来确定个人专业发展目标的过程，它具有长期性、持续性、复杂性以及个性化的特点。

在研究者与教师之间的双向互动下，通过对教师专业发展的理论学习和个人潜质的分析，从促进教师专业发展的角度出发，并在参照北大商学网自我测评内容的基础上，从多个方面进行了教师职业生涯规划的设计与研究。

为了使这一规划落到实处，我们第一步要求每个教师对自己的工作环境进行分析（包括国家课程改革的大环境和当地及学校课程实施的小环境）；第二步，对过去几年的工作表现进行自我评价；第三步，结合自己所教学科规划未来3～5年在专业技术水平、教学业绩、教学研究能力、自我发展方向等方面的目标；第四步，就是制定各阶段具体目标的实施细则，然后根据专业发展的实施状况进行自我评价并针对自己的不足提出下一步的改进措施；第五步，由教师评价小组对教师生涯规划实施情况进行总体评价，并把评价结果交由教师本人确认和签名，以便制订下一轮的教师专业发展计划。

（二）开展校本教师培训

通过校本培训来提高教师的素质已经得到了大家的认同，而且已经成为在职教师专业发展的重要途径。为了使这种培训能真正起到促进教师专业发展的目的，研究者首先采取按职称分层抽样的方式对四所学校的81名教师进行了问卷调查，结果发现：有48.10%的教师对现行的培训方式和内容不满意，如培训内容跟学校教育教学实际相脱节、培训形式单一、缺乏案例培训等。另外，还通过访谈了解到教师们对新课程理念的认识还比较模糊，如他们认为这些理念过于抽象、难以操作等。至于如何撰写一个完整的反思性教育教学案例和开展一个相对比较规范的教育研究课题，他们更是一片迷茫。为了使教师具有新课程的理念和提高他们的教学反思与教育研究能力，在研究者与教师多次协商下，大家赞同要在课程理念、教育教学案例撰写以及教育科研能力三方面接受参与式培训。

1. 课程理念培训

为了使教师们尽快接受新课程理念，并能转化为课堂教学行为，我们聘请了既有一线教学经验又懂教育理论的课程专家、省区市教研员、特级教师及省级骨干教师，通过理论与案例相结合、专家讲授与教师提问相结合的方式对新课程的目标、内容、教学以及评价理念等进行分析与讨论。在每一轮培训后，教师们还结合自己的教学撰写学习心得体会，以便于完善下一轮的培训方式和内容。这种培训不仅激发了教师的学习热情和反思能力，而且促使他们对教育理论的学习从自发变为自觉；不仅对新课程的教学理念、内容、方法和评价等有了更为明确的认识，而且能逐渐将这一理念落实到课堂教学行为中来。

2. 教育教学案例撰写培训

开展教育教学案例撰写培训主要在于提高教师的问题解决与教育教学反思能力。根据教师们的要求，我们集中开展了两次培训：第一次培训的内容是教学设计（含课后反思）的研究与撰写，主要是进行教学反思；第二次则是教育教学案例研究，侧重于叙事研究。从教师的教学设计来看，教师们教学研究的目光开始从单一的关注教材转移到关注学生的全面发展，从重视教师讲转移到重视学生学的主体活动上来，而且他们开始不断地尝试进行教学设计的创新。在教育教学案例的撰写中，我们要求教师采用叙述的研究方法解决自己在教育或教学中遇到的棘手问题。研究发现，许多教师都能根据研究者的要求撰写至少一个反思性教育教学案例。在这些案例中，既有教师们解决学生心理障碍的成功案例，也有转变后进生的点滴记录与反思。

3. 教育科研能力培训

是否具有教育研究能力是区分新手教师和专家教师的主要标志，而在新课程的实施过程中，教师的这一能力显得尤为重要。通过研究者与教师的访谈，并结合他们的实际需要，我们主要采取了如下一些培训措施。

一是针对教师不知道如何开展科研这一状况，我们邀请了有关教育教学研究专家就教育科研的选题、研究设计、实施、效果检测等做了专题讲座，使教师对如何开展教育科研有一个较为清晰的认识。二是为了拓宽教师的视野，教师们先后赴深圳、南宁、本市兄弟学校就如何开展教育科研进行了交流。通过交流，教师逐步掌握了如何规范、有效地开展校本教学研究，逐渐把教育科研融入自己的教育教学中，做到教学科研一体化。三是为了使研究更具成效，研究者与教师结成合作伙伴，经常就研究中遇到的具体问题进行探讨。

（三）实施发展性教学评价

我们实施的发展性教学评价主要从以下几方面进行。在评价主体上，不仅有教师还有学生；在评价方式上，包括小组评价、学生评价和自我评价；在评价内容上涵盖了学生对知识的掌握、思维能力的发展、学习兴趣、课堂学习氛围、进一步学习的欲望等；在评价目的上，不仅要促进教师的发展，还要促进学生的发展；在评价程序上，按照“听课—说课—评课—教师反思”等顺序进行；在评价频率上，每半个月进行一次。

三、主要成效

通过近两年的行动研究，主要取得了如下成效。

其一，明确了教师专业发展的方向和目标。

通过教师职业生涯规划的制定，教师们明确了个人在学校所处的位置和自己今后几年专业发展的方向。而通过生涯规划的实施和自我评价，教师及时了解到自己教育教学方面存在的不足；通过多种形式的评价，他们能更全面地认识自我，改进自己的缺点，以促进个人的专业成长。

其二，提升了教师的专业素养。

通过参与式培训，教师对新课程的理念逐渐由模糊变为清晰、由抗拒转向接纳、由被动接受变为主动学习。在案例撰写、交流讨论和自主学习中，拓宽了教师的知识面，提高了教师的写作能力，促进了教师的教学反思和对自己专业的正确理解，提高了教师的专业自主意识和教育教学“自治”能力。

其三，提高了教师的教育教学研究能力。

通过教育科研能力的培训，教师对教学进行系统、深刻的反思，使得他们逐渐把教育科研与自己的教学紧密结合起来，教师们在解决一个个教育教学问题中提高了自己的研究能力。通过发展性课堂教学评价的研究，教师的教学设计和教学技能大大提高，改善了课堂教学行为，提高了课堂教学质量。

其四，增强了教师交流和合作意识。

无论是进行教师职业生涯规划，还是校本培训抑或发展性教学评价，我们都要求教师群体互相合作。通过这种合作，以往教师在研究中单打独斗的局面得到改变，教师的团队精神和凝聚力得到增强，教师群体的专业水平大大提高。

四、结论与反思

由于受研究情景、研究者个人素养以及教师对研究的理解能力等因素的影响，这一研究有待于进一步完善，如部分培训内容不很切合个别教师的需要，教师职业生涯规划还不够具体等。具体来说，我们得出了如下几点基本结论：

其一，弄清教师专业发展的内在需求是开展本研究的基础。为此，研究者需要以“局内人”的角色深入教师的生活以及教育教学实践中，了解他们的所思所想，在平等互信的基础上通过对话来了解教师专业发展中存在的问题，以便有针对性地进行教师培训。

其二，制定切实可行的教师职业生涯规划是教师专业发展的行动指南。为了使教师专业发展有一个明确的方向，研究者要根据不同学科、不同教师的实际情况帮助他们制定具有个性化的生涯规划。这样，教师专业发展就有了明确的方向和目标；也只有这样，教师专业才具有持续发展的动力。由于受时间的限制，本研究制定了3～5年的教师生涯规划，实际上只开展了两年的研究，还缺乏对教师更长时间乃至一生职业生涯规划的跟踪研究。

其三，开展形式多样的校本培训是促进教师专业发展的主要方式。由于教师的经历、学历、学科、年龄和专业素养等存在差异，只有开展形式多样的校本培训才能满足不同教师专业发展的需要。本研究在这方面做了一些努力，但是在具体的学科划分、动态分层培训方面还做得不够，这些都有待于进行后续研究。

其四，进行发展性教学评价是促进教师专业发展的有效手段。发展性教学评价不仅可以促进学生的发展，而且为教师的发展提供了一个平台。如教师之间的相互交流和合作、学生对教师的评价以及教师的教学反思等，都有利于提升教师的专业发展水平。这一研究在促进教师的专业发展方面做得比较多，但是在对学生学习质量的评价方面还有些欠缺。

另外，建立完善的教师评价制度是促进教师专业发展的重要保证。在研究过程中，由于相配套的评价机制有待完善，部分教师流露出不满情绪，认为自己努力学习了，但没能得到学校的奖励。为此，制定出一套较为完善的教师评价制度就显得尤为迫切。除此之外，我们更需要教师观念的转变：使自我专业发展由外控变为自控，由他主转变为一种自主的、自我不断超越的行为，最终实现教师专业发展的“自主更新”。

第三节 教育行动研究法应用案例

小学国学校本课程目标与内容设计
——基于辽宁省鞍山市铁东区东长甸小学的行动研究①

教育改革与改进只有落实到具体的学校，教育质量的提高才会真正成为可能。东北师范大学教育科学学院（University）与鞍山市铁东区教育局（Administration）及铁东区教育局下属10所中小学校（School）共同合作，进行“（UAS）区域性学校整体推进的行动研究”。东北师范大学教科院陈旭远教授团队对其负责的鞍山市铁东区两所小学之一的东长甸小学进行了以提高学校整体水平为主要目标的“小学国学校本课程设计与开发的行动研究”。

近年来“经典诵读”虽呈方兴未艾之势，但如何将国学经典融入学校日常的课程与教学，却鲜有建设性的见解和实践，尤其是目前国内一些小学引入国学又大有泛化的趋向，国学校本课程建设必须进一步规范化、系统化与科学化。按照国学教育的自身规律，结合东长甸小学国学校本开发的实践经验，本文以东长甸小学国学校本课程设计与开发的行动研究为案例，就小学国学校本课程设计与开发中的目标定位与内容选择进行了探讨。我们的研究与分析，旨为国学校本课程在我国小学的设计与开发提供有益的思路与借鉴。

一、小学国学校本课程设计与开发的目标

（一）总体目标

在调查、分析、评估的基础上，考察国学教育的自身价值，依据泰勒目标原理和布鲁姆教育目标分类法，结合学校课程开发的实际，东长甸小学把国学校本课程定位为：对学生进行文化播种与德行培育，建立学生大文化视野的通识课程。它不是简单的语文课程的补充，也不是思想品德教育的辅助教材，其目的不在于应试，而在文化陶冶。东长甸小学从情感态度和价值观、知识与技能、过程与方法三个维度设计了小学国学校本课程开发的总体目标：增强爱国热情，获得中华传统文明的情感体验；积累中华传统文化知识；形成开阔的视野和人文情怀。

1. 增强爱国热情，获得中华传统文明的情感体验

认识中国传统文化的发展历程，领略国学经典的博大精深，感受诸子百家的风采，浸润儒家思想，形成积极向上的人生态度。吸取古人深思、反省的生活智慧，并落实在日常生活上；配合现代思潮，以达新旧传承的目的；强化民族认同感，增强爱国热情，培养家国情怀。

2. 积累中华传统文化知识

了解中国传统文化的背景知识和最有代表性的国粹，在积累和体验的基础上，初步培养学

① 田立君，董兰，陈旭远. 小学国学校本课程目标与内容设计——基于辽宁省鞍山市铁东区东长甸小学的行动研究[J]，东北师大学报（哲学社会科学版），2012（3）：158-162.

生阅读浅显文言文及浅近古籍的兴趣，增进涵泳传统文化的能力；研读文化经典教材，了解我国传统文化核心内容，积累传统文化知识，丰富传统文化底蕴，形成运用传统文化的基本能力。

3. 形成开阔的视野和人文情怀

在整个小学学习过程中受到传统文化熏陶，掌握学习传统文化的基本方法，形成“社会伦理意识”，具有“淑世爱人精神”的胸怀和视野，能够从学以致用角度思考问题，把经典中的文化精神传播到社会生活中去，把传统中的人文精神发扬光大。

在三维目标中，各个目标之间是相辅相成、互为条件和基础的。在态度目标与知识和技能目标之间，知识目标中的“了解我国传统文化核心内容，积累传统文化知识”，与态度目标的“浸润儒家思想，形成积极向上的人生态度”是相互联系、互为基础和条件的。没有“积极向上的人生态度”作为基础，即使了解了中国传统文化的丰富性，也只是单纯地限于知识表面的了解。只有建立在向善向上、包容他人态度的基础上，才能更深地理解中国的文化，并由此产生家国认同感和民族自尊心。而知识与技能和过程与方法之间的关系则是，过程与方法是在学习和掌握知识与技能的过程中形成的，而且过程与方法又是有效掌握知识与技能的工具和手段。

（二）具体目标

英国学者斯滕豪斯（L. Stenhouse）认为，过程模式的实质在于，从总目标中衍生出来的不是一系列的短期目标，而是内在于总目的之中的一系列细化的原则，这些细化的原则能够指导随之而来的实践活动。[1]总体目标的落实需划分梯次，具体展开。上述三维目标主要通过学段目标来实现。分段的主要目标分为三个学段，体现在义务教育小学阶段的6学年中。

1. 第一学段（一、二年级）

（1）激发和培养学生学习中国传统文化经典的兴趣；乐于参与国学经典的诵读和即兴创作活动。

（2）能用普通话正确、流利、有感情地朗读国学经典原文。

（3）结合上下文和生活实际了解文中诗句的意思。

（4）背诵优秀古诗文50篇（段）。

2. 第二学段（三、四年级）

（1）在古诗文诵读中积累自己喜欢的词语和格言警句。

（2）乐于运用在古诗文诵读中学到的词语写出自己想说的话。对照自己的生活经验，用合适的语言将自己的思考结果清晰地表达出来。

（3）培养读书乐趣，增加天文地理、艺术常识等各方面的知识——国学中浓缩了人文科学和自然科学等多方面的知识。如对读物中感兴趣的人物和事件有自己的感受和想法，并乐于与人交流，有表达的自信心。

（4）背诵优秀古诗文50篇（段）。

3. 第三学段（五、六年级）

（1）保持学生对学习国学经典的兴趣，使学生乐于参与国学实践活动。

（2）具有一定的语感，能初步把握阅读的重点内容，初步具备一定的鉴赏能力。

（3）积累古诗文诵读中的优美词语、精彩句段，能灵活运用在习作中。

（4）背诵优秀古诗文 60 篇（段），能对文中不理解的地方提出疑问；初步学会默读和略读；能借助工具书和生活积累，理解词语的意义。

（5）在正确解读传统经典的过程中，自觉吸纳中华文化中的精髓，具有一定的知识综合运用能力。

①养成读书看报的习惯。

②养成收藏国学经典资料的习惯。

③乐于书面表达，对习作有信心，能将自己的所见、所思、所感写下来。

尽管课程目标是校本课程学习后所要达到的学生发展状态和水平的描述性目标，是课程设计的基础环节和重要因素，直接影响和制约着课程内容、课程组织、课程实施等后续课程因素的设计和操作，但是，在东长甸小学国学校本课程目标设计与开发中，我们既重视关注结果的行为目标，又强调注重过程的展开性目标，因为“教育基本上是一个演进的过程。而且，它是渐进地生长的，它扎根于过去而又指向未来，从这个意义上说，它又是一个有机的过程。在此过程的任何阶段上，我们能提出的目的，不管它是什么，都不能看成是最终目的，也不能将它们武断地插到后面的教育过程中去。目的是演进着的，而不是预先存在的。”[2]

二、小学国学校本课程的内容设计

课程内容是课程目标的具体化，是课程的核心要素。课程内容与课程目标之间具有内在逻辑联系，任何类型的课程，其内容都是以课程目标为直接依据选定的，课程内容在一定程度上体现了课程目标的要求。课程内容的合理性程度，制约着教育目标和课程目标，影响着人才培养的具体质量规格。“校本课程内容是教与学的基本素材，是达到校本课程目标的重要载体”[3]，正因为如此，人们在不同的历史时期，都面临着“什么知识最有价值”这一经典的课程内容问题。

国学课程内容是为了实现国学教育课程目标而要求学生系统学习的国学知识、文化技能和情感体验的总和。国学课程内容是以国学经典为主，指向学生人文素养的发展和精神世界的构建。内容上强调学科内容（国学经典）和领域内容（语文课、思品课等）的整合，将分解的学科或领域统和起来，突出综合性；课程内容突出与儿童及社会现实生活相联系，以儿童个性化发展为主旨。

（一）课程内容设计的原则

东长甸小学国学校本课程内容设计突出“以儿童发展为本”的教育理念，根据儿童的心理特点、认知模式和接受水平设计国学校本课程，内容选编遵循以下三大原则。

1. “撮其精要，整合再现”的优选原则

采取“撮其精要，整合再现”的方式组织教材，从浩瀚的典籍中遴选精华的、有代表性的、为时代所需的元素，为不同年级学生量身定做课程内容。

2. “循序渐进，内外结合”的编选原则

编辑顺序注重由易到难，由浅入深，循序渐进；编辑体例遵循主体知识与背景知识结合、多种题材和体裁作品穿插、课内外结合的原则；按照知识性与趣味性相统一的原则，依据儿童年龄特征、认知规律和学习兴趣，贴近学生的现实生活，为不同学段学生量身定做课程内容。

3. “不贪多求大，有限度读经”的适量原则

“中国文化是一个有‘统’的文化，根源便是‘经’。如将《论语》《孟子》《学记》《中庸》《礼记》《诗经》中精选若干，共不超过一万言，如此，则学生之负担不加重，而经之大义微言，亦略可窥其大概。”东长甸小学1～6年级国学课程均由两部分组成，即《中华经典古诗文必读本》（必读内容）和《中华经典古诗文选读本》（选读内容）。两部分的编排均遵循上述内容选编原则。

（二）课程内容的选择

1. 以体现民族核心价值观和典范汉语特色的经典为主体

遴选那些经过了漫长历史积淀下来的经久不衰的文化精华，兼容并蓄，为我所用。选择浓缩了古代圣贤先哲对宇宙、自然、社会、人生的深入思考的优秀的传统文化因子，建构中华民族特有的文化传统和民族精神。

“开辟生命之源、价值之源莫过于儒家”[4]。国学的核心是“四书五经”，“四书五经”以“四书”为标准，四书又以《论语》为首。我们可以看到，“在基本人格的确立、基本伦理观念、基本道德规范的养成方面，儒家修养论着重强调的是社会良好环境的创造，以及师友、父母的言传身教；而在人格的提升，伦理观念的深明和道德规范的自觉、道德境界的向上方面，则着重强调的是个人的学习和修养”（楼宇烈，2007）。故此，选编的内容主要是《论语》《孟子》《大学》《中庸》的经典内容。主体是校本教材，即《中华经典古诗文必读本》，这部分是核心内容。这套教材教学目标主要是阐明儒家义理，并倡导学生躬行实践，所以教师在讲读时，也常常配合历史故事与日常生活事件，阐发其中所蕴藏的深意，使学生能透彻领悟，在动静语默间，达到培养人格、陶冶情操的目的。

朴素简练，明白晓畅是汉语的典范特色。东长甸小学国学校本课程教材编写时着眼于现代语境的审视，采用教本与读本合一形式，通过准确的白话注释及精当的点评，在编写解读上打通了传统与现代，实现了伟大的国学经典与现代汉语的全面自由对话。这套国学校本教材的基本任务当然是文化继承，但是，这套教材所展现出的汉语的博大精深和典雅静美，也为学生奠定了语文学习的坚实基础。

2. 以中华传统文化典籍为补充

以“经史子集”中的“史”与“集”为补充。选编目的“在于提升学生对国学的认识，增进阅读古籍的基本能力，培养研究古籍的兴趣，以利吸收传统文化的精华”。选编的内容如下。

一是参考教材。《小学生必读古诗文》（1～6册，金宝主编），每年级读一册。

二是扩展教材。在本校教师王浩主编的《国史通识》的基础上，学生可以根据自身的需要和兴趣自由地有选择地阅读。这些内容中浅显的古文，可以使学生逐步扩大阅读量，提高阅读古文的能力，对古文有兴趣并具备一定能力的孩子可以在课外自选书目阅读。这一部分

内容注重趣味性、思想性，以短小精悍、浅显易懂、富于哲理、意味深长的民间故事、寓言、神话传说、成语故事为主。内容选自《庄子》《墨子》《孟子》《吕氏春秋》《战国策》《韩非子》《晏子春秋》《东坡志林》《列子》《世说新语》等。

三是视频教材。考虑到国学经典朗朗上口、富于音律美和儿童心理发展的特点（如重直观形象等），在设计和编写国学校本教材时，除纸质教材外，还有配套音响 CD 和视频 VCD 等数字化教材，供教师课堂使用，以保证国学校本课程实施的效果。如把动漫《孔子》（106 集动画片，每集十分钟）作为对儒家经典的理解用到教学中，形象的画面、生动的构图、鲜明的色彩、奇异的想象，深受学生喜爱，也增强了诵读的趣味性和实效性。

此外，东长甸小学国学校本教材注意与现行语文课本的结合。如现行语文课本中有多篇文章选自古代经典，但绝大部分以现代文的形式出现，如《刻舟求剑》《坐井观天》《揠苗助长》《晏子使楚》《将相和》等。东长甸小学在选编国学校本教材时，在相应的年级编入原文，学生可以对照学习，既能促进对语文的学习，又能激发、强化对国学的兴趣。

（三）课程内容的编排

儿童与文化的矛盾运动，也就是儿童的人文精神与相应的人文文化双向选择、双向互动，同时在这一过程彼此因对方而被创造，被不断重新构建，获得持续发展的力量。[5]基于皮亚杰的儿童智力发展理论，儿童认知结构的发展是一个连续建构的过程，每一个阶段都是前一阶段的延伸，是在新水平上对前面阶段进行改组而形成新系统，国学校本课程教学按年龄、分年级，遵循由低到高、由易到难、由浅入深，确定容量、安排时量、螺旋式上升的思路设置不同梯度的教学内容，实施整体性教学。

1. 第一学段（一、二年级）

主要内容为语句简单、朗朗上口的蒙学读物，如《三字经》（识字启蒙）、《弟子规》（礼仪训诫）、《笠翁对韵》《千字文》等。本学段课程内容设计上注重遵循儿童心理发展的特点。在对国学课程内容素材的选择上主要以童谣和直观形象的蒙学读物为主。尽量选择音律谐和、节奏明快、朗朗上口的作品，使学生易于吟咏诵读。在设计上注意根据儿童心理发展的特点来安排内容顺序，力图生动、精要、浅显，让学生在玩中学、玩中传播、玩中创造。

2. 第二学段（三、四年级）

主要是《论语》《孟子》《大学》《中庸》的经典内容。依据维果斯基的最近发展区理论，小学生学习国学经典是有难度的。因此，教师教学应着眼于学生的最近发展区，为学生提供适当难度的国学经典学习内容，调动学生的积极性，发挥其潜能，超越其最近发展区而达到困难发展区的水平，在此基础上达到下一发展区的发展。本学段采用拼音注释诵读本，注意降低古汉语字音与普通话字词转换的难度。古汉语有特殊的字词系统，小学生读认比较困难。在开发国学校本教材时，东长甸小学力图通过各种方式来解决这一问题。如给那些难认、难懂的古字词加注拼音、解释其含义，使之易认、易懂、易学，降低学生学习古诗文的难度。

3. 第三学段（五、六年级）

主要是中华传统文化经典中的诗词歌赋等。本学段同时采取螺旋式加强的训练系统。如对于一首古代诗词，教材总是反复出现，回环往复，步步加深，变式训练。国学内容不是一次性学习完成的，而是螺旋呈现，多次生成，使学生在潜移默化中加深对传统经典的印象。

教育是一项立人的活动，而“人不只是经由生物遗传，更重要的是通过历史的传承而成其为人。”这“历史的传承”也就是文化的传承，因为“文化是一个民族真正的灵魂，民族文化必然顽强地存在于课程之中”[6]。中国传统文化的丰富性、深刻性和生动性，其“天人关系、人我关系、生死关系、苦乐关系及荣辱关系”（黄济，2001）等宝贵的人生哲学价值观构成元素，如何通过国学校本课程的设计与开发，传承、渗透、内化给学生，使其终成为中华儿女的文化识别符号，以拓展其生命宽度，发掘其生命深度并开启其人生向度。总的来说，是将精心设计课程目标以及合理有序的内容安排与潜移默化、生动活泼的教学策略结合起来。

参考文献

[1] [英]A. V. Kelly. 课程理论与实践[M]. 5版. 吕敏霞，译. 北京：中国轻工业出版社，2007：89.

[2] 瞿葆奎. 教育学文集第4卷：教育目的[M]. 北京：人民教育出版社，1994：625.

[3] 王斌华. 校本课程论[M]. 上海：上海教育出版社，2001：137.

[4] 牟宗三. 中国哲学的特质[M]. 上海：上海古籍出版社，2008：186.

[5] 丁海东. 儿童精神：一种人文表达[M]. 北京：教育科学出版社，2009：187.

[6] 张楚廷. 课程与教学哲学[M]. 北京：人民教育出版社，2006：393.

【思考与实践】

选择一个小微教育研究课题，设计一份行动研究方案。

【阅读与拓展】

[1] 陈向明. 行动研究——教师成为研究者的必然途径[J]. 河南教育，2004（9）.

[2] 杨宏伟. 幼儿教师怎样进行行动研究[J]. 学前教育研究，2004（6）.

[3] 裘指挥，宋晓云. 教育行动研究：提高幼儿教师素质的有效途径[J]. 江西教育科研，2002（9）.

[4] 洪明. 行动研究与幼儿教育[J]. 学前教育研究，2001（4）.

[5] 宋秋前. 行动研究：教育理论与实践相结合的实践性中介[J]. 教育研究，2000（7）.

[6] 陈向明. 什么是“行动研究”[J]. 教育研究与实验，1999（2）.

[7] 陶文中. 行动研究法的实施[J]. 教育科学研究，1998（2）.

[8] 袁桂林，孙彩平. 行动研究法及其在教育中的应用[J]. 现代中小学教育，1997（2）.

[9] 胡庆芳. 倾听课堂：教师行动研究例析[M]. 北京：教育科学出版社，2016.

[10] 张丰. 从问题到建议——中小学教育研究行动指南[M]. 北京：教育科学出版社，2013.

[11] 黄娟娟. 优秀幼儿教师教育行动研究[M]. 上海：上海教育出版社，2002.

[12] 陈桂生. 到中小学去研究教育：“教育行动研究”的尝试[M]. 上海：华东师范大学出版社，2000.

第七章　教育经验总结法

经验总结是使用频率最高、简单易行的一种研究方法。教育实践活动需要教育工作者在积累中不断提炼经验，善于运用经验，将大量的教育经验上升为理论，指导教育实践。

第一节　教育经验总结法概述

一、教育经验总结法的含义与特点

（一）教育经验总结法的含义

教育经验总结法是在不受控制的自然状态下，依据教育实践所提供的事实，对教师和实际教育工作者提出的先进的教育工作经验进行科学的分析和概括，使之上升到教育理论高度的一种教育科学研究方法。

从性质上看，教育经验总结是一种科学研究活动，是一种回溯研究，也是一种追因研究。

（二）教育经验总结法的特点与优缺点

1．教育经验总结法的特点

（1）新颖性。

教育经验是从教育实践中产生和提炼出来的，是教育实践活动的理性概括，是教育客观规律的反映，因而必然具有新颖性，或观点、材料新颖，或形式、方法新颖。这种经验就是所谓新鲜的经验，对当前的教育实践活动具有很强的针对性和指导作用。

（2）普遍性。

教育经验要经得起一定的时间、空间的检验，在应有的时间、空间范围内，经验都不失其存在的意义。教育经验还要经得起相关实践的检验，在相同的条件下，经验的运用均能取得良好的成效，即所有运用类似方法的实践活动都可以获得成功。

（3）实践性。

教育经验总结的过程是离不开实践的。就研究者而言，必须经常深入教育教学第一线，调查、访问、观察、思考，必要时还得亲自参与实践过程，以获得丰富的感性材料，并在此基础上通过经验总结而建立起科学的理论。教育经验的源泉是实践，教育经验总结的成果最终还是要回到教育实践中去。

（4）发展性。随着时代的发展和教育改革的深入，教育经验的内涵必将随之发生变化。

辩证唯物主义认识论告诉我们：实践—认识—再实践—再认识，这种形式循环往复以至无穷，而实践和认识之每一循环的内容都相比较地进入高一级的程度。

2. 教育经验总结法的优缺点

教育经验总结法的优点主要体现在实用性和适用性两方面。从实用性看，教育经验总结法作为一种常规性、普及性的教育科研方法，操作程序简单明了，易于掌握。教师和教育工作者利用经验总结法开展教育科研活动，不影响正常教育教学工作的连续性，可以大大促进自己的本职工作。从适用性看，经验总结法的适用范围非常广泛，没有特殊的科研条件的限制，任何一方面的教育问题都可以成为教育经验总结的对象。

教育经验总结法也有一定的缺点，主要表现为研究的记录有时不完整，考证难度大；研究过程控制不严密；容易受研究者本人知识经验的影响；研究的周期较长。

二、教育经验总结的意义

总结概括先秦时期教育实践经验而成的《学记》是我国古代第一部教育专著，可见教育经验总结具有悠久的历史。就目前看，教育经验总结法仍是教育科研中，教师和教育工作者广泛采用的主要方法之一，这种方法有助于增强教师的业务素质，促进教育质量的提高。教师通过经验总结和交流，不仅是对自身和他人的实践成果的肯定，而且为与他人进行经验交流提供了机会，这也将大大地刺激和调动教师和教育工作者的研究和工作热情。

三、教育经验总结的类型

依据总结的理论水平，教育经验总结可以分为具体经验总结、一般经验总结和理论性经验总结。

（一）具体经验总结

以具体的教学实践事实为基础，总结某一具体专题活动的经验，主要撰写专题活动的目的、内容、过程及教学效果或者研究者个人的体会。

教师个人的课堂教学反思、教学随笔等可以说是常见的教育具体经验总结的成果形式。

（二）一般经验总结

以具体经验为基础，将某一具体的教育事实扩大到对某一类教育现象的研究，从一事一议发展到对某一类教育活动原则和规律的认识，并从中概括出经验的一般形式。

部分报刊中的教学思考、教学论坛栏目里的文章就是一般经验总结的成果形式。

（三）理论性经验总结

在一般经验总结的基础上，进行理性的、逻辑的分析，揭示教育现象之间的相互关系和本质规律，将一般性的教育经验上升为教育原则和教育理论。

教育学术论文和教育理论专著就是典型的理论性经验总结的成果形式。

第二节 教育经验总结法的实施步骤与要求

一、教育经验总结法实施的一般步骤

根据经验总结的具体实践过程，教育经验总结法的实施大概有三大步骤。

（一）准备工作

1. 确定题目

应根据教育实践中存在的问题，或迫切要求解决的问题确定总结经验的题目，否则就没有总结的意义。题目的确定要求从实际出发，从总结对象的教育实践的实际状况出发，否则总结就没有基础。确定题目也是为将来撰写教育经验总结报告时确定标题做准备。

2. 选定对象

对象可以是地区、单位或个人。对象的选定标准要具有代表性。对象常常应该包括各种类型，以便获取完整的经验。选定对象必须从实际出发，采取优选的方法，慎重从事，选定对象的过程也是弄清对象的过程。

3. 阅读有关文献资料

总结题目和确定对象后，就要围绕总结的中心内容，广泛收集、翻阅有关资料，包括有关方针政策、上级的文件指示、国内外研究动态，以及总结对象的有关历史和现实的资料等。这不仅对于进一步明确总结经验的指导思想、目的任务和方法步骤等很重要，而且可以避免盲目搜索或重复已有成果，以提高总结的功效。

4. 制订计划

根据总结任务和对象的性质与特点，结合所具备的条件和力量，对总结的过程进行构想，这就是总结计划。计划应包括：总结的目的、任务和基本要求；工作进程的轮廓，即总结的起始、程序、实施、分析和综合；设计具体总结的方法，总结人员的组织和分工，以及总结的验证，等等。计划要留有余地，要充分考虑实施的可行性，并对可能出现的难以预料的问题预先做出应变的考虑。①

（二）教育经验事实的积累与记录

1. 教育经验事实的积累

教育经验事实产生于广大教师和实际教育工作者在实践中所获得的直接经验。这些直接经

① 金哲华，俞爱宗. 教育科学研究方法[M]. 北京：科学出版社，2011：215-216.

验有的是教师和实际教育工作者在教育实际中发现新问题、采取新方法、解决新问题所取得的；有的是根据社会的需要、教育教改的需要而采取的一些教育措施，取得了较好的成效而获得的。例如，在幼儿园课程改革、游戏活动的作用、幼儿良好个性品质的培养、幼儿的素质教育、幼儿园管理等方面，所获得的亲身感受和感性认识就是教育者在幼教实际中创造的新经验。

2. 教育经验事实的记录

广大教师在实际中创造的新经验是十分宝贵的，但需要一点一滴积累，这就要求将所获得的经验客观地、随时随地记录下来。首先是阐述存在的问题，问题发生的时间、地点、起因、背景、参与者的表现等；其次是分析问题产生的原因、问题的性质，以及解决问题的思路；再次是探讨解决问题的具体方法、措施、途径；最后是阐述解决问题的实际效果。要详细地记录所取得的新经验，特别要写好个案记录。①

（三）教育经验的总结与推广

1. 教育经验事实的筛选

经验事实的筛选必须根据经验总结的目的和要求，按照一定的分类标准，将积累的事实材料分门别类地排列组合，依据材料的横向联系和纵向顺序将材料系统化，然后对每一件事实材料进行核对、考证、筛选，去粗取精，去伪存真，删繁就简，查漏补缺，提取有用的材料。经验事实的筛选过程大致是：首先，把握主题，明确意图；其次，分类整理，建立联系，形成“现状—事实—经验”之间的联系机制；最后，考察评价、初步选定。

经过筛选的事实材料，应该是能够最有效地证实“经验”可行性的材料：一是材料要新颖。注意采用科学研究的最新成果，自己或他人进行教改实践的新鲜事例和新的收获，以及人们尚未发现的或鲜为人知的材料等。二是材料要恰当。所选用的材料要能够准确地证明观点的正确性，材料和观点之间要有必然的内在联系。三是材料必须充分和必要。选用材料要尽量少而精。但必须充分，足以说明问题。

2. 教育经验事实的提炼

教育经验事实的提炼，是指根据经验总结的目的要求及其主题，从教育经验事实出发，依据教育基本理论，对事物或现象做出科学的概括和界定，揭示它们之间的本质联系。从局部经验中发掘其普遍意义，使感性认识上升为理性认识，探讨事物发展的客观规律。没有理性提炼的经验总结，则仅如同一般的工作总结。教育经验事实的提炼要注意以下几点：掌握理论是提炼经验事实的前提，概括主题是提炼经验事实的根本，揭示机制是提炼经验事实的关键。

3. 组织论证

教育经验经过筛选与提炼之后，需要写出教育经验总结报告，邀请有关专家、领导、教育教学人员进行论证，评价经验总结报告，并提出修改意见。根据组织论证会提出的反馈意见，进一步查阅文献，精心加工，修改定稿，写出正式的书面经验总结报告。

---

① 杨丽珠. 学前教育经验总结法[J]. 山东教育，2000（1、2）：34-35.

4. 推广教育经验

教育经验总结最后获取的是有益的、先进的教育经验，有益的、先进的教育经验之生命力就在于推广和实践。有益的、先进的教育经验的推广是经验接受实践检验、取得反馈信息的一种有效途径，也是有益的、先进的教育经验获得社会效益的一个必不可少的环节。

推广有益的、先进的教育经验，重要的是要理解有益的、先进的教育经验的本质，引导教师从各自的具体工作条件出发，创造性的应用，将经验变成自己工作中的有机组成部分。只有明白了有益的、先进的教育经验体现了哪些教育规律，教师才能自觉地吸收先进经验，按教育规律办事。

二、教育经验总结法实施的基本原则与要求

（一）教育经验总结法实施的基本原则

运用教育经验总结法从事研究时，为了获得最满意的效果，应努力遵循以下原则。

1. 科学性原则

科学性原则是经验总结过程中应遵循的最重要的原则。一是要求分析问题要尊重客观事实，不能先入为主，不能夹杂任何偏见、接受任何暗示，对教育经验做客观的总结；二是必须重视事实的定量分析，尽可能用数据来说明研究的问题，对获取的数据要严格核实，准确无误，以提高研究的信度和效度。

2. 创新性原则

创新是事物发展的生长点，教育经验总结的过程也需要有创新精神。要改掉经验的“惰性”，摆脱停滞不前，不断地发现新的教育问题；要深化经验的理论性，就要抓住现象的本质，由感性认识上升到理性认识，使教育经验升华为教育理论，以更好地指导教育实践。

3. 实用性原则

实用性原则有三个要求：首先，在一定范围内有普遍的代表性和典型性；其次，能对教育实践产生一定的现实意义，或有利于提高教育教学质量，或有利于推动教育教学改革，或有利于解决教育领域内的疑难问题等；最后，教育经验还要具有广泛的群众基础，使广大教育工作者学之可得，用之有效。

4. 全面性原则

首先，全面考察产生教育经验的实践活动，既包括活动的整个过程，也包括组成活动的各个环节，既包括动态的观察，也包括静态的观察；其次，积极的教育经验需要总结，消极（反面）的教育经验也有研究价值；最后，研究不仅要关注教育的外部联系，也要把握教育的内部结构。①

① 赵洪涛. 教育经验总结法探析[J]. 现代教育科学，2008（4）：30，63.

（二）教育经验总结法实施的要求

运用经验总结法进行教育科学研究，必须遵循以下基本要求：要注意筛选先进的教育经验，选择总结对象要有代表性，具有典型意义；要依据客观事实，反映经验的本来面貌；要全面考察，透过现象描述，正确区分现象与本质，得出规律性的结论，注意不可控因素的影响；既要“古为今用，洋为中用”，又要大胆创新；要做到定性与定量相结合；推广先进经验要有创新精神，要摆脱旧观念的束缚。

【课堂实训与讨论】

教学反思是一种教育经验总结的方式。但教学反思不是简单的教育经验总结，它是伴随整个教学过程监视、分析和解决问题的活动。阅读如下三则教师的教学反思材料，讨论：教学反思究竟应该反思什么？

《24 时计时法》课例及教学反思①

教学内容：人教版九年义务教育六年制小学数学第六册第 87 页。

教学思路：本节课的内容是在学生已掌握时、分、秒等时间单位之后，并有一定生活经验的基础上进行的。要求学生了解 24 时计时法在生活中的应用，并会用 24 时计时法表示时刻。在设计上以建构主义学习理论为指导，体现“以学生的发展为本”的主导思想，让学生在老师恰到好处的引导下主动参与知识形成的全过程，从而发展了学生的综合素质。一节课的教学安排如下。

1. 课前搜集信息。课前让学生搜集一些有关时间的信息，如作息时间、电视节目时间、商场营业时间、飞机起飞时间……课始让学生汇报、观察并将信息分类，以激发学生的好奇心。

2. 合作探究新知。先让学生通过观察，明确普通计时法和 24 时计时法的异同点；再创设问题情境，让学生在小组合作中尝试总结出两种计时法互相转化的方法。通过小组研究获取知识，这样留给了学生更大的思维空间和学习的机会，不仅使学生学到新的知识，而且培养了学生的主体意识和合作精神。

3. 实践运用。通过辨析、转化、填表、标出新邮筒取信时间、对口令等学习活动，让学生在拓展运用知识过程中，不仅深化对 24 时计时法的认识，也培养了学生的应用意识和实践能力。

教学过程：

一、汇报、揭题

1. 汇报：学生汇报自己收集的有关时间的信息，教师选择部分板书。

2. 分类：你想把这些信息分成几类？

3. 揭题：像这样在时间前面加上早上、中午、晚上等词语来表示具体时间的方法是普通计时法；前面没有词语说明，像 18 时、19 时这样表示时间的方法是 24 时计时法。（板书课题：24 时计时法）

① 林青，宋凯.《24 时计时法》课例及教学反思[J]. 教学与管理，2004（01）：73-74.

二、探究新知

1.（课件演示）学生观察一天24小时普通计时法和24时计时法的不同表示，找出两种计时法的异同点。

2. 学生谈谈生活中哪些地方能见到用24时计时法来表示时间。

3. 创设情境，探讨转化规律。

（1）老师讲故事：小兔贝贝帮妈妈去买车票，它告诉售票员阿姨：阿姨，我想买一张下午3点去福州的车票，售票员阿姨递给了小兔一张车票，上面印着15：00，小兔一看就急了，忙把票退回去说：阿姨，您拿错了，我是买下午3点的车票。

15点是否是下午3点？

（2）普通计时法和24时计时法该如何转化呢？

各学习小组选择4组（两种计时法互相转化）题中的一组题完成，然后在小组里探讨两种计时法互相转化的方法。

（3）各小组展示尝试学习的成果，并汇报转化的方法。

4. 辨析。

（1）下午3：00转化为24时计时法是15：00。

（2）20：00转化为普通计时法是晚上8：00。

（3）普通计时法转化为24时计时法，就是去掉文字，并把时数加12。

三、实践应用

1. 拿出自己搜集的信息，告诉同桌你的信息用了哪种计时法，再把它转化为另一种计时法。

2. 用24时计时法来填写“教师上班时间表”。

教师上班时间表
上午7：30～11：30
下午2：00～5：00

3. 请在新邮筒上标出取信时间。已定每天取4次信，上午8时第一次取信，以后每隔3小时取一次信。请标出每次取信的时间。

第一次：
第二次：
第三次：
第四次：

四、回顾反馈

谈谈这节课你的收获或不明白的问题。

五、渗透思想教育，布置作业

1. 出示明明的一天。8：00～10：00看电视，10：00～11：00做作业；14：00～16：30玩电子游戏，16：30～18：30看电视；19：30～20：30看电视。

学生谈看法，让学生懂得珍惜时间、合理安排时间的意义。

2. 作业：请你用24时计时法设计一张星期天的作息时间表。

六、对口令游戏（师生、生生进行两种计时法互化练习）

实践反思：回顾整节课的教与学，笔者有以下几点体会。

1. 课堂教学要体现学习方式的变革，以学生的自主学习为前提，营造自我发现、自我发展的学习环境。一节数学课如何通过创设合理的生活情境，以此来引导学生进行积极的体验，体现自主探索、多元开放，这是执教者在设计引入时考虑最多，也是最难突破的瓶颈。在设计引入部分时，笔者曾有3个不同的设计。

设计1：

选择一天中凌晨、上午、中午、下午、晚上几个时段中的5个时刻，出示这5个时刻的两种计时法，直接介绍这两种计时法的名称，然后让学生找出两种计时法的联系与区别。

设计2：

出示时钟，拨到8时，问学生这是上午8时，还是晚上8时，然后引出两种计时法，并出示一组两种计时法的数据，让学生观察再找出相同点和不同点。

设计3：

课前布置学生收集一些生活中作息时间、节目时间或其他有关时间的信息（两种计时法都有），课始汇报并分类，教师揭题后，再让学生观察一天24小时时钟和两种计时法的变化，从中发现两种计时法的区别与联系。

比较三个引入设计，有共同点，都注重从生活中引入，从学生已有的经验入手。前两个设计因为表现得太直接，以学生对生活信息的解读分析取代了学生对生活信息的收集分类处理和决策，很快被否决了。

设计3不仅让学生从生活中收集信息，让学生成为学习材料的提供者，在此基础上引导学生利用自己的生活经验进行深层次的思考，激发了学生探索新知识的欲望，将原本静态的知识动态化，将数学材料实践化、生活化。

课堂教学实践表明，让学生在自主活动中学习数学，以活动为主，让学生自己探究，合作学习，孩子们会学得很快乐；而且孩子们在尝试中会有所发现，在讨论中会明白道理，在合作中能享受成功，在质疑中能发展自我。

2. 数学学习要注重联系生活实际，实现学习材料的生活化与数学化的和谐统一。在丰富的“数学现实”中学习数学，已经成为小学数学教学的主流。在探索两种计时法的转化方法时，有意识地创设买车票的生活情境，进而提供4组时间，让学生选择其中的一组进行尝试练习并在练习中悟出转化方法。结合生活实际设计教学活动，让数学学习建立在日常生活经验基础上，让学生在现实情境中学习数学，使学生的学习和生活紧密相连，有利于学生更好地体验生活，提高学生解决生活问题的能力。

3. 课堂教学要充分体现教学的开放性，提供开放多元的思维空间。课堂教学要力求给学生一个开放的思维空间，使学生在发散性、多维度的思维活动中提高解决问题的能力。另外，在练习的设计上也要注重设计一些实践性、开放性练习，如在新邮筒上标出取信时间、用24时计时法设计星期天作息时间……这样有利于学生创造潜能的挖掘和发挥，同时也提高了学生解决问题的能力。

同时课堂教学还要相机渗透思想教育，关注学生的情感、态度、价值观。

《数学广角——鸡兔同笼》教学反思[①]

《鸡兔同笼》问题有一定的难度，课前我对我班的学生进行了估计。一小部分学生接触过鸡兔同笼问题，但对于多数的学生来说，学习《鸡兔同笼》可能会有一定的难度。所以在这节课当中，我决定主要借助教师引导探究这个手段，让学生在尝试、探索、合作中弄懂鸡兔同笼问题的基本解题思路。

《鸡兔同笼》本来就是很抽象的课程，估计学生学习《鸡兔同笼》可能会有一定的难度。所以也只能按照课本那样的列表法，再配合假设法，充分运用了动手操作这个手段，让学生弄懂鸡兔同笼问题的基本解题思路。出示例题：笼子里有若干只鸡和兔，从上面数有 8 个头，从下面数有 26 只脚，问鸡和兔各有几只？

师生共同经历了列表方法后，问：能用图形来表示鸡兔头和腿之间的关系吗？引导学生用画图的方法去试：先画 8 个圆圈表示 8 个头，再在每个鸡下面画两条腿，8 只鸡有 16 条腿，还多出 10 条腿，把剩下的 10 条腿要给其中的几只鸡添上呢？（5 只鸡分别添 2 条腿）。这 5 只就是兔子，另外的 3 只就是鸡。这时候有学生问能把动物都看成是兔吗？在师生们的共同操作下再把腿依次减少，也得到了同样的结论。

虽然这只是一个简单操作活动，但是，在画图的过程中充分调动了学生的积极性，经历了一个探索的过程，这时候再介绍假设法就水到渠成了，也实现了运用多种方法解决问题的目的，起到了意想不到的效果。师生共同经历了两种不同的方法：列表法、假设法，让学生自己选择喜欢的方法解决《孙子算经》中的问题。学生很自然地选择假设法，自觉进行方法最优化。因为毕竟鸡兔同笼问题比较难。

但教学中也存在着很多问题，反思如下：

1. 学生汇报时，可以多找学生汇报，其他学生可能会听得更明白。

2. 培养学生质疑能力，听不明白的及时向别人提问，及时解决不懂的问题。

3. 学生比较喜欢假设法，但发现推理时思路不清，容易出错，如果及时指导学生写推导过程就会较好地避免问题的出现。

在整个课堂中，在问题得到解决的同时体验到了成功的喜悦，感受到数学知识的价值和数学学习的乐趣。但在教学时间的控制上还略显紧张，一些环节的处理还应该从主次的角度更好地进行设计。但在平时的教学中也存在值得我们进一步思考的问题：

1. 小组合作学习中教师如何调控才能进一步提高合作学习的效率，如时间的把握、学生合作过程的控制、合作学习的效果等。

2. 要想大面积提高课堂教学效益，必须在课堂中注重培优辅困，特别是学困生的辅导如何在课堂教学中落实，使他们通过教师的引导取得明显的学习效果，真正落实新课标提出的“不同的人在数学上得到不同的发展”目标。

3. 有意义的练习及作业的设计要考虑有利于知识点的落实，要能激发学生的兴趣，还要考虑练习内容的层次性，手段的灵活性，逐步培养学生的创新能力和动手能力。

---

① 翁娇恋.《数学广角——鸡兔同笼》教学反思[EB/OL].（2017-06-26）[2019-03-31]. http://www.lspjy.com/thread-878632-1-1.html.

大班语言活动《春天》教学反思①

喜欢文学作品是幼儿的天性，他们对童话、故事和儿歌充满浓厚的兴趣，而文学作品对幼儿发展所产生的潜移默化的作用也是巨大的，所以我们有必要提供多种文学作品，让幼儿感受不同的作品风格，以此来提高他们的语言能力和文学感受性。

春天万物复苏，草木花卉竞相争荣，是一个充满生机的季节，诗歌《春天》以它优美的节奏和朴素的语言，赞美了春天的美丽和大自然的神奇，采用了比喻、拟人的手法写出了春天的色彩、声音等春天特有的特征，符合幼儿的年龄特点和审美情趣，是一首非常优秀的儿童诗歌，值得幼儿去欣赏、学习。

活动前，我根据诗歌内容绘画了“彩色的书”“会笑的书”和“会唱的书”三本折叠书，采用自制大图书的方式让幼儿通过具体、直观的画面理解诗歌的内容，并制作了PPT课件。活动开始，我采用谈话的形式导入，让幼儿说说春天。幼儿根据自己平时的观察以及已有经验说春天。这对大班幼儿来说，已经是很容易的事。幼儿发言很踊跃，“迎春花开了”“桃花开了”“小草长出来了”“柳树发芽了”……争先恐后。在师生问答中，幼儿有了春的感觉。

活动的第二个环节是让幼儿观察图画，理解诗歌，学习朗诵诗歌。我首先出示三本图书，引导幼儿观察、讲述。为了帮助幼儿感知诗歌内容，我设计了这样的提问：“你觉得春天是一本怎样的书？书里面会有些什么呢？”幼儿根据自己的观察猜测、讲述，气氛很活跃。接着，我利用三本图书引导幼儿分段理解诗歌内容，通过一个个具有引导性的提问帮助幼儿理解诗歌表达的意境：“为什么说春天是一本彩色的书呢？”“为什么春天是一本会笑的书？你听到谁笑了？小池塘为什么笑了？小朋友为什么笑了？”“为什么春天是一本会唱的书？是谁在唱歌？它们是怎么唱歌的？”“春天是一本会唱歌的书”，对幼儿来说是比较新鲜的，也是诗歌中难理解的内容。当看到春天的图画后，孩子们对春天的声音有了更进一步的了解，知道了春天里美好的声音都像唱歌。在这个环节，我鼓励幼儿大胆说出自己的想法，创设他们想说、愿意说的语言氛围，幼儿的语言表达能力和想象力得到了一定的发展。最后我采用分段和整体学习的方法帮助幼儿记忆诗歌的内容，采用各种形式带领幼儿绘声绘色地朗读诗歌，如师生接读、对读，男女生轮读，两生对读，幼儿赛读等形式，幼儿情绪高涨，朗读入情入境。

《春天》这首诗歌的结构工整，语言具有韵律感，也便于幼儿的仿编活动。同时，幼儿眼中的春天不仅仅是这些，他们有自己的发现，更乐于自己去创造。所以我给他们设计了仿编的环节。引导幼儿开动脑筋，想一想春天还是一本什么样的书，调动幼儿的已有经验，更能激起幼儿学习的兴趣，并在仿编诗歌的过程中，增强幼儿的语言表达能力和想象力。

本次活动中，三个活动目标基本达成，幼儿表现得很感兴趣，内容较为丰富、生动，拓宽了幼儿的思维，发展了幼儿的口语表达能力和想象力，幼儿学到了很多知识；通过多媒体教学，创设了一个非常优美和谐的氛围，让孩子们能够轻松畅快地欣赏美、感受美，并在老师的指导下去创造美；通过教师的悉心引导，大部分幼儿的仿编能力得到了发挥，并达到深刻记忆的效果。

当然，本次活动还存在一些不足之处：

（1）如部分幼儿口语表达的完整性还有待加强。教师在平时的活动中应注意提醒和引导幼儿用较完整的语言表述。

---

① 大班语言活动《春天》教学反思[EB/OL]. (2015-06-23) [2019-03-31]. http: //www.baby-edu. com/2015/ 0623/71794. html.

（2）在进行仿编时没有抓住重点。在学习了诗歌的基础上幼儿进行仿编，让幼儿想一想春天还是一本什么样的书。有的幼儿想到了“春天是一本可爱的书”，这时就应及时抓住契机让幼儿接着想一想春天里有哪些可爱的东西？也许幼儿就能够接着往下仿编。而不是着急地让幼儿顺着教师的思路进行仿编，以致限制幼儿的想象。

由于总怕超时，教学流程过于匆忙，孩子们的想象力没能得到充分发挥。

通过本次活动，我觉在活动前的准备是非常重要的。充分的准备是成功的一半，在活动中，许多突发状况需要教师进行及时的调整，做到随机应变、临危不乱。在今后的工作中，我会继续阅读更多的教学、教育书刊，提高自身素质，在教学工作中更上一层楼。

第三节　教育经验总结报告的撰写

一、教育经验总结报告的结构

（一）标题与署名

标题应该简洁、准确、新颖。题目宜小不宜大，反映出报告的中心和新颖之处即可。报告标题可以是既定的科研项目，即专题经验总结，也可以是对某一阶段（如一学期、一学年等）全部工作的回顾。从中找出成效较大、印象较深，且富有新意的东西来确定总结的题目。经验总结报告的题目形式很多，作者可根据总结的具体内容来全面衡量，灵活确定。

署名的目的是表示对报告负责并表明对报告的著作权。署名应写明研究者的工作单位和真实姓名。如果研究者有多人，可商定署名的先后次序，逐一写清。对全面工作不太了解，不能对研究全面负责的人，不一定署名，但可在附注中说明他的贡献。署名也便于读者与之联系。署名常置于报告标题之下。

（二）引言

引言部分没有固定的表达方式，在全面经验总结中，引言一般是简单地介绍基本情况。在专题的经验总结中，大多数以凝练简洁的语言介绍或说明本经验总结的背景、写作目的、取得的主要成绩等。引言对于读者而言主要意义在于使其一开始就判断该总结有无参考价值。

（三）正文

正文是报告的主体，占据了报告的大部分篇幅，体现了教育经验总结报告的质量和水平。正文必须围绕教育经验总结的中心论点组织材料进行论证，通过对教育经验的分析和综合，将教育经验的重要意义体现出来。正文部分围绕经验总结的主题（总观点）组织材料，可在文中设小标题，但要注意所叙述的若干个问题的内在联系。经验总结既要有典型的事例，又要通过分析研究，加以理论概括，做到内容生动，有理有据，说理性强，使人在思想上受到启迪，工作上可资借鉴。

正文的写作形式很灵活，可以将问题和建议分散在每个具体的问题上。在总结成绩的同时，可以适当地提出一些问题和解决问题的措施（建议），也可以在全面阐述成绩和经验之后，集中谈论问题和与解决问题的措施（建议）。

（四）结尾

结尾是教育经验总结报告的精髓和结晶，是通过正文的典型材料及对其分析而概括出的结论，是从大量具体事实中找出的规律性东西，它应反映作者的独到见解。结尾的用语要准确、有力，能起到画龙点睛的作用。

在有的总结报告中，将前面正文中的建议与解决问题的措施部分移至结尾，这也是一种很常见的经验总结报告的内容安排方式。

（五）其他部分

一些篇幅较长、内容丰富且规范的教育经验总结报告除需要具备前面四个部分外，还需要具备如下几个部分。

1. 摘要和关键词

摘要以简短而易懂的文字直接陈述报告的内容，不加注释和评论，清楚而完整地显示报告的概貌，置于标题和作者之后、关键词之前。

关键词是从报告标题和正文中选取出来的表现报告主题内容、具有关键作用的规范化单词或术语，置于摘要之后、正文之前。关键词的作用是表示某一信息数目，便于文献资料和情报信息检索系统存入存储器，以供检索。

2. 附录和主要参考文献

附录安排的是部分内容多、篇幅长，却又不便于写入研究报告的重要材料，如原始数据、研究记录、调查问卷等内容。在报告中参考或引用他人的论文或专著内容的，均需纳入参考文献，统一标注，以供查证。

二、教育经验总结报告的撰写步骤

（一）谋篇

谋篇，就是在正式撰写教育经验总结报告之前，对整篇总结报告的主旨、结构等各方面进行通盘考虑与谋划。谋篇是教育经验总结报告撰写的最大难点。

（二）选材

对原始经验经过甄别以后，就可以作为选定的材料。这些原始经验就是我们的事实材料，也就是我们撰写教育经验总结报告的基础材料。

选材过程中，要排除个人主观的好恶，不能只挑选符合自己主观愿望的材料，而对那些不符合自己主观愿望的材料置之不理，这就容易犯以偏概全的错误，也会导致因材料不客观，不能真实反映客观实际的结果。

（三）立论

立论即根据一定的教育理论，对筛选后的材料进行分析，主要通过对筛选后的事实材料按类别进行归纳，逐步提炼概括出教育经验总结的主题。

（四）拟纲

拟纲即拟定提纲，主要是帮助作者理清思路、提炼观点、组织材料，以便更好地形成合理的结构，同时便于及时修改添加。拟纲重点要注意报告全文的布局安排、安排好材料的使用以及注意报告的字数与篇幅。

第四节　教育经验总结法应用案例

抓住关键词句　用好课后练习　落实语文要素
——《我是一只小虫子》教学反思与点评①

【教学反思】

部编义务教育语文教科书（简称“部编教材”）二年级下册课文《我是一只小虫子》，从一只小虫子的视角描述了生活中的苦与乐，表达了“我”对生活的热爱。课文结构清晰，以“当一只小虫子好不好”的设问开头，然后用先抑后扬的手法描述了作为一只小虫子的“没意思”与“真不错”。这两点都是围绕“小”的特点展开描述的。课文想象丰富而独特，语言幽默、俏皮，富有童趣。

部编教材以人文主题和语文要素为双线组织的编排结构，将语文素养涵盖的知识点、能力点分散在课文导语与课后练习中，作为明确的教学指向。本课课后练习如下：（1）小虫子的生活有意思吗？和同学交流你感兴趣的部分。（2）读一读，注意加点的字，说说你的发现（分两行呈现带月字旁或月字底的词）。我们在备课时紧扣课后练习，聚焦本课语文要素，明确训练目标，结合本单元的“想象”主题，依据学生学情，反复推敲确定主要教学方法，并在课堂上围绕课后练习，与学生一同走进小虫子的世界，体验作为一只小虫子的酸甜苦辣。

一、抓住关键词句，发现文本价值

陈先云理事长在全国第三届小学语文青年教师语文教学展示与观摩活动中评课时指出：语文教材、教师、学生是语文课堂教学的三点要素；语文教学需要了解学生的已知是什么，

① 邓林林，魏薇．抓住关键词句 用好课后练习 落实语文要素——《我是一只小虫子》教学反思与点评[J]．小学语文，2018（12）：23-26.（有删改）

要提学生不懂的问题、有价值的问题。

文中小虫子内心的想法非常独特。站在学生的角度来思考，学习这篇文章最大的难点是不易辨别“毛茸茸”等词语在小虫子的生活中是“有意思”还是“没意思”。我们将它作为一个教学重难点来突破。我先请学生试着读“毛茸茸”，发现竟然读出了一只可爱的小鸟的形象，与学生已有的认知相符。然后我接着提问：这“毛茸茸的小鸟”在小虫子眼里到底是可爱的还是可怕的呢？通过观看小虫子视角的鸟啄食的视频，学生真切地体会到了“毛茸茸的小鸟”的可怕。最后我们设计了采访小虫子的环节，让“小虫子们”读出“毛茸茸”这个词所蕴含的情感。这样，学生真正走进了小虫子的内心，体会到了对于小虫子而言“毛茸茸的小鸟”的可怕。由不会读到会读，学生的语文能力得到了发展，教学扎实而有效。

二、根据课后练习，确定教学主线

叶圣陶先生在《语文教学二十韵》中指出：“作者思有路，遵路识斯真”[1]，强调在阅读文章时，要想真正理解作者对事物的真切认识，体会作者的真情实感，领会作者写文章的真正意图，读者必须首先理清作者写作的思想路径，即思路。学生学习一篇课文，首先要读懂内容，进而才能读出体会，读活形式。

本课课后第一题是一个统领全文思想内容、高度概括凝练的问题，指向文本意义的理解，学生需要从课文中提取关键信息，并做恰当的规整与推论，形成解释。因此，我围绕“小虫子的生活有意思吗”这一主线展开整堂课的教学。我首先让学生听教师声情并茂地讲故事，然后交流自己初步的阅读感受。接着，让学生画出带有“一只小虫子”的句子，掌握课文的叙述顺序，整体感知小虫子生活的“有意思”和“没意思”；抓住“刺痛”“昏头昏脑”“毛茸茸”等关键词，感受当小虫子的“不好、没意思”；抓住“洗干净”“去旅行”等关键词展开想象，感受当小虫子的“不错、有意思”。从提取单个信息到多个信息，从提取明显信息到隐含信息，学生基本的阅读和理解能力得到了提高。

三、紧扣语文要素，培养实践能力

《义务教育语文课程标准（2011 年版）》（简称《课程标准》）强调要让学生在大量的语文实践中体会、把握运用语文的规律。部编教材最为突出的特点是加强了语言文字的实践性、语用性。柯孔标副理事长在此次青年教师教学观摩活动中评课时也指出：“要重视体验积累。不要动不动就问学生为什么，有时候要多些感性。”

（一）抓关键词，学深悟透

研读“昏头昏脑”一词时，我先引导学生发现“昏头昏脑”的构词特点，回忆之前学过的类似的词；然后采用“找朋友”的方式让他们积累更多这样的词；接着探究这个词用上两个“昏”的效果，体会小虫子被狗尿淹得特别迷糊的状态，并引导学生联系生活实际体会“昏头昏脑”的含义；最后想象“当小虫子昏头昏脑地从很深很深的水里爬出来后可能会说什么”。这些教学环节环环相扣、深入浅出，让学生在真切感受到当小虫子真没意思的同时，多储备、多积累“ABAC”式的词语，强调语言文字的实践应用。

（二）聚焦语用，关注表达

在学生对当一只小虫子没意思的三件事了解后，我进一步引导学生深入思考：能不能把顺序调换一下？学生与同桌讨论后发现不能换，因为这三件事一次比一次可怕，越来越“没意思”！又如在第四自然段的教学中，我创设情境，让学生仿照文中的句式，用“如果”引导学生进行语言文字运用训练。学生展开了丰富的想象：“如果跳到骆驼身上，就可以到沙漠去旅行；如果跳到狮子身上，就可以到森林里和别的小动物玩耍了……”教师在教学中关注语言文字运用的具体语境，有助于培养学生多元化的思维方式，形成多元化思维路径，让学生在模仿的过程中内化文本的经典范式和表达技巧，在新的语境语用中唤起言语生命的活力。

（三）字理识字，举一反三

本课课后第二题要求学生：读一读，注意加点的字，说说你的发现（分两行呈现带月字旁或月字底的词）。本题旨在让学生拓展认识月字旁及月字底的字，引导他们关注身边的事物，始终保持一颗好奇与探究的心。因此，我先创设用露珠洗身子的情境，然后相继出示“脸”“腹部”“翅膀”“脚”等词，引导学生发现这些字均为月字旁；接着让他们通过学习微课《认识月字旁》，了解月字旁的本义，积累更多月字旁的字；最后通过游戏“指身体部位”，促进学生理解这些生字。

在这节课的教学中，我充分发挥了课后练习的导学功能，把课后练习作为一种载体，以教师的“引导”为手段，以学生的“发展”为目标，让练的内容聚焦语言文字运用，练的过程凸显实践性、综合性，引导学生大量积累生字并熟悉造字规则，最大限度地丰富学生的语言积累，促进学生语言表达质量的提高，提升学生的语文核心素养。

当然，课堂教学也是一门缺憾的艺术。本节课的缺憾有二。第一，上课伊始，在交流阅读初步体验时，有一个学生说“小虫子被狗尿淹好像很有意思”，这是从旁观者的视角所获得的阅读体验，并非小虫子的感受。如果我能就此再次强调让学生站在小虫子的立场进行阅读，他们会更好地进行体验式阅读。第二，课文的重点在于小虫子的“小”，虽然通篇无“小”，但是事事因“小”而起。如果我能在小结时强调这一点，会让学生更容易走进小虫子的内心，品味其生活的苦乐，进而感受小虫子对生活的热爱。

【教学点评】

《我是一只小虫子》是部编教材二年级下册第四单元的一篇课文。本单元以“童心”为主题，教学重点是“运用学到的词语把想象的内容写下来”。这是一篇儿童自述性散文，用第一人称的手法描写小虫子生活中的快乐与难过，想象丰富而独特，带入感很强，是低年段学生接受与喜爱的表达方式。

本节课从教学设计到课堂教学呈现出以下几个特点。

1. 教学目标制订得恰当准确

本节课的教学目标清晰地指向让学生“认识月字旁的字，积累“ABAC”式的词语；抓住“刺痛”“昏头昏脑”“毛茸茸”“露珠”“如果”等关键词，读出小虫子生活中的“没意思”和

“有意思”；想象并用“如果……”的句式说出小虫子的梦想，自由表达内心的想法。教师不是简单地照搬课后助读系统和教师教学用书，而是通过充分的备课，进一步确定教学重点，通过教学环节的设计落实教学目标；不是面面俱到，也不是蜻蜓点水，而是有的放矢、训练到位。

2. 教学过程的设计有创新性

首先，整个教学过程指向学生的学，学生会的不教，紧紧围绕教学目标，既不破坏课文的完整性，又深入细节见微知著。整堂课以“小虫子的生活有意思吗”这一主线展开，教师先让学生画出有“一只小虫子”的句子，构建对课文的整体感知，把握课文逻辑体系，在此基础上抓住细节（关键词）体会当一只小虫子“一点都不好”和“真不错”。

其次，教学过程体现了“用教材教”的理念，教师教学的视野很开阔，不拘泥于本节课的内容，既能联系以前学过的内容，能拓展到课堂以外。例如，在教学“ABAC”式的词语时，教师不仅让学生回顾学过的词语，而且让学生联系课外阅读和实际生活，归纳积累另外 18 个“ABAC”式的词语；在教学月字旁时，教师从“月”与“肉”字源的演变及相关性讲起，讲解了月字旁出现在人体部位名称字词中的表意性特点，再引导学生根据人体部位猜读月字旁的生字。值得一提的是，教师对这些内容的讲解完全不会让人感到生硬或教条，而是自然且易懂。

最后，本课的训练重点是“想象”。在实际的教学中，常有错位的问题发生，即教学设计过度且落实不到位，甚至不能激发学生“想象”。而在本课教学中，无论是词语的教学，还是把词语放到句子里的教学方式，都恰到好处地激发了学生的想象，学生的理解和体验能够同时发生。

3. 教师表现出较高的教学素养

教师能够在课堂上与学生实现“同理心”。一位男教师在二年级的小学生面前，没有居高临下、煞有介事地炫耀，也没有故弄玄虚、使出浑身解数的表演，而是自然地、忘我地将身心融入文本，进一步投射到课堂中与学生达成共识、产生共鸣。这具体表现在：教师能够绘声绘色地讲故事，灵活自然地营造理解词语的情境，使词语的解释活化、立体化，利用课文的语境让学生大胆想象、充分表达等。学生在课堂上心驰神往地聆听，惟妙惟肖地表演，入情入理地表达。这些让我们发现，教学不是刻意牵强的发生过程，而是身心融入文本后情感的自然流露与思维的有序表达。

总之，本节阅读课有许多地方值得广大小学语文教师学习。在确立规范和准确的教学目标，进行灵活、立体化的教学设计，营造有真情实感的课堂氛围，实现教与学的和谐统一等方面，本课都具有借鉴价值。这就是公开课的价值所在。

参考文献

[1] 叶圣陶．叶圣陶语文教育论集[M]．北京：教育科学出版社，2015.

【思考与实践】

1. 简述教育经验总结的一般步骤。

2. 简述教育经验总结法实施的基本原则和要求。

【阅读与拓展】

[1] 李延桥. 小学语文教学资源建设的几点经验[J]. 语文学刊，2015（3上）.

[2] 蔡丽艳. 小学语文多媒体教学经验谈[J]. 中国教育技术装备，2012（31）.

[3] 乐琰. 创设教学情境，培养学生个性——思想品德课经验谈[J]. 内蒙古教育，2015（3B）.

[4] 王美香. 小学三年级英语教学经验浅谈[J]. 内蒙古教育，2013（6B）.

[5] 陈纳. 完整经验的概念解析及其对幼儿园教学的启示[J]. 学前教育研究，2013（5）.

[6] 李忠成，高惠燕. 教师的教学经验及其生成[J]. 教育理论与实践，2010（7B）.

[7] 高金锋，李森，王小丽. 论教师的教学经验移植研究[J]. 学前教育研究，2008（11）.

[8] 季正松. 杜威经验教学理论与思维能力的培养[J]. 教学与管理，2007（8）.

[9] 张其志，王剑兰. 教育科学研究法[M]. 北京：北京师范大学出版社，2015.

[10] 刘良华. 教育研究方法专题与案例[M]. 上海：华东师范大学出版社，2007.

[11] 吴振东. 如何做好个人教育专题经验总结[J]. 中小学管理，2004，（11）.

[12] 刘燕. 根深方叶茂——幼儿养成教育经验荟萃[M]. 北京：北京师范大学出版社，2009.

第八章　教育个案研究法

个案研究法最初运用于侦破学中的刑事案例和医学诊治病案，后逐渐被推广并应用于心理学，现已成为教育科学研究中一种非常重要的研究方法。

第一节　教育个案研究法概述

一、教育个案研究法的含义和特点

（一）教育个案研究法的含义

教育个案研究法，又称教育个案法或教育案例研究法，是在广泛搜集个例的资料的基础上，彻底了解个例现状及发展历程，对单一研究对象的典型特征进行深入而全面的研究分析，确定问题症结，进而提出修改建议的一种研究方法。教育个案中的个例既可以是一个人、一种课程、一个机构，也可以是一个事件或一个过程等。

教育个案研究是一种经验性的研究，而不是一种纯理论性的研究。

（二）教育个案研究法的特点与优缺点

1. 教育个案研究法的特点

（1）研究方法的多样性和综合性。

教育个案研究运用很多的手段，如追踪研究、缘果追因、临床谈话、作品分析和教育会诊等。研究的方法是多样综合的，历史法、访谈法、问卷法、观察法相互结合，既有质的研究做基础，又有量的研究渗入。

（2）研究内容的深入性和全面性。

教育个案研究既可以研究个案的现在，也可以研究个案的过去，还可以追踪个案发展的未来。个案研究可以做静态的分析诊断，也可以做动态的调查或跟踪。由于个案研究的对象不多，所以研究时就有较为充裕的时间，进行透彻深入、全面系统的分析与研究。

（3）研究对象的单一性和典型性。

个案研究的对象通常是单一个体或单一群体，即使是由多个个体组成的研究群体，也强调研究对象的整体性。整体内各元素之间相互依赖，其中一个发生变化，其他元素也都将随之变化，虽然个案研究的对象单一，但它必须要在一定程度上反映出其他个体和整体的某些特征和规律，因此个案具有典型性和代表性。个案研究的最终目的就是了解某个个体或群体的情况，揭示问题的普遍性。

（4）研究结果的描述性和追踪性。

个案研究的结果是对研究对象较丰富和极为详细的描述，通过讲述研究中的一个个故事和对研究过程中的“实物”进行生动细致的描绘，来引领读者更好地理解研究中的样本。个案研究既可以研究个案的现在，又可以研究个案的过去，还可以追踪个案的未来发展。由于个案研究的对象集中，所以研究时有较为充裕的时间，可以对有关该研究对象的尽可能多的变量在较长一段时间内的互动进行透彻深入、全面系统的分析与研究，因而个案研究往往具有追踪性。①

2. 教育个案研究法的优缺点

通过教育个案研究法，研究者可以深入地考察那些用定量方法难以解决的问题，例如感受、经历等，这是教育个案研究法的优点。教育个案研究法的缺点在于，研究产生确定性知识的能力有限，研究结果通常具有特殊性，也正因为如此，教育个案研究的成果很难推广，外在效度不高。

二、教育个案研究的种类

（一）按研究内容、适用范围及目的划分

按研究内容、适用范围及目的划分，教育个案研究可分为诊断性研究、指导性研究与探索性研究。诊断性研究主要运用于考察特殊儿童，研究异常行为或生理疾病患者等，目的在于对案主问题行为或心理状态做出诊断。指导性研究广泛运用于教育领域，如新的教学方法和教育方式的尝试，然后再将研究成果推广到普遍的教育实践中去。探索性研究通常是小型的、试探性的研究，常运用于大型研究的准备阶段。

（二）按研究对象划分

按研究对象划分，教育个案研究可分为以个人为单位的个案研究和以团体为单位的个案研究。以个人为单位的个案研究，即对某个人的心理发展、智力、兴趣、爱好、情绪、性格、气质、价值观等多方面的深层次的研究；以团体为单位的个案研究则是对某个团体或组织的详细研究。

（三）按研究的时间取向划分

按研究的时间取向划分，教育个案研究可分为溯因性个案研究和追踪性个案研究。溯因性个案研究是指研究者运用各种手段，对某种已发生的教育现象或研究对象已形成的某种身心品质系统地进行考察，以探究其发生与形成原因的个案研究。追踪性个案研究则是指研究者从选定的时间开始，在往后一段较长的时间里，对研究对象进行有计划的跟踪考察，以分析和揭示其发展变化过程与趋势的个案研究。②

---

① 胡中锋. 教育科学研究方法[M]. 北京：中国人民大学出版社，2018：172-173.

② 吴振东. 学前教育科研方法[M]. 北京：教育科学出版社，2016：249.

第二节　教育个案研究的实施

一、教育个案研究的原则

（一）综合性原则

教育个案研究需要运用教育调查法、教育文献研究法等多种方法，进行综合性研究。

（二）灵活性原则

研究者要灵活处理研究中出现的各种变化，尤其是在对研究对象进行个别访谈时出现的各种变化，对于不同的问题、不同研究阶段以及不同的研究对象，应根据需要和进展，调整研究进程和研究内容，选择或变换更为恰当的研究方法。

（三）谨慎性原则

由于个案研究针对具体的研究对象，涉及研究对象的各方面内容，因此，研究时必须注意材料的报道是否经研究对象同意，是否涉及研究对象的一些隐私，是否触及个人情绪。

二、教育个案研究的具体手段

（一）追踪研究

在较长的时间内连续跟踪研究单个的人或事，搜集各种资料，揭示其发展变化的情况和趋势。

（二）缘果追因

根据发现的结果去追究问题产生的原因。

（三）临床谈话

通过谈话等方式，解决个案问题或研究特殊个案儿童以发现一般性规律。这一方法既能适用于针对困境儿童的研究，也可以适用于针对正常儿童的研究。

（四）作品分析

分析研究对象的作业、绘画、工艺品、书稿等活动产品（作品），了解研究对象的能力、技能、情感状态和知识范围等，进而对研究对象做出判断和评价。

（五）教育会诊

召集有关教育专家、学者就个案进行讨论，做出鉴定或结论。

三、教育个案研究的程序

（一）选定问题，制订计划

1. 选定问题

选定问题即确定个案，是教育个案研究的起点。首先要确定研究问题的性质，教育研究问题大多来自教育实践，是在实践中亟待解决的问题。问题确定得如何，关系到研究工作的价值和成败。其次，研究问题的内容应以研究课题即研究题目的形式明确地反映出来。研究题目应简单具体地展示出个案研究的对象、研究的问题和研究运用的方法。最后要明确研究假设，确立假设的目的就是将研究的注意点凝聚起来。

2. 制订计划

研究计划中要阐述研究背景、目的和意义，还需界定和选择具有代表性和典型性的研究对象，限定研究范围以保证研究结果能说明某一地区、某一情境或某一对象的一般规律。此外，还要明确界定课题的关键概念、明确研究的角度。

（二）进入研究现场搜集资料

在个案研究中，研究者本人就是研究工具。进入研究现场搜集资料是研究者参与研究过程最重要的环节，对研究者本身的素质有较高的要求。

1. 获取信任，进入现场

获取信任、进入现场是实施个案研究的前提环节和必要步骤。如果研究对象是某个事件，则必须取得当事人的信任与合作。进入研究现场的第一印象能决定研究者与研究对象或实地参与者之间的关系，所以研究者进入现场之前必须做好充足的准备，比如选择最佳交流方式来提出要求，准备好回答问题等。

在全面了解研究对象的基础上，设法让研究对象充分了解研究者、研究目的和研究意义，努力消除研究对象的顾虑，建立平等互利、互信互助的合作局面。进入现场后，要尽量做到不遗漏任何可能提供有价值信息的个体。

2. 搜集资料

个案研究中要搜集的个案资料主要包括个人基本资料、学校相关记录、家庭和社会背景等。相关会议记录、报纸、简报、正式的研究报告等，也是个案研究中需要搜集的重要资料。

3. 观察评定

在个案研究中，利用观察法搜集资料主要有两种方式：一是参与性观察，二是非参与性观察。

在教育研究中，观察评定是可以经常使用且操作简便的一种方法。因为教师工作的前提就是了解学生，只不过很多时候是被动或盲目的观察。如果教师能够有目的地进行观察，就能够更好地了解学生。

4. 调查访谈

调查访谈的步骤与技巧是决定调查访谈所获得的资料是否有用、是否能回答所要解决问题的一个重要方面。访谈的步骤主要包括被试取样、设计访谈调查表与预试以及设计调查访谈程序。

（三）分析研究资料

个案研究中分析资料这一环节是最难进行程序化操作的，由于搜集资料的方法多样，所以分析研究资料时也应综合采用多种方法，如定量与定性相结合的统计分析、分类编码等。分析研究资料首先要对资料进行归并和整理，然后对资料进行分类与编码，最后是量化处理与解释信息。

在对所收集的不同时期的资料进行比较分析的基础上，理清个案发展变化的脉络，找出哪几个因素对个案在某些方面的突出发展有较明显的意义，形成初步的认识，然后再进行深入的分析。

（四）问题矫正与发展指导

问题矫正与发展指导就是根据对个案资料的分析、诊断，提出恰当的教育措施，进行矫正或发展指导教育，或针对学生如何发扬优势、克服缺点，设计一套因材施教的方案并加以实施。问题矫正与发展指导是教育个案研究的关键。

问题矫正与发展指导的具体内容包括两个方面。一是改善和疏导那些不利于个案发展的外在条件，加强创设那些有利于促进发展的外在条件，使之更好地适应、满足学生发展的需要，如家庭氛围、学校的教育措施、社会文化环境等因素对其发展的影响；二是激励或引导儿童内在因素的健康积极发展，如通过心理咨询和治疗，提高学生的心理健康水平，改善和发展儿童的良好情绪、情感和人格倾向及性格特征，克服不良性格等。①

问题矫正与发展指导的具体方法要根据问题行为的性质而定。例如，处理学习行为异常儿童与处理心理异常儿童的方法就不同。一般来说，教师要矫正儿童的不良行为，需要根据生理学、心理学、教育学、社会学的原理，针对病源综合运用，有针对性地加以矫正。

（五）追踪研究

由于教育个案研究对象的问题矫正与指导是一项极为复杂的工作，仅靠一次诊断不容易得出准确的结论，如果诊断不准确，矫正就不能收效。教育本身是一个长期的活动，特定教育措施的实施往往要在一段时间以后才能比较全面地看到效果。因此，对于所研究的个案对象，特别对那些实施过矫正或个别指导的问题儿童，有必要进行较长时间的追踪观察与继续研究，以检查矫正是否有效。如果矫正有效，并且特殊行为的原因、特点已弄清楚，个案研究工作才可以转入总结提炼阶段；如果问题尚未解决，特殊行为仍然存在，那就要重新诊断

---

① 金哲华，俞爱宗. 教育科学研究方法[M]. 北京：科学出版社，2011：179-180.

和重新矫正，继续研究下去。[①]

（六）撰写研究报告或论文

教育个案研究虽然外在效度不高，但研究的成果仍需要提炼推广，撰写教育个案研究报告是提炼推广成果的常用方式。

【课堂实训与讨论 1】

阅读下列案例，讨论教育个案研究中个案的确定有哪些要求。

根据研究目的的需要，本研究采取“目的性抽样（purposeful sampling）”的方式，抽取能够为所要研究的问题提供最多信息量的人、地点和事件，将重庆市某区一所正在实施活动教学且在小学数学活动教学方面颇有特色的 S 小学作为研究对象。研究者作为参与者，进入研究现场，对其进行深入且全面的研究，该个案具有典型性和顺利开展研究的可行性，能够为研究提供丰富的信息。

S 小学基本情况：S 小学创办于 1986 年，是教育部命名的全国现代技术教育实验学校、全国科技教育创新十佳学校、重庆市首批示范学校、全国小学数学教学改革先进单位等。学校占地近 60 亩（1 亩≈667 平方米），现有教学班 72 个，学生 3800 多名，教师 192 名，校园环境优美，教学设施完善，师资力量雄厚。该校秉承“以人的发展为本，育未来人”的办学理念，以培养有爱心、有知识、有智慧的创新人才为目标，以孩子的快乐成长为不懈追求，坚持可持续发展和内涵式发展，营造了形象直观、具体感知的“亲亲校园”氛围，建构了以“亲和、亲证、亲在”为表征的“亲亲课堂”，打造了作风优良、素质过硬的“亲亲团队”师资队伍，在教学科研、学校建设和特色化办学等方面取得了累累硕果，具有良好的社会声誉。

T 教师的基本情况：T 教师为 S 小学四年级数学教师，主要负责四年级七班和八班的数学教学工作。该教师中师毕业，目前是重庆市骨干教师，具有小学高级教师职称，教龄在 20 年以上，承担了学校“基于亲亲课堂的小学数学活动教学研究”方面的课题研究，并公开发表过相关学术论文，对小学数学活动教学的设计和开展具有自己独到的见解，已形成了鲜明的教学风格，并且多处进行讲学和汇报，参加过各级别的讲课和说课比赛，斩获多项大奖，教学效果得到同行的广泛认可，深受学生的喜爱。所以，本研究主要将对 T 教师在两个班级的数学课堂教学进行观察，以该校其他教师的数学课堂教学为辅助性观察。[②]

【课堂实训与讨论 2】

阅读下列案例，讨论：

1. 要了解案例中的大双出现的是什么问题以及问题产生的原因是什么，主要采用何种研究方法较为合适？

2. 在研究过程中可能要用到哪些研究方法？

---

① 王工一. 教育科研实训教程[M]. 北京：中国水利水电出版社，2010：148.

② 牟聪. 小学数学“四亲”活动教学的个案研究[D]. 重庆：西南大学，2018：49.

大双（化名），女，双胞胎姐姐，4岁，就读于重庆市某幼儿园，已有一年半时间。大双将近一岁半才开始说话，近两岁才会走路，两岁半时送入该幼儿园。在幼儿园生活中出现困扰，主要表现在：上课时坐不住，常在教室里走来走去，注意力不集中；从不参加幼儿园的集体活动；与同伴无良好互动，时常出现打人或咬人现象；情绪暴躁，自控能力差等。①

第三节　教育个案研究报告

教育个案研究报告是教育个案研究成果的展示，是教育个案研究的过程中不可或缺的重要环节，是让人明了个案研究的“基本情况及处理的过程”。教育个案研究报告不受研究者的价值判断影响，报告陈述事实须客观，不可过多地做主观解释。

一、教育个案研究报告的类型

（一）简介性报告

简介性报告也被称为个案的速写，主要是用简洁的语言表达方式反映个案的主要特征。报告整理的时间较短，可以突出研究问题，不过人们很难从报告中获知个案的细节资料。

（二）描述性报告

描述性报告比较详细地描述个案的发展过程，直接而精细。为了尽可能呈现个案，报告通常直接使用原话表述。描述性报告的整理时间较长，较为繁复，个案的重点难以把握。

（三）分析性报告

分析性报告通常从相关文献资料的综述入手，整理搜集的资料，得出结果，进而推导出结论。分析性报告最为常用，也常被认为是最佳的个案研究报告形式。分析性报告试图利用客观的方式呈现个案资料，但又无法彻底摒弃主观的呈现方式。

二、教育个案研究报告的基本格式

教育个案研究报告的内容和格式与教育个案研究的基本程序相对应，一般包括如下五个部分。

（一）背景介绍

背景介绍包括问题的提出、研究的目的和意义。此部分明确提出研究的现象和问题、研究的目的、研究的理论意义与现实意义。本部分应简洁明晰。

① 吴婷婷. 对一名边缘儿童干预的个案研究——以多动倾向儿童为例[D]. 重庆：西南大学，2010：16.

（二）研究方法

本部分需阐明个案是如何确定的、采用何种方法搜集和分析资料、研究实施的过程如何等。本部分的叙述尽可能详细。

（三）结果分析

本部分主要描述与概括分析观察资料、访谈资料、实物资料等，是个案研究报告的主干部分，必须详细而具体。本部分可以将研究结果按照一定的主题进行归类，然后分门别类地加以报道，也可以按事件发生的时间序列或事件之间的逻辑关系对研究结果进行描述，还可以结合使用前述两种方式。

（四）结论与建议

结论及建议部分主要是对研究中的关键元素及研究结果进行深入讨论，从个案研究的结果中推导出最终的结论，对结论的有效性和真实性做出解释，对个案研究问题提出建设性意见，并可做出跟踪报道及后续讨论。

（五）参考文献及附录

个案研究报告中参考或引用他人文献的须如实规范地予以标注。附录部分主要是一些无法全部呈现于报告主体部分的资料，置于报告的最后。

第四节　教育个案研究法应用案例

随迁儿童学习适应问题非智力影响因素的个案研究①

一、研究背景及相关概念的厘清

随着城镇化和现代化的加速，大量农村剩余劳动力涌入城市，与之相伴的随迁儿童群体也逐渐引起了社会的广泛关注。随迁儿童是指跟随父母流入城市并在所流入的城市居住半年以上的义务教育阶段的儿童（6~14 周岁或 7~15 周岁）。[1]在融入城市生活环境的过程中，由于城乡二元结构和户籍制度等因素，其中的绝大多数随迁儿童不能与当地儿童一样享受到城市优质的教育资源，游离于正规教育体制之外，流动性成为他们取得较好学业、形成良好学习适应的巨大障碍。

目前对学习适应的界定不一。聂衍刚等认为，“学习适应是指学生善于克服学习困难取得较好学习效果的一种倾向，也可以称作是一种学习适应能力。”[2]宋丽娟认为：“学习适应又可

① 徐礼平. 随迁儿童学习适应问题非智力影响因素的个案研究[J]. 教学与管理，2016（8）：21-24.（有删改）

称为学习适应能力，是个体为取得较好的学习效果，在努力使自己的心理活动和行为方式符合学习环境变化和自身发展要求的自我调节过程中表现出来的一种稳定的能力特征。”[3]然而，其操作性界定却与“能力”或“倾向”的含义相差甚远，如聂衍刚将学习适应分为学习态度、学习环境、身心健康等维度；宋丽娟从学习动机、学习兴趣、学习方法、学习习惯等方面对社会适应进行操作定义。可见，上述界定都经不起推敲，并不具有科学性。近年来，个别学者虽对随迁儿童或流动儿童的学习适应做了一些探究，然而却没能克服理论定义与操作定义内涵的差异性。[4]本研究认为，学习适应是指主体根据环境状况及学习的需要，努力使自我与学习环境和谐平衡的心理状态，[5]并主要从随迁儿童的学业成绩及其在同年级或同龄组中所处的位置来断定其是否处于学习适应的状态。一般而言，影响个体学习适应的因素主要包括智力和非智力两方面。日本教育学家北尾伦彦认为，“学习适应的影响因素分为三个层次：第一层次包括学生和教师方面的因素，如学生学习习惯不好和学习方法不当、教师教学方法不当和教学内容偏差等；第二层次包括学生人格、动机、智力等心理因素；第三层次包括学校、家庭、社会等环境因素。”[6]个体学习适应问题不是单纯、孤立或个别因素所造成的，而是家庭、学校和社会等各方面因素共同作用的结果。随迁儿童由于所处环境的易变性和流动性，仅从心理层面解释其学习适应问题有些偏颇。本研究主要从家庭、学校、社会及个体的非智力因素等方面对随迁儿童学习适应问题产生的影响和意义开展研究。

二、研究对象与方法

本文采用定性研究中的个案研究方法，即通过对某个或几个相关案例的研究来认识某一类现象的方法，并体现某一类现象的典型性及具有一定代表性的意义。[6]本文的研究对象是东莞市长安镇 M 小学二年级学生小天，9 岁，湖南益阳人，他有两个姐姐在益阳分别就读小学四年级和初中一年级。父母共同经营一家外贸公司，父亲主要负责跑业务、货物采购，母亲主要负责公司的会计工作以及家庭事务，家庭经济条件较为优越。选择小天为研究对象，首先是根据其学业成绩而选定，他属于较为典型的学习适应不良者，期中考试 2 门课程不及格，其中语文和数学都只考了五十几分，总成绩在班上排名靠后。其次，他在几年中，从私立学校到贵族寄宿制小学，再到公办小学，频繁转学。最后，他是家里唯一的男孩，是唯独留在父母身边学习生活的孩子。频繁转学的经历及性别和出生的顺序较一般儿童而言更为特殊。本研究主要通过观察和访谈，获取第一手资料。

三、研究资料分析与讨论

小天同父母居住在东莞长安镇的一个工业区内，周边都是厂房，其父母和省外的几户人家共同租用了一个厂区，厂区人员复杂、流动性较大。虽然他家在东莞大朗镇买了一套商品房，老家也有别墅，但由于工作原因不得不选择居住在厂区。但厂区环境恶劣，白天机器轰鸣，晚上空气中弥漫着刺鼻的气味。小天的父母都是中专毕业，他们对孩子的学习较为重视，但由于工作繁忙而无暇顾及。小天起初在离家较近的一所民办学校——长安镇 L 小学读一年级，学习成绩很不理想，当时父母特别繁忙，几乎没有时间和精力关心孩子的学习情况，有时候小孩放学都得请朋友去接。在 L 小学就读一年后转到了大朗镇的一所贵族寄宿制学校——P 小学重读一年级。P 学校学费昂贵，管理较为严格，老师相当负责，几乎每周都发信息汇报孩子在学校的表现。班主任在给父母的反馈中多次提及小天上课爱讲话、喜欢搞小动作，严重影响了其他孩子的学习，为此多次给小天讲道理、做工作，但效果不佳，并希望父母有时间多去看孩子，多与孩子沟通交流。小天的父母基本上是周日下午送，周五下午去接，几乎不会在工作日去看望孩子。在几次考试中，小天的学业成绩虽然有了些进步，每次的平均分都在 70 分左右，但与同年级或同龄组的孩子相比依然处于中下游。父亲为之相当苦恼，认为花了那么多钱，孩子学习成绩不仅不理想，还养成了一些坏毛病。出于种种考虑，决定把小天转回长安镇的 M 小学，该小学是公办的市重点小学，一般只接收本地孩子就学，小天的父母最终缴纳了 5 万元的赞助费才取得入学资格。不难发现，从小学开始小天经历了两次转学，有过三所小学的就读经历，这两次转学都因其父母认为小天的学习情况和不良行为习惯的养成与其对学校教学环境和教育方式不适有关。

1. 不同学校对学习适应的影响

在民办学校——L 小学那一年是小天第一次步入学校大门。这一年，小天要应对各种不适应，如语言、学习、人际关系等。在这一阶段，父母以及班主任本应在孩子学习适应过程中起到重要作用，但他们并没有花太多时间关注孩子的学习适应问题，加之民办学校办学条件的制约，根本无暇顾及学生的学习。

“当时把孩子送到 L 小学是出于离家里近、接送方便的考虑，加上又没当地户口，也就没去想其他的。后来才知道这个民办学校的师资匮乏，教师素质参差不齐，一个班主任要管理 2 ~ 3 个班级，80 多名学生，班主任也都有教学任务，根本无法兼顾。孩子在学校的情况到底如何，我们知之甚少，虽然也偶尔会问班主任，但每次得到的回答都是孩子很乖，加上工作忙，所以后来我和他爸爸也就基本不问了。孩子每次考试的成绩都很糟糕，我们认为可能是心智发展还不成熟。”（B-1-3 母亲）

“我们从朋友那知道 L 小学的情况后，就决定给孩子转学。小学第一年对养成良好的习惯真的很重要，小天在 L 小学形成的一些坏毛病，如爱搞小动作、上课东张西望，甚至与小朋友打架，这些对他在后面学校的学习都产生了一些影响，现在真后悔当初把孩子送到民办学校上一年级。”（B-1-25 母亲）

在寄宿制贵族学校——P 小学，小天由于语言能力欠佳，说话含糊不清，加上不懂粤语，难以有效寻求老师和同学在学业上的支持。此外，本地儿童及教师的“偏见”使其形成了对立心态，影响了学习适应。

“他们（同学们）爱笑话人，在语文课上，我回答问题时，说了好几次老师都没听懂，然后就都哈哈大笑，有一个人还说我说话都说不清楚，很气人，下课后我就打了他。他们说我不是本地人，不跟我玩，反正我也听不懂他们说话。”（A-2-12 小天）

“班上基本都是本地孩子，他们大都讲粤语，学生对个别问题不明白时，老师也会时常用粤语解释。”（B-2-11 母亲）

“我不喜欢那个老师（班主任），她弄得我老挨我爸的打，分明是他们（同学）笑话我在先，所以我才打他们的。她就给我爸爸讲我爱打人、影响其他人学习。所以她的课我也不听，偶尔也搞搞小动作。被她逮住了，说我麻烦，告我状。”（A-2-31 小天）

M 小学是市重点小学，学生入学大都需要经过严格的审查。教学水平和师资状况都较为优秀，学生整体素质较高。小天转入这样优质的学校，按理说学业成绩应该会有向好的趋势，然而事与愿违，小天的学业成绩由原来的 70 分左右沦落到了不及格。一方面，这可能与教育方式、教学进程有关；另一方面，与一些教师和同学给他贴标签不无关系。同学们冷落他，小天自暴自弃，自我学习适应问题越来越严重。

“我们这里可能不太适合学困生，教学进度较快。小天转过来的时候成绩就较差，跟不上情有可原。这个孩子老欺负人，喜欢搞小动作，上课也不认真。”（D-3-1 班主任）

“我知道这个学生，他学习不认真，学习成绩差。”（E-3-1 数学老师）

“数学期中考试考了 56 分，老师当着全班人的面说我数学太差了，拉了全班的后腿，我自己想想也确实很差，其他人都是八九十分，可能我就是比别人笨。”（A-3-9 小天）

2. 家庭环境对学习适应的影响

有学者从“结构”和“过程”维度来分析流动儿童学习适应的家庭环境背景，并认为家庭环境背景对流动儿童的学业成绩具有解释意义。[4]家庭环境的结构维度是指家庭的静态结构性特征，如家庭规模（如家庭子女数）、父母职业类型、儿童是否具备独立的学习空间等。[7]小天是家里唯一的男孩，父母对其甚是宠爱，从某种程度上讲，爱的方式错位也是间接导致小天学习适应问题的原因，加之父母工作过于繁忙，对小天显性或隐性偏离行为缺少有效的纠偏行动。

“小天排行老三，生第三胎也就是想要一个男孩。他出生后，全家都非常高兴，对他的爱自然也更多，我们尽可能满足他的愿望，要什么玩具我们毫不吝啬，在他 3 岁左右的时候就给他买了一个 ipad，现在回到家就拿着 ipad 玩游戏。我们要经营公司，工作非常忙，三个小孩，两个女孩放在老家让爷爷奶奶照顾，就他留在身边。”（B-3-8 母亲）

虽然家庭经济条件较好，小天却与绝大多数随迁儿童一样没有自己独立的学习空间，一方面是为节约开支和降低生活成本，另一方面是考虑工作方便，小天家租住的房子较为狭小，两个房间承担着厨房、客厅、卧室等多重功能。小天放学后，父母会把他接到父母办公的地方，要求其先把作业写完，但是机器的轰鸣声，各种取货声、电话铃声等此起彼伏，十分嘈杂。

“每天放学回家后，就在我的办公桌上写作业，办公室就这么大，但又不能让他回家里去（出租房，在公司的五楼），他就看电视，压根不会写作业，有时候为了玩，骗我们没有作业，我们就说打电话问他老师，因为怕他爸爸打，所以每天都先在办公室写完作业后，才出去玩。”（B-3-24 母亲）

家庭环境的过程维度是指家庭成员的行为、互动和价值取向的动力或动态特征。结合曾守锤[4]的研究，家庭环境的过程维度主要聚焦于父母的参与，也称父母卷入、父母参与教育等，其操作性定义为父母对子女教育的信念和期望、对子女学习的监管、与学校的互动三个方面。小天的种种表现导致父母对其学业成绩期望并不高，另外，由于工作繁忙，对小天缺乏有效监管，加之文化水平因素，缺乏科学的教育理念。父亲对小天采取打骂的管教方式，直接挫伤了小天的学习积极性。虽然在与学校互动方面比较频繁，但在处理孩子学业问题上仍束手无策。

“他的作业我们很少认真地检查，我们文化程度也不高，有些作业指导起来也十分吃力。

对他我们不抱有太大希望，能考上大学最好，不行就让他上技校学门手艺，现在也只有我再努力点，以后给他娶个老婆，给他一套房，剩下就是他自己的事，管不了那么多。”（C-3-1 父亲）

“我们很少去检查他的作业，有时下班后我要去做饭，让他爸爸教孩子，他爸爸一点耐心也没有，教孩子的时候，不会就骂，有时候就是一顿好打。现在他爸给他指导时，他都有抵触情绪，直接说没有作业。”（B-3-35 母亲）

“我爸爸老因我不会做作业而打我，说我笨、没用，我讨厌他这样。我就是不会！打我也没用!”（A-3-5 小天）

研究发现，“家庭对子女的期望值具有一定实用性，他们更多从成本收益角度权衡对未成年子女的教育投入” [6]。对小天的家庭来说，虽然父母对其期望较低，但还不至于放弃对他的教育投资。

四、研究结论

与以往的研究结论一致，认为个体非智力因素（动机、兴趣、情感、自尊等）对随迁儿童的学习适应问题有重要影响。[6]小天自上小学后，由于缺少有效的关注以及长期处于负性的评价之中，其学习的主动性和积极性受到极大的打击，在学习问题上已产生了一些自我否认的消极情绪。长期在学业挫败感的影响下，个体极易对学业产生习得性无助，势必严重伤害个体的自尊心和自信心。如不采取科学有效的措施，可能会加剧小天产生低自尊、拒绝、索然无趣、消极低沉等负面心理和情绪的可能，进而对学校和学习产生厌倦感。具体而言，导致随迁儿童社会适应问题的因素如下。

首先，随迁儿童学习适应问题产生的首要因素是家庭环境。无论是从家庭环境的结构维度还是过程维度来看，家庭因素在小天的学习适应性发展过程中都起着十分重要的作用。从家庭环境的结构维度看，小天是家里唯一的男孩，对男孩的偏爱导致爱的错位。父母共同经营一家公司，无暇关照小天的学习。同时，小天没有自己独立的学习空间，只能在轰鸣嘈杂的公司写作业。从家庭环境的过程维度来看，父母缺乏有效的监管和指导，加之自身受教育程度较低，教育方式缺乏科学性，尤其是其父亲简单粗暴的教育方式极大地挫伤了小天对学习的积极性。此外，对小天学业成绩的较低期望虽然没有直接导致对其放弃教育投资，但诸如此类言行都有可能对其产生深刻的不利影响。

其次，随迁儿童动态学习历程是导致其学习适应问题的重要因素。从小天的学习历程来看，他经历了普通的民办小学、贵族小学和公立重点小学，不同学校的性质、人文环境、师资队伍、教学设施、开设课程、教育水平、教学用书、培养目标、教学进度、管理与服务等状况都可能有所不同。在转学过程中，从一种性质的学校转到另一种性质的学校，无疑会产生一些学习适应问题。例如在贵族小学，本地儿童及教师对小天的“偏见”影响了其学习适应性。此外，小天在某一性质的学校才刚刚适应，却又被父母要求转去另外一所学校，这极易导致其难以适应学校环境和学习环境，同时也容易导致其知识的断层，对于基础本来就不太好的小天而言，又得花一段时间去适应新学校的学习与生活。

再次，“语言力量”对随迁儿童学习适应具有较大伤害。语言有其特殊的力量，语言会伤人。小天在特定的语言环境中成长，这给其学习适应带来了巨大困扰。一方面，浓厚的乡音以及吐字不清楚给其人际交流带来了不便，甚至遭到歧视；另一方面，浓重的乡音也使得小天在能讲一口流利普通话或粤语的儿童和老师面前感到自卑，出于对外部的防御，不愿表露自我，他在询问学习相关问题上更加缺乏主动性。

然后，标签效应对随迁儿童学习适应问题的产生具有巨大的负性作用。标签理论从符号互动论的角度来探讨越轨行为的产生，也从另一个方面为反对乱贴标签的行为提供了理论依据。[8]在该理论看来，学业成绩较差的学生的重要他人或群体对他们的否定性评价和处置措施在其学困生印象的形成过程中起着重要作用，学困生形象的状态是相对的而不是绝对的，它是一种主观印象。在小天的学习历程中，老师和学生将其定位为学困生，这种误导性的标签极易伤害其自信心和自尊心，进而造成其人格的扭曲。[6]因此，对于因非智力因素而导致学习适应问题的儿童，应该给予更多的关心和关注，采用多种方式和方法，努力唤起其学习的热情，而不是随意地乱贴标签，伤害其发展。

最后，缺乏稳定的社会支持系统是随迁儿童学习适应问题产生的决定性因素。“社会支持系统指的是个人在自己的社会关系网络中所获得的，来自他人的物质和精神上的帮助和支援。”社会支持系统是个体健康生活的重要保障，良好的“社会支持系统”可以给个体信心和能量。在小天的学习过程中，虽然父母在物质上给予了其极大的帮助，但在孩子身心发展，尤其是其学习适应性发展方面给予的帮助十分有限。对于其就读的不同学校的老师而言，民办学校由于师资短缺而无暇顾及，而贵族学校和公办重点学校的老师虽对其有所关注，但对其表现出来的不良行为和学习适应状况，不是采用有效引导、积极鼓励的方式，而更多的是表现出一种责备和漠视态度。对随迁儿童而言，只有建立一个完备、稳定的社会支持系统才有可能唤起其学习的动力和热情。

参考文献

[1] 徐礼平. 珠三角地区随迁儿童社会适应问题及其对策[J]. 教学与管理，2016（4）.

[2] 聂衍刚，郑雪，张卫. 中学生学习适应状况的研究[J]. 心理发展与教育，2004（1）.

[3] 宋丽娟. 初中英语教学中培养学生学习适应性的研究[D]. 重庆：西南师范大学，2005.

[4] 曾守锤. 流动儿童的社会适应：研究与实务[M]. 上海：华东理工大学出版社，2012.

[5] 冯廷勇，苏缇，胡兴旺，等. 大学生学习适应量表的编制[J]. 心理学报，2006（38）.

[6] 赵娟. 流动儿童少年学习困难的非智力因素分析[J]. 青年研究，2005（10）.

[7] 蒋逸民. 国外对中小学生家庭环境影响的研究及其启示[J]. 外国教育研究，2007（4）.

[8] 曹丽颖. 标签理论视角下大学生自主学习能力培养的探索[J]. 中国成人教育，2015（6）.

【思考与实践】

1. 中小学（幼儿园）有哪些问题比较适合采用教育个案研究法进行研究？为什么？
2. 根据教育见习（实习）期间的观察与感悟，设计一份个案研究方案。

【阅读与拓展】

[1] 李家成，顾惠芬. 学生发展生态视域下的班主任领导力——基于常州市龙虎塘实验小

学“班级成长导师团”的个案研究[J]. 教师发展研究，2019（1）.
[2] 刘浩天，孙芳. 职业生涯教育融入基础教育的实践与探索——基于吉林大学附属小学的个案研究[J]. 职业技术教育，2018（17）.
[3] 陈修梅，刘慧，李法松. 小学公民教育个案研究：经验与启示[J]. 现代中小学教育，2018（4）.
[4] 蒋敏红. 实习日记与自我概念：职前小学英语教师的个案研究[J]. 教育学术月刊，2017（3）.
[5] 郝少毅. 幼儿教师教学反思：个案研究[J]. 教师教育研究，2016（3）.
[6] 林美,刘莉. 校本教研对教师专业发展的影响研究——基于北京市S小学的个案调查[J]. 教育学术月刊，2016（8）.
[7] 王建平，金玉梅. 论“文包诗”的意蕴、病理与纠偏——基于苏教版小学语文教材的个案研究[J]. 教育理论与实践，2014（29）.
[8] 陈晓湘，龙菁，马佳，等. 南方汉语幼儿早期语言辅音时长的个案研究[J]. 湖南大学学报（社会科学版），2014（6）.
[9] 郭梦之，曹漱芹，顾未青，等. 社会故事提升自闭症幼儿生活技能的个案研究[J]. 中国特殊教育，2013（12）.
[10] 吕京. 西部农村小学英语走教背后的矛盾透视——四川省 B 县个案分析[J]. 全球教育展望，2008（7）.
[11] 张亚军. 幼儿成长及发展个案研究[M]. 上海：华东师范大学出版社，2013.
[12] 李士锜，李俊. 数学教育个案学习[M]. 上海：华东师范大学出版社，2001.

第九章　教育研究材料的整理与分析

在教育科学研究过程中，教师和教育工作者必须通过各种方法收集大量的事实资料和数据资料。但是，这些事实资料和数据资料还只是粗糙的材料，尚需整理与分析，方能说明问题。

在材料的整理与分析阶段，需要正确的哲学和方法论的指导，同时还要善于运用辩证的和形式的逻辑思维方法、统计学的和其他数量化手段，即运用定性分析和定量分析的方法从材料中抽取出具有科学意义的结论。

第一节　教育研究材料的整理

一、教育研究材料整理的意义

教育研究中的材料整理工作，具有重要的意义。

（一）利于研究者把控方向

整理教育研究中的材料，能使研究人员在研究全过程中牢牢抓住科研的主导方向。在整理材料时及时发现哪些材料尚缺，应马上补上，哪些材料是多余的或不真实的，应立刻删去，从而为下一步研究节省时间，提高研究效率。

（二）能提高材料的可靠度

在研究中，对材料的可靠度进行评价是特别必要的。如果打算利用一份材料，我们应确信这份材料是可靠的。例如我们可以从以下几方面检查某调查问卷，评价该问卷的结果是否具有高的可靠度：（1）问卷中的各项分类是否合乎逻辑？（2）问卷问题是否清楚明白？（3）问卷中的题目难度是否合适？（4）问卷的内容是否恰当？（5）问卷的内容是否足够多？（6）问卷的管理程序与评分程序是否标准化？

我们不应采用那些不完全可靠或有待进一步明确的材料。如有两种互相矛盾的材料一时不能辨别真伪时，可以把两种材料并列并加以说明，切忌用个人主观臆断加以肯定。要严格区分反映人们主观意见的材料和反映事实的材料。

（三）有助于形成典型材料

整理材料的过程还可以帮助我们通过比较法形成最有典型性的材料。通过对原始材料的整理，将给我们科研工作提供有用的信息。

二、教育研究材料的分类整理

在教育研究中，科学的分类常常是理论探索的先导。在编制各种调查问卷、量表、统计表格时需要正确的分类。在许多情况下，只有建立了科学的分类系统，才能使教育研究得以顺利地、深入地推进。

分类的标准是多样化的，有时间分类、问题分类、现象分类、本质分类等。研究人员可以对同一种教育现象从不同角度作不同分类，这要看何种分类标准更有利于研究。

分类的方式一般来说有三种：划分、整理次序、系统分类。划分是最基本的形式，它是揭示概念外延的逻辑方法。常用的划分法有一次划分、连续划分和二分法等形式。一次划分是划分一次便可达到分类目的的划分。连续划分是在一次划分以后再行划分，形成多种层次的划分。二分法是最简单的划分，它根据对象领域有无某种属性一分为二，如物质分为生物、非生物；教学因素分为智力因素和非智力因素。整理次序是较复杂的划分形式。它利用对象领域中的任何两个要素相连的某种不对称的、可传递的关系，来整理要素的次序关系。例如，为了分门别类地进行研究，可根据人的身心发展关系，把教育阶段划分为学前教育、小学教育、中学教育、高等教育、在职教育等。系统分类是按事物本身系统进行分类，它比划分和整理更深刻地揭示了对象领域元素之间的自然组合关系。科学研究中实际应用最多的正是这种对认识起最大作用的分类方法。

教育研究材料分类时要注意以下几点要求。

（一）分类标准必须同一

教育研究材料分类整理是需要遵循分类标准同一的基本要求，否则就会出现“标准不同一”的逻辑错误。例如，有人在调查报告中写道：“这次我们对某学校进行了智力测验、态度测验、文字测验和非文字测验。”这种分类采取了两个根据：一是按测验内容，一是按测验形式。这就犯了“标准不同一”的逻辑错误。

（二）子项母项外延相等

分类后所得子项的外延与母项的外延应当相等，不能扩大也不能缩小，换言之，分类必须是相称的。否则，要犯“子项过多”或“子项不穷尽”的逻辑错误。例如，有人在整理材料时把大学部分在分列文、理、工等科之后又加上中专。很明显，这犯了“子项过多”的错误。又如把教育分为中等教育和高等教育，便犯了“子项不穷尽”的错误，因为教育还包括初等教育等。

（三）子项外延应当排斥

分类后的各子项外延应当互相排斥，否则会出现大类和小类并列即“子项相容”的逻辑错误。如有人曾就考试方式向学生做如下问卷调查：“你最喜欢下述考试方式的哪一种？（　　）A. 闭卷考试 B. 开卷考试 C. 做作业 D. 讨论回答 E. 口试 F. 笔试 G. 实验操作。”不难看出，该分类方法犯了“子项相容”的错误，因为在闭卷考试中既可有口试，也可有笔试或实验操作。

（四）依据层次逐级划分

分类要按一定的层次逐级进行，否则便犯了“越级划分”的逻辑错误。

在正确分类的基础上，就可以对材料进行汇总和统计了。

【课堂实训与讨论】

讨论：下面案例中的课题组可以如何整理研究材料？

某小学一课题组在进行趣味剪纸活动进课堂的小微课题研究过程中，搜集了很多学生作业，这些作业都是非常有童趣的。其中很多剪纸上配有学生写的很有意思的文字，比如：“别烦我，我在想事情！”“我藏在花丛中，你找不到我。”“一起出去玩吧！”“小鱼，抓到你了！”“哈哈哈哈，我看到你了……”还有不少配上了成段的小对话，童趣十足。

这些作业只是学生作业的一部分，课题组每个成员都收集了近百份甚至更多的趣味剪纸作品，有的是配文有趣，有的是剪纸的构型有趣，有的是将剪纸与其他手工活动结合起来而显得新奇有趣，甚至有些剪纸是半成品或有缺陷的，但这些半成品或缺陷本身就特别有意思。

研究实施过程中搜集这么多的材料，但如何整理，让课题组很头痛……

第二节　教育研究材料的分析与研究

一、定性分析（研究）

定性分析（研究）是为了确定研究对象是否具有某种性质或确定引起某一现象变化原因、变化过程的分析（研究）。定性分析（研究）着重从质的方面分析和研究某一事物的属性。人们常说的“逻辑分析”“因果分析”“矛盾分析”等，实际上都是属于定性分析（研究）的范畴。

教育研究材料的定性分析（研究）通常是运用归纳和演绎、分析与综合以及科学抽象等方法，对获得的各种教育研究材料进行思维加工，从而去粗取精、去伪存真、由此及彼、由表及里，达到认识事物本质、揭示其内在规律的目的。

（一）归纳与演绎

归纳与演绎是教育研究材料的定性分析（研究）过程中常用的两种相互对立又相互联系的逻辑推理方法，两种方法反映了人们认识事物的两条方向相反的思维途径：归纳本质上是从个别到特殊再到一般的思维运动，演绎本质上则是从一般到特殊再到个别的思维运动。两者的共同本质特征都是为了解决个别和一般之间的矛盾。

张老师运用字理识字教学法，提高了识字教学的效率；李老师运用字理识字教学法，提高了识字教学的效率；王老师运用字理识字教学法，提高了识字教学的效率。所以，运用字理识字教学法，会提高识字教学的效率。这一思维过程便是归纳的过程。再如，直角三角形内角和是 180°，锐角三角形内角和是 180°，钝角三角形内角和是 180°，直角三角形、锐角三角形和钝角三角形是全部的三角形，所以，一切三角形内角和都是 180°。这个例子从直角三角形、锐角三角形和钝角三角形内角和分别都是 180°这些个别性知识，推出了“一切三角形内角和都是 180°”这样的一般性结论，运用的也是归纳的方法。

所有科学都是有用的；数学是科学，所以，数学是有用的。这一思维过程则是演绎的过程。再如，教师是专业技术人员，小李是幼儿园教师，所以，小李是专业技术人员。这种思维方法也是演绎的方法。

归纳是演绎的基础，没有归纳就没有演绎；演绎是归纳的前导，没有演绎也就没有归纳。在实际教育研究过程中，单纯依靠演绎或归纳是不够的，必须把归纳和演绎看成相互联系、相互补充的方法，在对教育研究材料进行分析（研究）时，要将两者有机地统一起来，加以综合运用。

（二）分析与综合

分析与综合也是认识过程中运动方向相反的两种思维活动。从整体上将复杂的现象或事物分解为各个简单的组成部分，或者抽象出该现象或事物的各种特征，以便单独考察、认识各个组成部分固有的性质、特征，这是分析的本质。相反，将现象或事物的各方面本质、特征有机地联合成一个整体，从认识本质进而认识对象整体，则是综合的本质。

为了研究某小学或幼儿园的管理，我们可以将该小学或幼儿园的管理分解为几个不同的部分，如从教学管理、财务管理、后勤生活管理、人事管理、教学设施管理等方面分别考察，研究这些部分所特有的性质和功能，这种思维方法就是分析。

当我们将研究对象的各部分联合成为一个统一整体来认识时，则是运用综合的方法。例如，将一个学生的思想品德、智力水平、学业成绩、健康状况等方面联系起来，加以评价，做出结论，这就是综合。

分析方法着眼于局部研究，可能会造成某些人孤立、片面看问题的弊病。而综合方法离开分析也无从进行。所以，在运用分析和综合方法对材料进行研究时，要注意到两者既对立又统一，既互相区别又互相联系、互相补充。这一对逻辑方法如同归纳与演绎一样是教育研究中必不可少的基本逻辑方法。

（三）科学抽象

科学抽象就是透过现象，抽取本质。科学抽象的直接起点是经验事实，抽象的过程大致是这样的：从解答问题出发，通过对各种经验事实的比较、分析，排除那些无关紧要的因素，提取研究对象的重要特征（普遍规律与因果关系），从而为解答问题提供某种科学规律或一般原理。

一切科学抽象过程都具有以下三个环节：分离、提纯、简略。

分离，就是暂时不考虑我们所要研究的对象与其他各个对象之间各式各样的总体联系。将研究对象分离出来，它的实质就是从学科的研究领域出发，从探索某一规律性出发，撇开研究对象同客观现象的整体联系，这是进入抽象过程的第一步。

提纯，就是在思想上排除那些模糊基本过程、掩盖普遍规律的干扰因素，从而使我们能在纯粹的状态下对研究对象进行考察。

简略，就是对纯态研究的结果所必须进行的一种处理，或者说是对研究结果的一种表述方式。不论是对于考察结果的定性表述还是定量表述，都只能简略地反映客观现实，即它必然要撇开那些非本质的因素，才能把握事物的基本性质和规律。

在定性研究中，有时还要应用系统方法。许多人以为一讲系统方法就非用数学和计算机不可，这是误解。当然，这些定量研究手段对系统研究是很有帮助的，但系统思想并不依赖它们。系统方法是这样的一种方法，它依赖于建立一种模式以及形成概念的框架，这些模式和框架能提供将各种变量进行分类的基础，并且阐明各种变量之间以及整体的各个组成部分之间的关系，并通过这种方法来帮助人们更好地解决问题。系统研究的基本工具是智力性的工具——系统思考。

二、定量分析（研究）

教育科学既需要定性分析（研究），也十分需要定量分析（研究）。定量分析（研究）需要数学及其他自然科学方法的渗透，尤其是数学的方法。教育科学研究中运用的数学方法既包括针对确定性现象并揭示其必然规律的经典数学方法，也包括针对随机现象并揭示其统计规律的概率论和数理统计方法，以及揭示模糊现象规律的模糊数学方法。概率论与数理统计方法在教育科学研究中应用最为广泛，形成了教育统计学这样的专门学科，教育统计学的知识和方法已经大量应用于教育测量学与教育评价学。

在教育科学研究过程中，一般先对事物与现象进行定性分析（研究），再进行定量分析（研究），接着再深化定性分析（研究），然后又进一步定量分析（研究），如此反复进行。这一研究过程与人们的一般认识过程是相近的。定性分析（研究）有时是起决定性作用的，脱离科学的定性分析（研究）而片面地求定量分析（研究）会导致方向性的错误。

三、得出科学的结论

教育科学研究的目的在于揭示有关教育现象内部、外部及相互关系的规律，用以指导教育教学工作。这种规律便是教育现象中不断重复的、稳定的、巩固的、统一的东西。一般来说，规律所具有的普遍性愈大，它的效用也愈大。因此，我们要尽量得出具有普遍意义的规律。当然，我们也不能为了追求规律的普遍意义而不顾实际，任意夸大，随意拔高，这正是许多不成熟的或不严肃的研究人员常犯的错误。我们研究一个问题，常有个假设，并希望研究结果倾向该假设，这是很自然的。但我们应该冷静地客观地评价结果。好就是好，坏就是坏，有几分就讲几分，该肯定的就要肯定，该否定的就要否定。

应当指出，包括教育现象在内的社会现象和自然现象是有差异的。在教育领域中，个别事物和诸多事物之间、个别学生和诸多学生之间，并不存在生物学家眼中个别麻雀和诸多麻雀之间那种天然的一致性。它们可能全面一致，可能部分一致，所以严谨的科学成果，在结论的提法上，大多力避用全称肯定或全称否定的用语。①

① 李秉德. 教育科学研究方法[M]. 北京：人民教育出版社，2001：239-251.

第三节　教育研究材料的整理与分析案例

【案例 1】

小学数学课堂师生话语的定量研究
——以 13 节优秀课例为例①

一、问题的提出

课堂话语（classroom discourse）是课堂教学研究的维度之一。课堂话语分析包括定量和定性两种方式。其中定量分析侧重话语容量、次数、机会和类型分布的分析，通常用来揭示课堂容量和师生话语权。已有研究揭示了课堂话语的一些量化特征。比如，美国学者弗兰德斯（N. A. Flanders）基于大量课堂观察提出了“三分之二律”，即课堂时间的三分之二用于讲话，讲话时间中有三分之二是教师讲话。[1]TIMSS（Trends of International Mathematics and Science Study）1999 录像研究分析了部分国家或地区的八年级数学课堂话语，其中包括我国香港地区 100 节课。研究发现：各国家和地区的学生都较少有机会详细（每次讲话 10 字以上）回答问题，课堂基本呈现教师说得多、学生说得少的状况。[2]曹一鸣等借助 LPS（Learner's Perspective Study）项目收集的京沪两地的课堂录像，分析了 4 位七年级优秀教师的数学课（每人 5 节，共 20 节），发现中国数学课堂中教师的话语平均量是学生的 6.6 倍，与国际平均水平无显著差异；学生的长话语机会少，而教师的长话语机会多。[3]

以上研究均发现课堂内教师的话语多于学生。TIMSS 和 LPS 项目都有中国课堂参与，增进了我们对中国初中数学课堂话语的了解。那么，中国小学数学课堂话语呈何种状况呢？吴丹艳比较了新任教师和专家教师（各 2 位）的课堂话语，发现专家教师和新任教师的话语量都明显多于学生话语量；相比之下，专家教师的话语量多于新任教师。[4]孙彩霞等对一节公开课的个案分析发现，教师的话语时间多于学生的话语时间，[5]大约是 1.3∶1。刘兰英分析了 3 节日常课，发现教师的话语机会略多于学生的话语机会。[6]以上研究表明小学数学课堂中教师的话语机会和时间多于学生。由于这些研究的样本较小，话语量化指标有限，因此有必要借助更大样本和多种量化指标对小学数学课堂话语做进一步研究。

本研究以 13 节优秀课例为样本，参照 TIMSS 录像研究中的话语量化指标，分析小学数学课堂话语的特征。本研究一方面希望为了解中国小学数学课堂话语提供更多的实证经验；另一方面也希望以优秀课例为透镜，审视新课程背景下被人们认同的优质教学中的师生互动。

① 赵冬臣，马云鹏，张玉敏，韩玉婷. 小学数学课堂师生话语的定量研究——以 13 节优秀课例为例[J]. 上海教育科研，2014（12）：46-49，30.（有删改）

二、研究方法

课例样本选自 2008 年“全国首届新课程小学优秀课例研究与评选工作”的参评课，从 55 节获一等奖的课例中选择 3 ~ 4 年级“数与代数”领域的新授课作为分析素材，共 13 节课（以下用字母 A ~ M 代表）。我们把课例视频中的师生话语逐字逐句转录成文字。然后对照录像把实录中的话语言说方式分类编码。录像中共有四类话语言说方式：①教师单独言说；②一个学生单独言说；③多个学生或全班齐声言说；④师生齐声言说。在本研究中，教师话语包括①与④，学生话语包括②③④。以上均为公共话语（即面向全班的话语），不含私下话语（同桌交流、小组讨论），因为私下话语通常是多人（组）同时言说不同内容，录像未能清晰记录。所有实录文字与编码都经过了研究者的二次核对。

话语定量分析基于实录中的文字统计完成。根据编码后的实录，利用 Excel 和 Word 软件中的数据筛选、汇总、字数统计等功能做定量统计。话语量化指标参照了 TIMSS 录像研究的框架[2]，包括话语量（不含标点符号）、话语机会、话语长度等。每节课的各项指标由两位研究者分别独立统计完成，然后对照一致性。结果不一致的，重新统计，直到一致为止。

三、研究结果

（一）教师话语量多于学生话语量

师生话语量在 13 节课之间呈现出不同程度的差异。教师话语量最多为 5739 字（课 F），最少为 3218 字（课 L）。学生话语量最多为 2130 字（课 D），最少为 1433 字（课 K）。尽管存在以上差异，但 13 节课呈现一个共同特征：教师话语量多于学生话语量。13 节课教师话语量平均 4080 字，学生话语量平均 1784 字，教师与学生平均话语量之比是 2.3∶1。

由于缺少同类研究数据，因而无法把这些优秀课例与日常课堂或课程改革之前的优秀课例做比较。不过，仅就这里的师生话语量之比来看，诸如“新课程背景下的好课应该老师说得少、学生说得多”“教师比学生讲得多的课是传统课堂”之类观点有失严谨。

表 1　话语量的统计结果

	课 A	课 B	课 C	课 D	课 E	课 F	课 G	课 H	课 I	课 J	课 K	课 L	课 M
教师话语量	5007	3336	3921	3915	3596	5739	5238	3456	4030	3525	3985	3218	4080
学生话语量	1629	1753	2015	2130	1842	2621	2114	2125	1834	1451	1433	1656	1587
师生话语量之比	3.1	1.9	1.9	1.8	2.0	3.5	2.5	1.6	2.2	2.4	2.8	1.9	2.6

（二）在绝大多数课中，教师话语机会略多于学生话语机会

以上结果显示教师话语的字数多于学生。那么，从话语次数来看是否也是教师比学生拥有更多的机会呢？表 2 的数据表明，绝大部分课都是教师的话语次数多于学生，师生话语次数之比介于 1.0 ~ 1.3。教师话语平均次数为 207 次，学生话语平均次数是 182 次，师生话语的平均次数之比是 1.1∶1，教师的话语机会只是略多于学生话语机会。需要注意的是，也有两

节课例外。课 B 和课 J 是学生话语次数略多于教师话语次数（分别多出 9 次、2 次）。

从学生话语次数看，这些优秀课例中的学生不乏发言机会。从话语机会的比值来看，师生之间有较为频繁的“你来我往”。这表明新课程背景下的优秀课例重视学生的表达和参与，重视师生互动。与“教师一言堂”和“学生始终静听”相比，这种教学显然更加凸显了学生的主体地位。

表 2　话语机会的统计结果

	课 A	课 B	课 C	课 D	课 E	课 F	课 G	课 H	课 I	课 J	课 K	课 L	课 M
教师话语次数	239	214	215	197	184	245	396	158	259	147	154	137	149
学生话语次数	217	223	164	181	155	210	325	135	205	149	142	118	139
师生话语次数之比	1.1	1.0	1.3	1.1	1.2	1.2	1.2	1.2	1.3	1.0	1.1	1.2	1.1

（三）教师比学生拥有更多的长话语机会，师生之间缺乏深层互动

前面发现课 B 和课 J 的教师的话语量多于学生，而学生的话语次数却多于教师。这表明话语量与话语机会不一定呈规律性的比例关系。原因在于话语量不只取决于话语机会，也受话语长度影响。鉴于此，本研究统计了师生话语的长度。我们把话语长度分 1～4 字、5 字以上（含 5 字）、25 字以上（含 25 字），然后统计各类长度的话语的次数占教师或学生话语总次数的百分比。结果（见表 3）显示：1～4 字的学生话语在 13 节课中都超过了三分之一，有 8 节课甚至超过 50%，而 1～4 字的教师话语在任何一节课中都未达到三分之一。5 字以上的教师话语在 13 节课中都超过 65%，最高者达到了 94%（课 K）；相比之下，5 字以上的学生话语在任何一节课中都未达到 65%，绝大多数在 50%以下。此外，每节课中 25 字以上的教师话语的百分比也都明显高于 25 字以上的学生话语的百分比。

整体而言，在这 13 节优秀课例中，教师比学生有更多的机会“长篇大论”。学生短话语居多，这可能会限制学生的解释、论证、评价与创造。前面话语机会的分析结果表明师生互动频繁，而这里话语长度的分析结果则表明师生互动的深度有限。

表 3　各种长度的话语次数占教师或学生话语总次数的百分比（%）

	课 A	课 B	课 C	课 D	课 E	课 F	课 G	课 H	课 I	课 J	课 K	课 L	课 M
师 1～4 字	23	19	18	14	30	18	30	16	31	16	6	26	15
师 5 字以上	77	81	82	86	70	82	70	84	69	84	94	74	85
师 25 字以上	28	20	26	28	27	38	16	34	19	31	38	34	34
生 1～4 字	54	52	61	59	39	59	62	49	47	54	54	36	42
生 5 字以上	46	48	39	41	61	41	38	51	53	46	46	64	58
生 25 字以上	6	4	18	12	9	6	6	19	7	9	10	13	14

（四）学生齐言现象普遍，齐言内容多为 5 字以内的短话语

如前所述，本研究中的学生话语包括三种类型：一个学生单独言说；多个学生或全班齐声言说；师生齐声言说。我们把后两类统称为学生齐言。统计发现，学生齐言现象明显且普

遍。如表 4 所示，13 节课中学生齐言次数占学生话语次数的百分比都不低于 30%。有 7 节课达 50%以上，也就是说有一半以上的学生发言是以齐言的方式进行的。课 D 的学生齐言比例最高，达到了 66%。

进一步统计话语长度，发现约 70%以上的学生齐言话语都是 1～4 字。这些齐言大多是在教师简单提问或课堂管理时做出的回应。如下片段所示（T 表示教师，W 表示全体或大多数学生）：

T：好了，老师明白了。因为它们都是把一个图形平均分成了——

W：两份。

T：涂上了其中的——

W：一份。

T：所以涂色的部分就是这个图形的——

W：二分之一。

T：这部分，这个部分是这件小衣服的——

W：二分之一。

T：而这一部分却是这个——

W：圆形的二分之一。

T：说得多好啊！孩子们，你们在图形当中找到了二分之一。老师也找到了一些，请你们帮我看一看，我找的对不对。如果对了，就这样帮我表示。如果错了，就打个叉。听懂了吗？

W：听懂了。

此片段中师生共有 6 轮对话，每次学生话语都以齐言方式表述。表面看师生间有问有答，实际教师对学生的发言早有预期。换言之，教师是在引导学生一步一步地把教师想要陈述的事实表达完整。这种漏斗式的互动，目的在于引出既定答案，或者维系学生注意力，而促进学生思考的效果甚微。

表 4　学生齐言话语的统计结果

	课 A	课 B	课 C	课 D	课 E	课 F	课 G	课 H	课 I	课 J	课 K	课 L	课 M
学生话语次数	217	223	164	181	155	210	325	135	205	149	142	118	139
学生齐言次数	93	79	86	119	64	109	180	76	119	45	75	42	56
齐言的百分比	43%	35%	52%	66%	41%	52%	55%	56%	58%	30%	53%	36%	40%
1～4 字的次数	81	72	80	102	44	100	157	61	84	42	66	38	52
1～4 字的百分比	87%	91%	93%	86%	69%	92%	87%	80%	71%	93%	88%	90%	93%

四、对课堂话语和课堂话语定量研究的思考

（一）关于课堂话语量的两点疑问

1. 教师究竟应该说多少？

本研究中 13 节课都表现出“教师说得多，学生说得少”，这与弗兰德斯、TIMSS 1999 录像研究、曹一鸣等的研究结论一致。弗兰德斯调查的是 20 世纪 60 年代的美国课堂，包括多

个学科；TIMSS 录像研究调查的是部分国家或地区的八年级数学日常课；曹一鸣等研究的是中国中学资深数学教师的课堂；本研究中的课是新课程背景下的小学数学优质课。这些样本的年代、地域、性质不同，在师生话语方面却表现出相同特征，这说明“教师说得多，学生说得少”可能是较为普遍的现象。但不排除其他情况存在，例如山东杜郎口中学的课堂就是“学生说得多，教师说得少”，这一特征已被研究证实。[7]那么教师和学生究竟谁应拥有更多的课堂话语权呢？现代教学理论重视学生的主体地位，就此而言，“教师一言堂”“学生始终静听”的现象需要检讨。不过，是否学生说得越多越好，教师说得越少就越体现对学生主体地位的尊重呢？显然不是，教师的引导作用和学生主体地位不可偏废。而且，单从师生话语量规约师生关系、评价教学质量难免偏颇。一方面，我们应警惕从教师“独占话语权”走向另一极端——教师“放弃话语权”或“缺失必要的话语”；另一方面，应避免把师生话语比例模式化。在考察课堂质量时应该把话语量、话语内容、话语方式以及话语背后的教育理念综合加以考虑。

2. 小学和中学的数学课堂话语量有差别吗？

在 TIMSS 1999 数学录像研究中，中国香港地区八年级数学课的师生话语量之比是 9.1∶1。曹一鸣等对京沪地区 4 名资深中学数学教师的课堂研究发现，师生话语量是 6.6∶1。本研究中的小学数学优质课的师生话语量是 2.3∶1，远远小于以上两项研究发现的比例。这种差别是由日常课与优质课的差别所致，还是因中小学的教育阶段不同而产生？此问题本研究尚无法回答。笔者猜测，数学内容的性质和学生的身心发展特点在中学和小学之间存在差异，这种差异可能会影响教学方式和方法，进而影响课堂话语量。此假设有待进一步研究检验。

（二）对课堂教学的两点反思

1. 学生缺少长话语机会

师生话语的长度是揭示师生互动深度的重要指标。[8]在本研究中，尽管学生课堂发言的次数与教师发言次数接近，但学生话语大部分是短话语，5 字以上的学生话语在任何一节课中都未达到 65%，绝大多数课在 50%以下。师生话语机会接近，而教师话语量多于学生，且学生短话语居多，这表明在师生之间你来我往的互动中，学生所需表述的内容大多是简短的。缺少长话语，短话语过多，是否有利于学生学习？给学生留下了多大的思考空间？他们的积极性真正调动起来了吗？我们应审慎看待这一现象，谨防“肤浅的互动”和“虚假的活跃”。

2. 学生齐言现象明显

本研究发现学生齐言现象明显，其中有 7 节课都达到了 50%以上，最高者甚至高达 66%。在国家级的优秀课例中尚且如此，足见学生齐言现象在中国数学课堂中之明显和普遍。这一点在其他多项研究中亦被证实。对课堂齐言现象研究较为深入的是王涛。一方面，王涛肯定了学生齐言的积极教学功能：通过增加学生的参与来帮助保持学生的注意力；帮助教师简明地传递重要的数学信息；使教师能够快速地获得学生的回答，并给出反馈；有助于调节师生关系的张力，从而建立生动的教学节奏。另一方面他亦提醒，齐言也会产生负面影响：在齐言过程中个体学生的声音被淹没；齐言所传递和产生的信息通常是简单的复述语言，缺少必要的数学思考；过多地使用齐言可能令一些学生感到不适。

可见，学生齐言既是中国数学课堂的一种现象，也是中国数学教学的一种策略。该现象的产生与中国数学教育的诸多背景因素（教师信念、课程、教育条件等）有着紧密关联。由于学生齐言利弊兼具，所以对待这种教学策略不能简单地在“去”和“留”之间做唯一选择，而是应该在发挥其积极功能的同时尽可能降低其负面效应。

（三）关于方法论的两点思考

1. 话语研究仅限于公共活动期间的话语

本研究中的话语分析限定在公共话语范围内，不含私下话语。这种限定主要是由录像和录音设备与技术的局限决定的，TIMSS 1999 录像研究同样面临此问题。这种限定忽略了学生小组合作、讨论等过程中数量可观的私下话语。私下话语对课堂话语表征的作用不可忽视，在合作学习和探究学习被广泛提倡的背景下更是如此。因此，从设备和技术的角度把私下话语纳入数据收集和分析范围，是未来课堂话语研究努力的方向。

2. 学生话语量不能完全代表学生的话语权

学生的话语量可以反映话语机会，却不能完全代表话语权。考量话语权不仅要看是否有话语机会，还应看机会由谁赋予，话语内容由谁决定。有时从话语量的角度，学生具有话语机会，但机会是教师给予的，要求学生重复、复述、朗读等，这种情况下学生的话语权非常有限。因此，不应将话语量与话语权两个概念等同使用。同理，师生话语量之比也不能全面反映师生互动的特征，应与话语长度和话语内容等结合使用。以定量和定性结合的方式方能更加全面地揭示教学互动的特征。

参考文献

[1] Flanders，N. Analyzing Teacher Behavior[M]. Reading MA：Addison-Wesley，1970：171.

[2] Hiebert，J.，Gallimore，R.，Garnier，H.，et al. Teaching Mathematicsin Seven Countries：Results From the TIMSS 1999 Video Study[R]. U. S. Department of Education. Washington，DC：National Center for Education Statistics，2003：120-126.

[3] 曹一鸣，王玉蕾，王立东. 中学数学课堂师生话语权的量化研究[J]. 数学教育学报，2008（3）：1-3.

[4] 吴丹艳. 新任教师与专家教师小学数学课堂话语之比较研究[D]. 杭州：杭州师范大学，2013：19-22.

[5] 孙彩霞，钱旭升. 课堂教学中师生话语系统分析[J]. 教育导刊，2011（6）：77-79.

[6] 刘兰英. 小学数学课堂师生对话的特征分析[D]. 上海：华东师范大学，2012：107-108.

[7] 赵冬臣. 杜郎口中学的课堂话语特征及其启示[J]. 上海教育科研，2011（11）：8-12.

[8] 曹一鸣. 数学课堂教学实证系列研究[M]. 南宁：广西教育出版社，2009：22-23.

【案例 2】

幼儿园和小学教师对儿童性侵犯问题认识的定性研究①

在我国局部地区学生中进行的一些调查研究显示，儿童性侵犯问题在我国并非少见。[1-12]儿童期性侵犯经历与青少年心理健康问题明显相关。[2-7, 13, 14]儿童性侵犯严重危害儿童的健康和发展。美国对儿童性侵犯问题关注比较早，并对此采取一系列预防和干预措施。经过多年的努力，已显示出可证实的儿童性侵犯受害案例呈明显下降趋势。[15]有专家认为学校预防性侵犯教育，提高公众对这一问题的认识，是预防儿童性侵犯的重要措施之一。

学校是开展预防儿童性侵犯教育的重要场所。教师对儿童性侵犯问题的认识将直接影响对儿童的教育和保护。教师对儿童性侵犯问题认识如何？对学校开展预防儿童性侵犯教育的态度如何？为此，我们对湖北和辽宁 22 名幼儿园和小学教师进行了个人深入访谈。本研究结果将为在我国进行学校预防性侵犯教育提供一定的科学依据。

一、对象和方法

（一）对象

在 22 名被访教师中，3 名为幼儿园教师，4 名为农村小学教师，15 名为城市小学教师。男性 2 人，女性 20 人。在被访的教师中，有 20 名教师回答了年龄。其年龄范围为 22 ~ 46 岁，平均年龄为 36.8 岁。

（二）方法

在知情同意的基础上，对 22 名教师进行不记名个人深入访谈。为保证资料真实可靠，征求被访谈者同意以后，对访谈内容进行录音或现场记录访谈内容。访谈结束后及时对资料进行转录、整理。资料整理的基本步骤：（1）将录音资料转成文字资料；（2）找出对同一问题的不同看法和观点；（3）根据各种观点出现的频数，找出主要和次要观点，并对其进行分析讨论。

（三）访谈提纲

根据研究目的，草拟访谈提纲。访谈提纲主要包括：（1）对儿童性侵犯问题的认识；（2）如何处理儿童性侵犯事件；（3）对学生进行预防性侵犯教育情况；（4）对预防儿童性侵犯措施的建议。

① 韩萍，陈晶琦. 幼儿园和小学教师对儿童性侵犯问题认识的定性研究[J]. 现代预防医学，2009（18）：3450-3452.（有删改）

二、结果

（一）对儿童性侵犯问题的认识

儿童性侵犯的界定。在被访教师中，除 2 名教师表示不清楚儿童性侵犯都包括哪些内容外，有近 3/4 的教师认为儿童性侵犯是指包括儿童在内的性活动，主要是指强暴、触摸等身体接触性的侵犯，只有 1/4 的被访教师认为儿童性侵犯还包括言语性挑逗、露阴癖等非身体接触的性侵犯。

受害者的特征。近一半教师认为进入青春期以后的女孩容易受到性侵犯，因为这部分女孩已经开始发育，但自我保护意识不足。有 1/3 教师认为青春前期的女孩容易受到性侵犯。还有 2 名教师认为幼儿园的儿童比较容易受到性侵犯。

侵犯者的特征。多数被访教师认为对儿童进行侵犯的人是陌生人，只有 1/7 教师认为熟悉的人多一些，另有不到 1/5 教师认为熟悉的人和陌生人都有可能。

儿童性侵犯发生的影响因素。几乎所有（20/22）被访者认为主要是侵犯者方面的原因，他们或有心理疾病，或受教育水平低，或道德败坏。有 1/4 被访者认为家庭和学校对儿童教育不够，使儿童缺少自我保护意识也是一个主要因素。另外，有 3 名教师提到“法律不健全，侵犯者不易被抓住，对侵犯者的惩罚力度不足，没有特别有力的处理方式”。

性侵犯对受害儿童的影响。所有被访教师认为儿童性侵犯会严重影响儿童心理发育，如受害儿童会产生自卑、恐惧，精神异常，甚至自杀等。近一半教师认为性侵犯经历会影响受害儿童成年以后的生活，有 2 名教师认为随着受害儿童年龄的增长，性侵犯经历形成的阴影越深。还有 1 名教师认为性侵犯经历不仅会对受害儿童产生影响，而且会影响其家庭，严重的会导致家庭破裂。

（二）如何处理儿童性侵犯事件

一半（15/22）以上的被访教师选择先将事情告诉家长。一半教师想到要通过法律途径解决儿童性侵犯事件，“使侵犯者得到应有的惩罚，以免更多儿童受到伤害”。一半教师会给学生心理上的安慰和开导。有 1/6 教师会为受害儿童保密。

（三）教师对学生进行预防性侵犯教育情况

所有被访者所在的学校都没有对学生开展预防性侵犯方面的教育。虽然多数（17/22）被访教师说自己在平时会对学生有一些提醒，但这些提醒多数是“要提防陌生人”“男女生交往要适度”等。所有被访者都没有对学生讲过什么是性侵犯、如何预防性侵犯、遇到性侵犯该怎么办等知识。

在被问及对学生讲如何预防性侵犯面临的主要困难是什么时，多数教师认为缺乏相关教材，不知道该怎么讲，教育形式和教育尺度不好把握。有 2 位教师认为“有些问题不好意思讲”。

（四）对学校开展预防儿童性侵犯教育的态度和建议

几乎所有被访者（20/22）都认为学校预防儿童性侵犯教育是帮助儿童远离性侵害的主要措施。有关学校预防儿童性侵犯教育方式，被访者主要谈到了老师课堂讲授，包括与安全教育或生理卫生教育结合在一起，或进行专题讲座。有近 1/5 教师认为应该给学生发宣传材料，让学生自己看。

三、讨论

多数教师对儿童性侵犯问题有所认识，但同时也存在明显的误区。有关儿童性侵犯的界定，有半数被访教师认为是指强暴、触摸儿童身体等身体接触性的性侵犯，而没有意识到广义的儿童性侵犯除身体接触性侵犯，还包括非身体接触的性侵犯，如言语性骚扰、侵犯者向儿童暴露自己的生殖器、在儿童面前手淫等。多数被访教师忽视了熟悉的人对儿童进行性侵犯的可能性。国外已有的研究显示，对儿童进行性侵犯的人，多数是儿童熟悉的人。[16]孙言平等[17]对 1 307 名成年学生的调查结果显示 89. 9%的受害男童与施虐者认识，40%的施虐者是与受害者生活、学习关系密切的亲戚、老师和邻居。在徐汉明等[18]调查的 63 例儿童期受性虐待精神病人中，有 54 例施虐者是熟悉的人。我国的一些案例报道也支持这一论点。[19, 20]因此，在预防儿童性侵犯的宣传教育中，要注意纠正人们在儿童性虐待问题认识上的一些误区。学校教师要教育学生不仅警惕陌生人的侵犯，同时要注意防范来自熟悉的人的侵犯。

在被问及如何处理儿童性侵犯事件时，一半以上的被访教师选择先将事情告诉家长。除告诉家长外，应该让儿童知道，老师信任他们，鼓励学生遇到性虐待或有性虐待发生的危险时要及时告诉家长或其他可信任的成年人，以及时制止和避免性虐待的发生。同时也要及时安抚和解除孩子的紧张和不安，告诉受害儿童发生性侵犯并不是他们的错，不必过于内疚和自责，而应吸取教训，提高警惕，增强自我保护意识。必要时要带儿童到医院进行检查和治疗。值得欣慰的是，有一半教师想到要通过法律途径解决儿童性侵犯事件，“使侵犯者得到应有的惩罚，以免更多儿童受到伤害”。

尽管几乎所有被访者都认为学校预防儿童性侵犯教育是帮助儿童避免这类事情的主要措施，但多数被访者没有给学生讲过预防性侵犯相关知识。这与陈晶琦等[21]对学校卫生人员的调查结果一致。因为缺乏相关教材，学校老师不知道该怎么讲，教育形式和教育尺度不好把握。这可能是所有被访者所在的学校都没有对学生开展预防性侵犯教育的原因之一。因此，有必要组织相关专家编写适合儿童年龄的教材，并对授课教师进行培训。同时需要向学校教师普及预防性虐待基本知识，以促进学校预防儿童性侵犯教育的开展。

参考文献

[1] 陈晶琦，Michael. P. Dunne，王兴文. 某中学高中女生儿童期性虐待发生情况调查[J]. 中国学校卫生，2002，23（2）：108-110.

[2] 陈晶琦，Michael. P. Dunne，王兴文. 239 名高中男生儿童期性虐待调查[J]. 中国心理卫生杂志，2003，17（5）：345-347.

[3] 陈晶琦，Michael P. Dunne. 儿童期虐待经历对女生心理的影响[J]. 中国公共卫生，2003，19（9）：1142-1143.

[4] 陈晶琦，韩萍. 892名卫校女生儿童期性虐待经历及其对心理健康的影响[J]. 中华儿科杂志，2004，42（1）：39-43.

[5] 陈晶琦. 565名大学生儿童期性虐待经历回顾性调查[J]. 中国流行病学杂志，2004，25（10）：873-877.

[6] Chen J Q，Dunne M P，Han P. Child sexual abuse in China：Astudy of adolescents in four provinces[J]. Child Abuse&Neglect，2004，28（11）：1171-1186.

[7] Chen JQ，Dunne M P，Han P. （2006）Child Sexual Abuse in Henan province，China：Associations with sadness，suicidality and risk behaviors among adolescent girls[J]. Journal of Adolescent Health，38：544-549.

[8] 陈晶琦，马玉霞，程亚杰，等. 大中专学生童年期性虐待经历发生情况及影响因素[J]. 中国性科学，2006，15（8）：3-7.

[9] 孙言平，段亚平，孙殿凤，等. 606名成年男性儿童期性虐待发生情况调查[J]. 中国行为医学杂志，2004，13（6）：684.

[10] 孙言平，段亚平，孙殿凤，等. 701名女大学生儿童期性虐待回顾性调查[J]. 中华流行病学杂志，2005，26（12）：947-950.

[11] 谷来有，迟淑艳，张兆华. 某高校大学生儿童期性虐待情况[J]. 中国学校卫生，2005，26（4）：309-310.

[12] 赵丹，李丽萍. 某医科院校485名大学生儿童期性虐待经历的调查[J]. 疾病控制杂志，2006，4（10）：154-157.

[13] 蒲昭和. 儿童性虐待的危害及预防措施[J]. 医学与哲学，2002，23（12）：58-59.

[14] 黄国平，张亚林，申景进，等. 儿童期有性受虐史成人女犯的认知损害[J]. 中国心理卫生杂志，2005，19（10）：702-705.

[15] David Finkelhor. Decline of child sexual abuse in US：what can be learned[J]. Zeitschrift für Psychotraumatologie und PsychologischeMedizin，2006，4（4）：9-16.

[16] 徐汉明，刘安求. 儿童性虐待对受害者心理状况的影响[J]. 医学与社会，2001，14（1）：53-55.

[17] 孙言平，董兆举，衣明纪，等. 1307名成年学生儿童期性虐待发生情况及其症状自评量表测试结果分析[J]. 中华儿科杂志，2006，44（1）：21-25.

[18] 徐汉明，李少文. 精神分裂症患者童年性虐待情况的调查[J]. 医学与社会，2003，16（3）：48-49.

[19] 李德如，周玲，蒲萍，等. 5例受性虐待儿童感染性病分析[J]. 重庆医学，2000，29（1）：51-52.

[20] 刘胜欣. 性虐待—儿童获得性二期梅毒（附1例报告）[J]. 中国性病艾滋病防治杂志，1996，2（4）：176.

[21] 陈晶琦，Michael P Dunne，韩萍. 卫生人员预防儿童性虐待知识态度及教育状况[J]. 中国校医，2004，18（6）：484-487.

【思考与实践】

1. 教育研究材料整理有何意义？
2. 教育研究材料分类有何要求？

【阅读与拓展】

[1] 金小红，王静美. 城乡接合部留守儿童的行为问题：亲子分离或家庭教育的影响——基于定量分析的研究[J]. 教育研究与实验，2015（3）.
[2] 王宏，静进，符勤怀，等. 学龄前儿童家长对儿童忽视认知及健康教育需求定性分析[J]. 中国学校卫生，2012（3）.
[3] 万国威. 教育福利视角下我国学前教育的地区发展差异——基于对我国 31 省市学前教育状况的定量分析[J]. 学前教育研究，2011（11）.
[4] 孙明娟. 研究性学习两种范式：归纳式与演绎式[J]. 中国教育学刊，2009（6）.
[5] 张宝臣. 学前教育科学研究方法[M]. 2 版. 上海：复旦大学出版社，2018.
[6] 丁炜，陈静逊. 小学教育科学研究方法[M]. 2 版. 上海：华东师范大学出版社，2014.
[7] 刘新平，刘存侠. 教育统计与测评导论[M]. 北京：科学出版社，2008.
[8] 李仲涟. 常用教育与心理统计方法[M]. 长沙：中南工业大学出版社，1986.

第十章　教育课题研究

教育课题研究是促进教师专业发展的重要途径。能申请主持或参加教育课题研究工作，表明教师或教育工作者具有较高的教育研究水平。每一个教师或教育工作者都要努力学习教育课题研究的基本知识和技能，都要参加教育课题研究。

第一节　教育课题研究概述

一、教育课题的含义

教育课题与教育问题有内在关联。教育课题首先是“教育问题”，但并不是所有的与教育有关的问题都可以成为教育课题。教育课题源于教育问题，但不等同于教育问题。教育课题是对要研究的教育问题予以提炼和概括而形成的题目，是针对教育领域中具有研究价值的特定问题进行研究的题目，具有集中且明确的研究范围，有明确的研究目的或目标，有明确的研究内容。

教育课题与教育研究项目并不等同。教育研究项目是由若干个彼此关联的教育课题所组成，带有综合性且较为复杂的问题，而教育课题通常则是教育研究项目的有机构成部分。

二、教育课题的类别

教育课题多种多样，可从不同的角度来划分，主要有下列类别的课题。

（一）按功能划分

按功能划分，教育课题可分为基础研究课题、应用研究课题和实验与发展课题。

基础研究是指为了获得关于教育现象和可观察事实的基本原理的新知识（揭示客观事物的本质、运动规律，获得新发现、新学说）而进行的实验性或理论性研究，它不以任何专门或特定的应用或使用为目的。其成果以教育论文和教育著作为主要形式。

应用研究是指为获得新知识而进行的创造性研究，主要针对某一特定的教育目的或目标。应用研究是为了确定基础研究成果可能的用途，或为达到预定的目标探索应采取的新法（原理性）或新途径。其成果形式以科学论文、专著、原理性模型或发明专利为主。

实验与发展是指利用从基础研究、应用研究和实际经验中所获得的现有知识，为产生新的产品、材料和装置，建立新的工艺、系统和服务，以及对已产生和建立的上述各项做实质性的改进而进行的系统性工作。其成果形式主要是专利、专有技术、具有新产品基本特征的产品原型或具有新装置基本特征的原始样机等。在教育科学领域，实验发展是指将通过基础研究、应用研究获得的知识转变成可以实施的计划（包括为进行检验和评估实施示范项目）的过程。

（二）按研究范围划分

按研究范围，教育课题可分为宏观研究课题、中观研究课题和微观研究课题。

宏观研究课题是对教育领域内整体性、系统性和综合性问题进行研究的课题，如研究教育事业的发展、教育政策等问题的课题。

中观研究课题是对某个范围、某个领域的教育问题进行研究的课题，如研究小学教育问题的课题。

微观研究课题则是对教育问题的某个更为具体的领域或某个因素进行相对细致研究的课题，如针对识字教学方法进行研究的课题。

（三）按经费来源划分

按经费来源划分，教育课题可分为资助经费课题和自筹经费课题。

资助经费课题是由课题立项审批单位资助经费的课题，自筹经费课题是研究人员自己筹集课题研究经费的课题。资助经费课题在研究成果的要求上通常会高于自筹经费课题。

（四）按重要性划分

按重要性，教育课题可分为重点课题和一般课题。

重点课题是研究当地或本领域教育发展中战略性、前瞻性、长远性和全局性重大问题的课题。重点课题在难度上通常大于一般课题，重点课题的经费资助力度通常也大于一般课题。

（五）按研究方法划分

按研究方法划分，教育课题可分为调查性课题、实验性课题和行动研究课题。

调查性课题是主要采用教育调查法进行研究的课题，实验性课题是主要采用教育实验法进行研究的课题，行动研究课题则是主要采用教育行动研究法研究的课题。

三、课题研究的一般过程

课题研究一般要经历四个阶段。

（一）申请准备阶段

申请准备阶段也称申报准备阶段，主要工作是选择课题、设计方案、申请课题。选择课题是启动步骤，设计方案是规划布局的阶段，立项申请是课题获取认可的阶段。

申请准备阶段最核心的工作是申请课题。教师和教育工作者要提前了解教育课题申请的程序和要求，为填写课题申请书打好基础。

1. 了解课题的级别与性质

课题的级别同时也可以表明了课题的来源，而课题的性质则与选题密切相关。

（1）课题的级别。

教育课题分国家级、省部级、市厅级、区（县）级等不同级别。我们以教育科学规划课题为例，说明教育课题的级别。

全国教育科学规划设立的国家重大课题（国家社会科学基金教育学重大课题）、国家重点课题（国家社会科学基金教育学重点课题）、国家一般课题（国家社会科学基金教育学一般课题）、国家青年课题（国家社会科学基金教育学青年课题）、后期资助课题（国家社会科学基金教育学后期资助课题）、西部课题（国家社会科学基金教育学西部课题）、委托课题（国家社会科学基金教育学委托课题）等都属于国家级课题。

全国教育科学规划教育部重点课题、青年专项课题与规划课题则属于教育部级课题（有的地区将这类课题认定为国家级课题）。各省、自治区和直辖市的哲学社会科学基金教育学专项课题属于省级课题。此二者合称省部级课题。

各省、自治区和直辖市的教育科学规划课题属于市厅级课题（有的地区将这类课题认定为省级课题），各地级市教育科学规划课题属于县（区）级课题（有的地区将这类课题认定为市厅级课题）。

（2）课题的性质。

如果是教育教学改革性质的课题，可以直指微观的课堂教学改革、某一教学方法的运用或者单门课程的教学等问题。但如果是教育规划性质的课题，研究就应当具有开阔的视野，研究内容不能过于狭窄，要与“规划”的全局性、战略性相适应。教育规划课题与一般的教育教学改革课题的区别在于教育规划性质的课题要有一定深度的理论研究，要能上升到教育科学的理论层次。

2. 认真研究课题申请的通知与文件

认真阅读课题立项审批单位发布的课题申请通知与文件。课题申请通知与文件是将来填写课题申请书的重要依据，要完全了解课题申报的各类说明、课题指南、申请书填写说明等。

了解课题对申请人年龄、职称、经历等方面的特殊要求，尤其是限制性的规定。了解申请书中各栏目字数的限制，了解课题组成员的条件与人数方面的规定，了解研究成果方面的限制，了解活页与申请书的异同，尤其是活页部分对相关信息的特殊规定。

（二）研究实施阶段

这一阶段的主要工作是成立课题研究小组、拟订实施方案、撰写开题报告、开展实质研究，整理研究材料、撰写报告与论文。实施阶段是课题研究的主要阶段，也是关键阶段。在研究实施阶段，课题立项审批单位要对课题进行中期检查，对研究进行诊断和指导，以督促课题组按期完成研究任务。

（三）结题验收阶段

课题研究任务完成后，需要将整理的材料集中起来，按照课题立项审批单位的要求，填报课题结题相关的表册，按规定的途径和方式，提交材料，申请结题。课题立项审批单位组织专家进行鉴定，通过鉴定的课题，才可以结题。

（四）成果推广阶段

教育课题研究的成果不能停留在研究报告和研究论文上，教育研究的目的是能促进教育的发展，解决教育教学中的实际问题，因此课题结题验收后，还需要努力推广成果。推广课题成果是验证和应用成果的重要阶段，也是成果服务社会、服务教育的过程。成果的推广，从某种意义上看，正是教育研究课题的最终目的。

第二节　教育课题的设计论证

做好设计论证，是教育课题申报成功的前提条件，也是课题实施的必要准备。教育课题设计论证主要包括如下几项内容。

一、选题

选题，即选择课题。

（一）选题的要求

选题是教育课题研究的起始步骤，具有全局性的特点，决定课题后续能否立项以及能否顺利开展研究。因此，选题要遵循一定的要求。

教育课题的选题要遵循创新性的原则，因为所有的科学研究都具有探索的性质，都预期能产出新的成果；教育课题选题要综合考虑个人能力、学校条件和社会氛围等因素，要切实且可行；教育课题选题还要符合发展性原则，要考虑其实用与推广的价值。

教育研究课题选题注意要明确揭示课题的主体信息；要注意以微观研究、应用研究为主；以校本研究、教学研究、行动研究为主。选题的切入点要小，避免研究方向虚化，避免研究目标难以实现。

（二）选题的来源

选题的来源主要有四类。

1. 从教育实践中寻找课题

从教育教学实践中发现和寻找课题是选题的最常见途径。教师可以将教育实践活动中迫切需要解决的问题直接转化为待研究课题。例如，如何提高课堂提问的实效？如何促进学习困难学生的转化？课堂教学中教师的过度提问、过度发掘文本等行为对提高教学效果并无实益，如何矫正这类过度行为？多媒体教学手段实际上是一把“双刃剑”，教师应如何合理运用多媒体手段？从这些现实问题中都可以提炼出课题进行研究。从教育教学实践中发现和寻找的课题，最能充分发挥教师自身的优势，也最能促进教育教学质量的提高。

2. 从理论与文献中寻找课题

研究者可以在学习与研究教育理论中质疑问难，从理论争鸣与前沿动态中找寻课题；也可以可从论文、专著等文献资料中获得各种有关教育方面的信息，从别人现有的研究成果中发现问题，引出课题；还可以综合各种教育研究信息，寻找出教育科研的空白，引出课题。

3. 从教育研究课题中选题

一般的教育研究课题立项审批机关都会按期公布相关课题指南，例如《广西教育科学“十三五”规划 2019 年课题指南》就按照不同教育领域的重点或热点问题列举了包括“基础教育、学前教育类”等在内的六大类共 163 个课题。研究者可从指南列明的范围中选择合适的选题，结合自己的能力与条件，适当调整课题题目，将其作为自己申报的课题。

4. 从日常生活中寻找课题

“处处留心皆学问”，在日常生活中，我们周围人的言行举止都是我们注意观察和学习的对象，他们在教育教学场所之外的活动，同样可以为我们提供课题来源。课题选题的途径其实很多，多留心，多关注，一定会找到自己合适的研究课题，“有心就能科研，有心就有成果”。

（四）选题的过程与方法

选题的一般过程是，先定方向，确定研究的具体领域；再查文献，了解该领域的研究动态；继而拟列提纲，并对各个问题加以考察；最后是定题目，将待研究问题作为自己将要研究的课题，并准确地表述出来。

选题常用的方法，一是研究者根据自己的社会经验选择一个有研究必要且切实可行的问题作为自己将要研究的课题；二是依据他人已经研究过的课题，结合自己工作实际和能力条件等确定某一新的课题；三是针对教育时事、教育案例或某种观点进行质疑，由此提出问题，将其中的核心问题转化为课题。

二、课题的论证

课题论证有两种：一是立项论证，二是开题论证。

（一）立项论证

立项论证是指申请课题立项时的论证，主要对立项的必要性加以论证，表明立项的理由。立项论证的内容主要包括以下一些。

1. 选题依据

国内外相关研究的学术史梳理及研究动态，本课题相对于已有研究的独到学术价值和应用价值等。

2. 研究内容

本课题的研究对象、总体框架、重点难点、主要目标等。

3. 思路方法

本课题研究的基本思路、具体研究方法、研究计划及其可行性等。

4. 创新之处

课题在学术思想、学术观点、研究方法等方面的特色和创新。

5. 预期成果

课题的成果形式、使用去向及预期社会效益等。

6. 研究基础

课题负责人前期相关研究成果、核心观点等。

7. 参考文献

开展本课题研究的主要中外参考文献。

（二）开题论证

开题论证是立项之后对课题实施的可行性进行论证。论证的内容主要包括问题提出、现状分析、课题界定、研究价值，研究基础、研究目标、研究内容、理论假设、研究方法、实施步骤、成员分工、经费管理、主要成果以及课题研究目前行动情况等，并附主要参考文献。

立项论证与开题论证的主要区别在于两者的侧重点不同，立项论证重点在于论证选题的合理性及研究的价值，开题论证的重点在于论证课题实施研究的可行性，即研究程序与方法适当。

三、核心概念的界定

概念界定即对课题中所涉及的主要概念的内涵与外延做出界定，其目的在于明晰概念，避免产生歧义。概念界定中给有关概念所下的定义是一种操作性定义，即人为设置的定义，不一定准确，只是为了便于对课题中有关问题的研究而已。比如课题“农村中学生厌学行为矫正策略研究”涉及“厌学”这一概念。为便于研究，课题设计者对这一概念所下的定义是“厌学行为，是指学生对学校学习生活失去兴趣，产生厌倦、懈怠的情绪和冷淡、漠视的态度等精神障碍，以及相应的行为反应。它是一个从轻到重、由量变到质变的过程。”[1]这样一界定，“厌学”这一概念就清楚了。概念界定清楚便于研究者选择研究对象（即取样），也便于研究者理清各个概念之间的关系，同时也有利于专家作评审、鉴定。概念界定要尽量准确，既要便于课题研究中的操作，也要尽量合乎概念的科学内涵与外延。

四、研究假设的建立

研究假设即对所要研究的主要问题的答案的先行设定，在课题设计中研究者可根据研究内容对解决问题的答案先做出假定。研究假设只是研究者对研究结果的预先设定，最终结果如何，还有待研究者自己去探究。最终结果与预定结果有时不一致，研究者在后来的研究中也许产生新的想法，提出新的设想，这样使事先假定的研究结果变得更为完善。

五、研究对象的选取

研究对象有总体与样本之分。总体即研究对象的全体（人或单位），样本即从总体中抽取出来的有代表性的个体。总体包含样本，样本代表总体。在一般情况下，教育研究课题一般不会选取研究对象的全体进行研究，而通常是采用科学的方法从总体中选取样本，也即取样。取样的方法有两种，即随机抽样与有目的取样。随机抽样具体方式有四种：简单随机抽样、系统随机抽样、分层随机抽样和整群随机抽样；有目的取样的具体方式有五种：等额取样、配额取样、极端个案取样、典型个案取样和同质取样。

六、实施步骤的确定

确定课题研究实施的步骤及其顺序是搞好课题研究的重要保证，也是提高课题研究效度的前提条件。

实施步骤可以按时间顺序列明课题实施的各个阶段，明确各个阶段要完成的工作内容。实施步骤中要明确课题研究的起点，如是以调查研究为起点，还是以文献研究为起点。不同类型的教育研究课题，实施步骤可能有较大的差异，不论哪种类型的课题，课题实施的步骤都要前后连贯、清晰可行。

七、研究方法的选择

严谨的课题研究必须选择适宜的研究方法，选择课题研究方法的主要依据是课题的性质、目的、要求以及研究的条件。一项课题研究一般要采用多种方法，这样可以避免单一研究方法的不足，达到取长补短的目的。既要使用常用的研究方法，也要注意采用一些特色研究方法；既要运用定性的研究方法，也要尽量运用定量的研究方法。

---

① 聂金菊. 农村初中生厌学行为调查[J]. 中国教育学刊，2005（2）：29.

八、研究成果的预设

研究成果预设即事先确定课题研究所要取得的成果及其表现形式。教育类课题研究成果从其表现形式来讲主要有著作、研究报告、学术性论文、案例等，也可能包括某些音像型成果，如微课、课件等，还有可能是物质性成果，如教具、学具等。课题研究成果包括阶段性成果与最终成果。阶段性研究成果是最终研究成果的基础和铺垫。

课题研究成果设定的主要依据是课题研究的内容，因此，预设的各类研究成果应当与研究内容保持一致，否则就可能出现研究内容是“幼儿同伴冲突问题”，可研究的成果却是关于“幼儿同伴合作问题”之类的混乱结果。很多时候，研究成果，包括阶段性研究成果的名称就是研究内容的名称。预设研究成果最好能确定研究成果具体或大致的名称。有些教师喜欢笼统地采取“撰写研究报告一份，发表论文两篇”之类的说法，这是不够严谨，也是不负责任的。研究课题最终要拿出成果来，立项管理单位资助课题组研究，那至少要让课题立项审批单位知道是哪些成果、是什么样的成果。所以，预设研究成果还应该具体明确。

预设的课题成果与最终实际取得的成果在形式与内容上一般应该要尽量保持一致。当然，根据研究的实际进展，成果的形式和内容应该允许有变动。

第三节　教育课题的申请

教育课题申请的核心工作是填写课题申请书。填写课题申请书，是将前期做过的准备工作，包括课题的设计论证、研究假设等集中呈现于申请书文本中。申请书是课题能否获批立项的最为重要，最为关键的依据，因此正确、规范地填写课题申请书是一项极为重要的工作，也是教师和教育工作者必须掌握的一项技能。在前述课题申请准备工作的基础上，本节将集中介绍教育课题申请书的填写内容及要求。

因类别和立项管理单位不同，教育课题申请书的内容也略有不同，但大致上都需要填写如下内容。

一、封面信息

（一）课题名称

选题并不等于确定了研究的课题。课题名称确定之后才可以说确定了研究课题。课题名称是课题内容、目标的凝练和浓缩。课题名称在研究中起着十分重要的作用。

1. 教育研究课题名称确定的方法

合理、科学的课题名称可以向其他人传递课题的研究对象、研究内容、研究目的或研究背景等基本信息，让人一看就大致知道课题的核心。合理、科学地确定课题名称是教育研究人员必须掌握的一项基本功。

教育课题名称确定的方法有很多，常见的方法是通过组合课题的核心信息来确定课题的名称，主要方法有如下几种。

（1）研究对象、研究内容与研究方法的组合。

这种组合包含课题的研究对象、研究内容与研究方法三项基本因素。“广西幼儿教师心理健康状况调查研究”这个名称揭示了课题的研究对象是广西幼儿教师，研究内容是心理健康状况，研究方法是教育调查法。“小学数学自学辅导程序教学的实验研究”揭示了课题的研究的对象是小学数学教学，研究内容是小学数学自学辅导程序教学，研究方法是教育实验法。

（2）研究背景、研究对象与研究内容的组合。

这种组合包含课题的研究背景、研究对象与研究内容三项基本因素。“新课改背景下小学英语教学设计研究”这个名称揭示了课题研究的背景是新课程改革，研究对象是小学英语教学，研究内容是小学英语教学设计。“近二十年来我国小学课堂教学模式的发展研究”揭示了课题研究的背景是近二十年来，研究对象是小学课堂教学模式，研究内容是小学课堂教学模式的发展情况。

（3）理论依据、研究目的和研究方法的组合。

这种组合包含课题的理论依据、研究目的和研究方法三项基本因素。“运用多元智能理论激发学生学习兴趣的实证研究”揭示了课题研究的理论依据是多元智能理论，研究目的是激发学生学习兴趣，采用的是实证研究方法。

（4）理论依据、研究对象与研究内容的组合。

这种组合包含课题的理论依据、研究对象与研究内容三项基本因素。“基于建构主义的小学数学课堂教学模式变革研究”揭示了课题研究的理论依据是建构主义，课题研究的对象是小学数学课堂教学，研究内容是课堂教学模式变革。

（5）理论依据、研究手段与研究目的的组合。

这种组合包含课题的理论依据、研究手段与研究目的三项基本因素。“运用多元智能理论通过多元评价促进学生个性化发展的研究”揭示了课题研究的理论依据是多元智能理论，研究手段是多元评价，研究目的是促进学生个性化发展。[①]

（6）研究对象、研究手段与研究目的的组合。

这种组合包含课题的研究对象、研究手段与研究目的的三项基本因素。“小学数学教学中通过变式练习巩固学习效果的研究”揭示了课题研究的对象是小学数学教学，研究手段是变式练习，研究目的是巩固学习效果。

2. 教育课题名称确定的常见问题

确定教育课题的名称要特别注意避免如下常见问题。

（1）表述不清晰。

课题名称表述含糊不清，难以理解。例如：“基于投射技术的小学生生涯规划与心理健康教育实证研究”这个名称的表述就不清晰，这个课题到底是要研究小学生生涯规划，还是研究心理健康教育问题？是二者分开都进行研究，还是要研究二者之间的关系？

① 孟亚玲，魏继宗，张社争. 教育科学研究方法[M]. 北京：清华大学出版社，2017：160.

（2）用语不规范。

最常见的表现是使用非规范的专业术语，包括自创的词语、不规范的缩略词汇和非通用词语等。例如："小学主课教学模式创新研究""突出小学艺术教育四性的研究"中"主课"与"四性"就属于不规范用语。

（3）对象不明确。

对象不明确导致从名称上无法了解课题的研究对象。例如："家庭与幼儿园结合，提升幼儿综合素质"这个名称显示的研究对象到底是"家庭与幼儿园结合"，还是"提升幼儿综合素质"？这从名称上很难判断。

（4）文艺色彩浓。

教育研究与一般的文学或艺术创作有别，课题名称一般应以严谨、科学的方式表述，通常不用修辞手法和华丽辞藻。例如："自由练笔，放飞心灵的鸽子"就显得过于文艺，也不严肃，还不能揭示课题的基本信息。

（5）表述口号化。

口号式的课题名称不仅不能很好地反映课题的信息，还容易给评审专家留下不好的印象。例如："克服职业倦怠，积极投身教改"。

（6）题目是结论。

课题名称确定之时，课题尚未正式开始研究，虽有一定的研究假设，但尚无经过研究验证的确定性结论，因此结论式的题目不合适。例如："运用字理进行识字教学能极大提高识字教学的效果"就是确定的结论式题目。

（7）字数超标准。

课题名称的字数一般并没有明确与绝对的限制，但最多不超过40个汉字（包括标点符号），通常以控制在20字内为好，且尽量不用副标题。字数太多容易分散人的注意，且不容易捕捉课题的关键信息。例如："'互联网+教育'与自主合作学习相结合的小学课程教学改革与实践——以小学科学课程教学为例"，就给人字数过多，不够精简的感觉。

（8）其他不规范。

课题名称不规范的其他表现主要有：题目不切实际，超越申请人的能力或不适合申请人研究；选题大小失当，题目揭示的研究范围要么过大，要么过小。

（二）课题类别

以广西教育科学"十三五"规划2019年度课题为例，课题类别有资助经费重点课题（A类）、自筹经费重点课题（B类）、自筹经费一般（C类）课题、广西教育科学重点研究基地重大课题、教育决策课题等。

不同类别课题结题验收（鉴定）程序可能是不同的：广西教育科学规划资助经费重点课题（A类）只能向广西教育科学规划领导小组办公室提交材料申请鉴定，而自筹经费一般课题（C类）却可以由广西教育科学规划领导小组办公室委托授权广西壮族自治区内各市（设区市）教育科学规划领导小组办公室、各高校、各区直中等职业学校教育科研管理部门，按照广西教育科学规划领导小组办公室的要求进行成果鉴定。

不同类别课题的完成时间要求是不同的：资助经费重点课题（A）、自筹经费重点课题（B）和自筹经费一般课题（C）要求在1~3年内完成，最迟不超过5年完成。广西教育决策课题和广西教育科学重点研究基地重大课题要求在1年内完成，不得延期。研究期限自课题批准立项之日起计算。

不同类别课题的结题成果要求也有明显的区别：资助经费重点课题（A），高校需在北京大学图书馆所确定的中文核心期刊上发表学术论文至少1篇或出版专著1部，其他单位须在省级及以上学术期刊上发表论文不少于3篇；自筹经费重点课题（B类）需在省级及以上刊物上发表论文不少于2篇；自筹经费一般课题（C类）需在省级及以上刊物发表论文不少于1篇。广西教育决策课题和广西教育科学重点研究基地重大课题，须提交5万字以上未发表（出版）研究报告，及1篇不少于5000字的决策咨询报告。申请人要根据自己以及课题组成员的实力、经验和可能完成的成果情况，慎重选择课题类别，避免因选择了无法胜任的课题类别，而最终不能如期完成研究任务或不能通过结题鉴定的情况发生。

（三）学科分类

学科分类是指课题研究所属学科范围。需按课题申请书或申报通知与文件指定的选项填写，限报1项。跨学科的课题，根据“尽量靠近”原则，选为主的学科填写。

2019年全国教育科学规划课题可以选择的学科包括：A. 教育基本理论；B. 教育心理；C. 教育信息技术；D. 比较教育；E. 德育；F. 教育经济与管理；G. 教育发展战略；H. 基础教育；I. 高等教育；J. 职业技术教育；K. 成人教育；L. 体育卫生美育；M. 民族教育；N. 国防军事教育；O. 教育史。广西教育科学“十三五”规划2019年度课题涉及的学科包括：A. 教育理论与教育史；B. 教育发展战略研究；C. 教育经济与管理；D. 基础教育；E. 高等教育；F. 职业技术教育；G. 德育；H. 教育心理；I. 体育卫生艺术教育；J. 教育技术；K. 成人教育；L. 民族教育；M. 比较教育；N. 特殊教育；O. 课程与教学论。仔细比较二者有差异，因此不同的课题，分类的代码和名称可能不同，在选择学科分类时，要认真仔细，不要出现差错。

（四）课题申请人（负责人）

课题申请人（负责人）是指真正承担课题研究和负责课题组织、指导的研究者。不能承担实质性研究工作的，不得作为课题负责人。

课题申请人（负责人）需具备一定的职称或学位条件：

《全国教育科学“十三五”规划2019年度课题组织申报办法》规定，国家重大和重点课题申请人须具有正高级专业技术职称（职务），能够担负起课题研究实际组织者和指导者的责任；国家一般课题申请人须具有副高级以上（含）专业技术职称（职务）或博士学位。不具有副高级以上（含）专业技术职称（职务）或者博士学位的，可以申请国家青年课题、教育部重点和教育部青年课题，但须由两名具有正高级专业技术职务的同行专家书面推荐。

广西教育科学“十三五”规划2019年度课题对申请人的要求是：资助经费重点课题

(A)、自筹经费重点课题(B)和自筹经费一般课题(C)申请人须具备高级专业技术职称(或相应职务),不具备的须由两名具有正高级专业技术职务的同行专家书面推荐,幼儿园、小学课题申请人也可由两名小学高级(或相当于小学高级)专业技术职称以上的同行专家书面推荐;教育决策类课题和广西教育科学重点研究基地重大课题申请人须具有高级职称或者博士学位。

为避免一题多报、交叉申请和重复立项,确保申请人有足够的时间和精力从事课题研究,一般课题都会规定课题负责人同年度只能申报一个课题,且不能作为课题组成员参与同类课题的申请。

(五)课题申请人(负责人)所在单位(责任单位)

课题申请人(负责人)所在单位(责任单位)按单位和部门公章全称填写,不加字,不减字。

课题申请人(负责人)所在单位(责任单位)必须符合以下条件:在相关领域具有较雄厚的学术资源和研究实力;设有科研管理的职能部门;能够提供开展研究工作的必要条件并承诺信誉保证。以兼职人员身份从所兼职单位申报全国教育科学规划课题的,兼职单位须审核兼职人员正式聘用关系的真实性,承担项目管理职责并承诺信誉保证。

【课堂实训与讨论 1】

阅读下列课题名称,从一线教师的角度讨论哪些课题名称是规范的,哪些课题名称需要改进。

1. 小学生思想品德教育研究
2. 学生基因组成对学生成长影响的研究
3. 一年级学生正确写字姿势研究
4. “领”字的教学方法研究
5. 新课标下小学语文课程改革的理论与实践研究
6. 我的课堂我做主
7. 学案导学是最好的小学语文教学模式
8. 以爱为土壤,以情为肥料,培育祖国的花朵
9. 幼儿团体合作与个性发展研究
10. 拯救游离爱的灵魂——农村留守儿童教育问题研究
11. 如何让语文课堂“活”起来
12. 幼儿身心安全教育研究
13. 幼儿安全意识的调查研究——以××市××××幼儿园为例
14. 师幼言语互动质量对幼儿发展影响的实验追踪研究
15. 幼儿数学思维能力培养研究
16. 师幼互动质量对幼儿创造性行为的影响研究
17. 艺术教育对三到六岁幼儿身心发展的影响力研究

二、数据表

（一）关键词

按研究内容设立，通常从课题名称中提取。最多不超过 3 个关键词，词与词之间空一格，或用“;”隔开。

（二）工作单位

与封面的负责人所在单位（责任单位）保持一致。

（三）联系电话

一般按表项提示填写单位电话、家庭电话和手机。家庭电话和手机必须填写课题负责人的家庭电话和手机号。

（四）主要参加者

主要参加者必须是真正参加本课题研究工作的人，一般不含课题负责人，课题负责人的信息已经在数据表前面表项中出现。主要参加者不包括不真正参加课题研究工作的单位领导、科研管理、财务管理、后勤服务等人员。

为确保研究者有足够的时间和精力从事课题研究，一般课题都规定课题组成员同年度最多参与两个同类课题的申请。原则上一个课题的主要参加者人数不得超过 10 人。为增大立项的成功概率，组建课题组之初就需要慎重考虑各成员的相关研究成果与课题研究经历。缺乏相关研究成果，也没有任何课题研究经历的人，一般不要选入课题组。

课题组成员的专业职务（专业技术职务，即职称）信息的填写需准确，如“中小学高级”“教授”“副研究员”“高级实验师”等，不可笼统地表述为“高级”“中级”或“初级”等。

主要参加者有个排序的问题，一般来说，将职称高的、学术水平高的成员排在前面。如果学术水平高低不好评断，可以仅按照职称高低排序。在课题申请实践中，有的人习惯按课题成员的年龄排序，有的喜欢按其行政职务排序，相比按职称或学术水平排序，按年龄或行政职务排序的形式都不见得适切。

（五）预期成果

预期成果的内容须与申请书后面的预期研究成果表项内容保持一致。

【课堂实训与讨论 2】

阅读下列课题申请书的数据表，分析一下哪些地方需要改进。

<table>
<tr><td>课题名称</td><td colspan="8">小学音乐课堂教学有效评价研究</td></tr>
<tr><td>关键词</td><td colspan="8">小学音乐；课堂教学；研究</td></tr>
<tr><td>课题类别</td><td>C</td><td>自筹经费一般（C类）课题</td><td>学科分类</td><td>D</td><td>基础教育</td><td>研究类型</td><td>A</td><td>基础教育研究</td></tr>
<tr><td>负责人姓名</td><td>×××</td><td>性别</td><td>女</td><td>民族</td><td>汉</td><td>出生日期</td><td colspan="2">1984年12月21日</td></tr>
<tr><td>行政职务</td><td>无</td><td colspan="2">专业职务</td><td colspan="2">中小学二级</td><td>研究专长</td><td colspan="2">音乐教学与研究</td></tr>
<tr><td>最后学历</td><td colspan="2">本科</td><td>最后学位</td><td colspan="2">学士</td><td>担任导师</td><td>C</td><td>未担任导师</td></tr>
<tr><td colspan="2">所在市</td><td colspan="2">××市</td><td>所属系统</td><td>D</td><td colspan="3">中小学校</td></tr>
<tr><td>工作单位</td><td colspan="3">××省××市××区××小学</td><td>电子信箱</td><td colspan="4">×××××××@qq.com</td></tr>
<tr><td>通信地址</td><td colspan="5">××省××市××区××路</td><td>邮政编码</td><td colspan="2">××××××</td></tr>
<tr><td>联系电话</td><td colspan="8">（区号）××××　（单位）×××××××　（手机）×××××××××××</td></tr>
<tr><td>身份证号</td><td colspan="8">××××××××××××××××××××××××</td></tr>
<tr><td rowspan="12">主要参加者（限填10人）</td><td>姓　名</td><td>出生年月</td><td>专业职务</td><td>研究专长</td><td>学历</td><td>学位</td><td colspan="2">工　作　单　位</td></tr>
<tr><td>×　×</td><td>1979.04</td><td>校长</td><td>音乐教育</td><td>本科</td><td>学士</td><td colspan="2">××省××市××小学</td></tr>
<tr><td>×××</td><td>1983.11</td><td>教导主任</td><td>音乐教育</td><td>本科</td><td>学士</td><td colspan="2">××市××区××小学</td></tr>
<tr><td>×××</td><td>1981.11</td><td>中小学一级</td><td>音乐教育</td><td>本科</td><td>学士</td><td colspan="2">××市××区××小学</td></tr>
<tr><td>×××</td><td>1985.09</td><td>中小学一级</td><td>艺术教学</td><td>本科</td><td>学士</td><td colspan="2">××市××区××小学</td></tr>
<tr><td>×××</td><td>1991.10</td><td>中小学二级</td><td>音乐教育</td><td>本科</td><td>无</td><td colspan="2">××市××区××小学</td></tr>
<tr><td>×××</td><td>1990.03</td><td>中小学高级</td><td>音乐理论</td><td>本科</td><td>学士</td><td colspan="2">××市教育科学研究院</td></tr>
<tr><td>×××</td><td>1980.08</td><td>副教授</td><td>音乐教育</td><td>研究生</td><td>硕士</td><td colspan="2">××××职业学院</td></tr>
<tr><td>×××</td><td>1971.01</td><td>教授</td><td>教育评价</td><td>博士</td><td>博士</td><td colspan="2">××××大学</td></tr>
<tr><td>×××</td><td>1969.02</td><td>三级演员</td><td>音乐表演</td><td>专科</td><td>无</td><td colspan="2">××××艺术团</td></tr>
<tr><td>×××</td><td>1975.06</td><td>中小学一级</td><td>音乐创作</td><td>本科</td><td>无</td><td colspan="2">××市××区××中学</td></tr>
<tr><td>×　×</td><td>1978.08</td><td>高级会计师</td><td>会计</td><td>本科</td><td>学士</td><td colspan="2">××××会计师事务所</td></tr>
<tr><td colspan="9">如无经费资助，是否愿意立项？　　√是　　□否
如未获申报课题级别，是否愿意立项？　　√是　　□否</td></tr>
<tr><td>预期最终成果</td><td>A</td><td>专著</td><td>C</td><td>论文集</td><td>D</td><td>研究报告</td><td>预计完成时间</td><td>2021. 04</td></tr>
</table>

三、相关研究成果

有不少课题需要填写课题申请人（负责人）和课题组成员近年来取得的与本课题相关的研究成果，填写成果的名称、著作者、成果形式、发表刊物或出版单位以及发表或出版时间。

（一）相关研究成果

相关性的要求是指所填的研究成果应当是申请人（负责人）和课题组成员与本课题研究

有一定关联的成果，而并非申请人（负责人）和课题组成员的所有成果。相关研究成果中有的是直接相关成果，有的是间接相关成果。直接相关成果是可以作为本课题研究的基础或可以做本课题的部分研究内容的成果，而间接成果则是那些可以给课题研究带来一定帮助或启示的研究成果。填写相关研究成果时，以直接相关成果为主。

（二）成果的时间问题

不同课题对成果的时间要求不同，有的课题要求填写近五年的相关成果，而有的课题则只能填近三年的相关成果。时间的跨度务必按照课题申请书的要求和说明如实填写。

（三）正式、公开发表的成果

相关研究成果通常必须是正式公开发表或出版的成果，发表的刊物需为正规刊物。如果是国内刊物，需要有国际（ISSN）和国内（CN）刊号；如果是著作，需要有统一书号（ISBN）。非正式、非公开发表的成果一般不可填写在此栏。

四、相关研究课题

几乎所有的教育课题都要求填写课题申请人（负责人）和课题组主要成员近年来承担的相关重要研究课题。相关研究课题可以让评审专家了解课题申请人（负责人）和课题组主要成员的课题研究经历与研究领域。

（一）承担课题的角色

多数课题要求只能填课题申请人（负责人）和课题组主要成员近年来主持的相关课题，少数课题允许填写课题申请人（负责人）和课题组主要成员近年来参与的相关课题。

（二）相关研究课题的时间

有的课题要求填写近五年的相关研究课题，有的只能填近三年的相关研究课题。如果要求填写相关课题立项时间的，填写的时间须与该课题立项批准文件上的时间一致。

（三）相关课题的完成情况

已经结题的，填写何时结题的，如“2018 年结题”；正在研究的，填写“在研”。在研的课题如果取得了阶段性成果，可以附加说明“已取得阶段性成果”。

（四）相关课题的级别

有些课题对填写的相关研究课题有明确的级别限制，比如全国教育规划课题明确说明只需要填写省级以上的立项课题相关信息。多数课题对相关课题的级别并不做限制，尤其是级别本身不高的课题。

五、课题设计论证

课题设计论证部分是课题申请书的核心部分，直接决定课题申请的成败。不同的课题，课题设计论证的内容和要求也会不同，主要包括阐述课题的选题依据、研究内容、研究假设、研究思路、研究方法和创新之处等。

（一）选题依据

选题依据部分要求填写国内外相关研究的学术史梳理及研究动态以及本课题相对已有研究的独到学术价值和应用价值等，主要阐述课题的研究背景、选题依据、核心概念、研究现状、选题意义、研究价值等内容。

1. 研究背景

研究背景也可称为“选题背景”“课题的提出”或“选题缘由”等。研究背景主要阐述为什么要选这个题、进行这个研究。研究背景大致可以从时代背景、理论背景和实践背景三方面阐述。选题的背景要把问题的来源和表现写清楚，同时写清楚对此进行研究的必要性和重要性。时代背景、理论背景和实践背景，在同一个课题中可以有所兼顾，但如果研究的侧重点不同，或课题产生的来源不同，也可选择性重点使用，不必三者都使用。

（1）时代背景。

时代背景是指课题选择所处的时代对课题选择的影响因素或条件，主要阐述随着社会、政治、经济、文化、科学技术等的发展变化所带来的新问题、新要求、新挑战及其与所研究课题之间的关系。某方面的新问题、新要求、新挑战需要通过研究来解决，而本课题的研究是适应这种新变化、解决新问题、满足新要求、应对新挑战的一种途径。

例如，“小学数学探究性学习研究”的时代背景是这样阐述的：新一轮课程改革强调在教学中激发学生的学习兴趣，让数学教学活动建立在学生的认知发展水平和已有知识的经验基础之上，而探究性学习正是适应这项教学改革的重要举措。

这一时代背景简要地揭示了在小学数学中进行探究性学习是对新课程改革要求的回应，点明了这一课题与新课程改革要求之间的关系。

（2）理论背景。

理论背景是指影响课题选择的理论或理论因素。课题的选择有时是对理论发展或影响的一种回应。这种回应包括对理论的使用、检验、推动与发展等。

例如，“新课程实施中提高教师教学设计能力的研究”的理论背景是这样表述的：建构主义学习理论强调以学生为中心，不仅要求学生由外部刺激的被动接受和知识的灌输对象转变为信息加工的主体、知识意义的主动建构者，而且要求教师要由知识的传授者、灌输者转变为学生主动建构意义的帮助者、促进者。这就意味着教师应当在教学过程中采用全新的教学模式、全新的教学方法和全新的教学设计思想。

建构主义的学习理论要求教师改变传统的教学设计思想，而代之以新的教学设计思想。这种理论成为研究如何转变教师教学设计思想和方式的一种理论背景。

（3）实践背景。

实践背景是指实践对课题选择产生影响的因素或条件。实践背景主要阐释实践中需要解释的现象、需要解决的问题等对实践发展的影响，以及解决它们的必要性、重要性和迫切性等。

例如，“牧区小学数学小组合作学习中说话技能提高研究”的实践背景是这样表述的：我校学生大都来源于牧区，由于受生活环境影响大，都不会说汉语。这给提高我校教育教学工作质量带来很大困难，也给教学中学生合作学习造成极大障碍。要想提高我区小学教育教学工作的质量，就必须对学生进行“说”的训练，让学生从不会说、不想说、不敢说，到我会说、我想说、我敢说、我要说、让我说。

从这简短的研究背景中，可以看出这个课题是基于当地教学的实际问题而提出的，而且为我们揭示了这个课题研究的必要性、重要性和迫切性。[①]

2. 选题依据

选题依据阐述的是申请人是依据什么进行课题研究的。选题依据大致包括理论依据、实践依据和政策依据三类，以理论依据和实践依据为主。

（1）理论依据。

理论依据是申请人对待研究问题拟定研究假设所依据的理论，也包括指导研究过程的理论，一般要明确说明待研究的课题与这些理论之间的关系。因此，填写理论依据时要以与课题研究密切相关的理论为依据，这样才能给课题研究提供适当的支撑。

填写理论依据注意事项：一是罗列的理论与课题研究必须有密切的关联。二是不能将不是理论的东西列为理论依据，如以课程标准作为理论依据，或者以国家的教育政策作为理论依据。政策依据是课题研究中可能需要的另一类依据，与理论依据是并列的关系，不能将其容纳入理论依据。三是不可以名人名言为理论依据。四是不能仅列举理论，却不对理论对课题研究的作用或与课题研究之间的关系做任何说明或解释。五是不能大量堆砌相关理论，认为理论越多越好。列举的众多理论虽然可能对课题研究都有指导作用，但起核心作用的也就两三个，不必穷尽地罗列所有相关的理论。

（2）实践依据。

某类教育教学实践可以验证课题研究的可行性与合理性，那这类实践活动就可以称为本课题研究的实践依据。课题反映了教育教学实践中亟待解决的问题，对实践的反映越强烈，课题的实践依据就越充分，相应的研究价值就越大。

（3）政策依据。

有的课题研究依据的是国家的法律、法规、政策和制度，那这些法律、法规、政策和制度就是课题研究的政策依据，以政策为依据，证明课题研究的合理性、可行性与现实性。

3. 核心概念

（1）核心概念界定的含义。

有些课题需要在申请书中对能集中反映课题研究主要内容或主题的概念进行界定。核心概念的界定是对课题的一种诠释，一般采用归纳和演绎的方法对课题的核心概念加以说明，

---

① 李冲锋. 教师如何做课题[M]. 上海：华东师范大学出版社，2013：52-54.

确定概念的内涵与外延。核心概念的界定要精准明晰。

（2）核心概念界定的方式。

教育研究课题中界定核心概念经常采用抽象定义和操作定义两种方式。

抽象定义是对核心概念本质的概括，即从抽象的文字意义上对变量的共同本质进行概括，常用于质的研究中，如“自学能力是指独立进行学习的能力”就是抽象定义。

在量的研究中，常用操作定义，即依据可感知、可测量、可操作的特征来界定变量或指标。操作定义具有可观测性和可检验性。例如：“高中生数学素养是对数学内容的融通素养（数学内容维度），是将现实问题转化为数学问题的建模素养（现实情境维度），是用数学的眼光看世界、数学的思维分析世界、数学的语言诠释世界的数学能力素养（数学过程维度）”①，这种就是操作定义。

（3）核心概念界定的常见问题。

大多数教育研究课题的申请书中并没有核心概念界定这项内容，核心概念的界定因此也就并不受重视，一旦要求对核心概念进行界定，出现问题就很多。教育研究课题核心概念界定常见的问题有三类。

一是界定无须界定的概念，如对一些公知的概念进行界定。像课题“小学生学习障碍调查研究”中将“小学生”作为核心概念进行界定，这就是没有必要的界定。

二是将课题中所有的词语以及词语组合都作为核心概念进行界定。如课题“农村幼儿园手工课程资源的开发与利用”中将“农村幼儿园”“手工课程”“课程资源”“课程资源的开发”“课程资源的利用”以及“手工课程资源的开发与利用”逐一进行界定，就是没有必要的。

三是忽略对研究对象范围的界定。如课题“城乡小学生课业负担调查研究”做的是城乡小学生课业负担对比研究，该课题仅对“课业负担”进行界定，却不对研究对象的范围进行界定，我们就很难知道课题到底是要在全中国范围内做对比研究，还是仅在某地范围内做对比研究。

4. 研究现状

该部分可称为研究综述，主要进行国内外相关研究的学术史梳理，介绍和评价研究动态，通过介绍研究的前期文献准备情况，介绍、评价研究问题的历史、现状和发展，向评审专家展示申请人的研究基础。研究现状从某种意义上说，其实是对课题所涉及问题的国内外相关研究成果所做的文献综述。

（1）研究现状填写的内容。

第一，对课题研究领域的重要观点和进展情况进行说明，摆出各类相关观点，既包括占主流的观点，也包括非主流的观点；既要摆出正方的观点，也要列明反对者的立场。要介绍这些观点与立场出处之所在，也就是要简要介绍相关文献的基本信息，包括观点持有者（作者的姓名）、文献名称、文献发表的载体（期刊、出版社）以及发表或出版的时间，如某某人在《某某》（论文或专著）中认为如何如何等。当然，这些信息不一定都需要全部予以展示，可以仅介绍观点、观点持有人（文献作者）和时间，与此相关的文献的具体信息，可以在申请书中单列的参考文献部分提供，如“某某观点（张三 2015）”，对课题研究进展情况的说明

---

① 王光明，张楠，周九诗. 高中生数学素养的操作定义[J]. 课程·教材·教法，2016（7）：50.

的重点是分析相关观点的演变情况、预测相关研究的发展趋势。

第二，必须对现有的文献和成果进行评价，对其在学术上的价值，实践上的意义做出客观、公正的评价，同时也需要说明其观点或立场所存在的不足，综合分析现有研究中的欠缺和有待深入的地方。对现状评价时，一是要注意分析已有成果与待研究课题之间的关联；二是对现有成果宜批判地继承，客观地评价，中肯地指出问题与不足，绝不可将现有成果评价得一无是处，以此强调自己研究的意义和价值。

第三，分析课题研究领域尚待解决的问题和解决这些问题的意义，为填写课题选题意义和研究价值部分奠定基础和埋下伏笔。

（2）研究现状填写的常见问题。

研究现状填写的常见问题有四种。

一是相关文献不够，观点与内容淡薄，难以支撑对现状的评述。

二是仅对课题相关研究的发展现状进行分析，却不分析课题所涉及的相关研究成果的现状。

三是仅进行相关文献观点与内容的罗列，缺少自己的评价，对当前研究的成就与不足不予任何评价，不说明需要进一步研究的问题。

四是对研究现状的总结与评价不客观，或者粗疏，缺乏基本的证据支持。

5. 选题意义与研究价值

选题意义是指选这个研究的意义，而研究价值是指本研究所具有的价值。选题意义与研究价值实际是有区分的，但在一般的教育研究课题中，我们不需要对二者进行泾渭分明的区分，实际上选题意义与研究价值我们可以合并理解为本课题相对已有研究所具有的独到的学术价值和应用价值。

选题意义与研究价值可以从理论意义（价值）和实践意义（价值）阐述。理论意义（价值）阐述的是课题研究对本领域研究在理论上的积极影响和作用，包括对理论发展的推动，对现有相关理论体系的丰富、充实或创新。实践意义（价值）也就是应用方面的意义（价值），阐述的是课题研究对教育教学实践的积极影响和作用，包括对教育教学实践的启示、推动或改革。

选题意义与研究价值其实还包括社会价值。所谓社会价值，是指课题研究在政治、经济、文化、历史、社会等方面的价值，换言之，是指课题研究对社会发展所做的贡献。不过教育研究课题一般在后续的课题预期研究成果中单设了成果的“预期社会效益”栏目，届时课题的社会价值部分可在该栏目中予以阐述。倘若课题申请书中没有其他地方阐述社会价值的，就可以将其纳入本部分进行表述。

选题意义与研究价值部分在填写时也可以不按照理论与实践两大板块组织文字，毕竟机械地分成固定的板块也略显不灵活。采用其他灵活的文句形式，只要能将意义与价值不重复且符合一般逻辑地表述出来，就是可行的。

【课堂实训与讨论 3】

阅读下列课题申请书中的理论依据部分，从理论依据填写注意事项角度，对这些理论依据进行简单的点评。

课题“农村小学美术课程资源的开发与利用”的理论依据[①]

1. 建构主义的学习理论

建构主义的学习理论以皮亚杰、布鲁纳等人为代表，思考的是如何使客观的知识结构通过与个体交互作用而内化为认知结构。建构主义批评传统教学使学习脱离情境的做法，提倡情境性教学，认为“情境”“协作”“会话”和“意义建构”是学习环境中的四大要素或四大属性。本课题所采用的就是建构主义与情境联系在一起的做法，在农村的具体环境下，构建课程资源，发展美术教育。

2. 人本主义理论

人本主义强调教学的目标在于促进学习。教师的任务不是教学生学习知识，也不是教学生如何学习，而是为学生提供各种学习的资源，提供一种促进学习的气氛，让学生自己决定如何学习。农村小学教师应注重课程资源的开发，成为学生“学习的促进者”，帮助其自主学习。

3. 陶行知的生活教育理论

陶行知先生强调“生活即教育，社会即学校”，在教学过程中要做到“教学做合一”。在当前教育中，教学内容不符合学生生活实际，不适应学生思想认识，不能很好地为学生生活服务的现象普遍存在。而陶行知生活教育理论则启发我们，教师不应当仅仅是传授课本知识的老师，还应当是教学社会知识的专家。同时，教材也应从传统的课本中突围出来，使学生不仅要读课本这个“有字书”，更要学社会生活中的“无字书”。

【课堂实训与讨论 4】

阅读下列课题申请书中的研究现状部分，讨论该部分有哪些不足。

“小学音乐课堂教学有效评价研究”课题研究现状

近年来，随着音乐教育的改革与发展以及国外先进教育教学方法的引入，音乐教学已由重技能技巧转向注重培养学生的情感、态度与价值观。但音乐教学评价的方向仍然还是注重评价教师的教学效果。不过，相对早期的音乐教学评价而言，在评价的类型和评价的方法上已经开始从总结性评价向形成性评价转移，从局部评价向整体、综合评价转移，从被评价者被动等待评价向主动参与评价发展，从重结果向重过程转变；在评价理论方面，开始强调解决实际问题的能力、创新能力、实践或动手能力、良好的心理素质与科学精神、积极的学习情绪等综合素质的评价。评价不再是为了选拔和甄别，而是关注学生成长与进步；评价不再是“选拔适合音乐教育的儿童”，而是“创造适合儿童的音乐教育”。在激励与整合的功能方面，评价教师的教学，是引导教师在他评与自评中领悟自己的发展方向，进而借助评价的力量来整合个人的教学能力，把课上得更好，将各项教学工作完成得更出色。

综观小学音乐课堂教学评价的研究现状，小学音乐课堂教学评价呈现出评价指标与主体多元化、重视质性评价以及重视评价指标体系的构建等趋势。研究趋势同时也表明，实践中小学音乐课堂教学评价仍然存在诸多不足，例如评价片面、评价方法单一、评价体系不完善等。为克服这些不足，理论和实务界做出了很多具有跨越性意义的探索，也取得了一些有价

① 曾晓洁. 小学教育研究方法[M]. 北京：高等教育出版社，2015：33.

值的成果。但总体而言，这些成果较为片面，视角单一，有单从评价方法入手的，如《试谈小学音乐教学评价的方法》（许静芝，2018）、《小学音乐课堂教学有效评价的方法》（黄洁，2017）；有仅从评价主体关注的，如《农村小学音乐课堂歌唱教学的多元评价》（彭和芳，2010）、《浅谈在小学音乐课堂教学中多元评价的应用》（张霞，2018）、《小学音乐课堂教学多元评价方式策略的研究》（董瑜，2017）；也有粗略探究评价标准的，如《对〈哈尔滨市中小学音乐学科课堂教学评价标准〉的认识——谈音乐与素质教育》（亢音，2000）。但从综合视角以考察影响有效评价各因素为基础的研究尚不多见。现有成果还表现出两种极端：要么重视理论建构，要么强调实践操作，成果的普适性有待增强。

【课堂实训与讨论 5】

阅读下列两份课题申请书中的选题意义与研究价值部分，讨论二者孰优孰劣，并简要说明理由。

"小学音乐课堂教学有效评价研究"课题的选题意义与研究价值

小学音乐教学的效果长期以来表现不够理想，其中最主要的一个原因就是科学有效的教学评价体系缺位。因此，小学音乐课堂教学需要有一套理念新、方法多、主体多元的有效评价体系。此为本课题选题意义之所在。通过有效评价，对音乐教学进行诊断、激励与改善，有利于学生了解自己的进步，增强学习的信心和动力，促进课堂教学质量的不断提高，完善学校音乐教育教学管理，推动音乐课程的建设与发展，有效地促进学生的发展。此为本课题研究价值之所在。

"新学习方式下学习策略的应用研究"的选题意义[①]

1. 理论意义

（1）探索与新出现的学习形式相应的学习策略，丰富学习形式的内涵。

（2）挖掘学习策略的丰富内涵，从分层化、个性化等几个方面寻求学习策略的发展特点与对策，进一步丰富学习策略理论。

（3）创造一种让每个学生都能发挥自己特长的学习环境，教师创造性地探索教的策略与学的策略相整合状态下的教学结构。

（4）开发学习策略的评价工具，丰富测量理论和评价理论。

2. 应用价值

（1）培养学生的合作精神。

（2）培养学生学习的主动性、积极性。

（3）改进学习困难的学生的学习。

（4）让学生适应不同的学习环境，以恰当的学习策略进行不同形式的学习学会变通，培养实践能力和创新精神。

---

① 耿中、周春红. 课题研究方案设计[M]. 合肥：安徽教育出版社，2004：94-95.

（二）研究内容

1. 课题的研究对象

课题的研究对象是指课题研究针对的人、物或事。

例如，“××市学生体质状况调查研究”的研究对象就是“××市学生”，“××市农村留守儿童安全教育问题的研究”的研究对象是“××市农村留守儿童”。研究对象不同于研究内容，研究内容是研究的问题，如前例两个课题的研究内容分别是“体质状况”和“安全教育问题”。

2. 课题的总体框架

在研究内容项下的课题总体框架指的是课题的内容框架。课题研究会在总的问题之下分析出一些具体的相关问题，这些相关的问题就构成了课题的总体框架。研究内容之间应具有明确的逻辑关系，表述研究内容时需要将研究的相关问题一一列明，并且要分别进行简要的介绍或说明。

相对于研究目标而言，研究内容是实现研究目标的载体，某一具体的研究目标可能对应若干个研究内容。在实际填写顺序上，通常是先确定研究目标，再填写研究内容。

确定研究内容常见的问题很多，一是研究目标与研究内容相互背离。研究内容一般要根据课题的研究目标确定，研究内容的确定是为实现研究目标服务的。二是研究内容表述不具体，语句笼统，甚至将研究的意义当作研究内容。三是仅条目式地列举研究内容，不对内容做基本的介绍或说明。四是研究内容过多、过细。有人将研究内容当作一本书的详细目录来写，甚至直接套用“篇、章、节、条、款、项”的格式，让人感觉研究内容庞杂、细碎，重点难以凸显。五是研究内容过少。过少的内容无法支撑实现研究目标。

课题研究的总体框架直接影响后续的预期研究成果。预期成果是以课题研究内容为基础得出的成果，因此，必须与研究内容保持对应，否则就可能出现研究内容与研究成果两不相干的结果。

3. 课题研究的重点难点

课题研究的重点与难点是有区别的。

研究重点是研究中最基本的内容，在研究总体框架内处于最重要的地位，对其他研究产生和发挥重要影响。重点内容不明确，重点内容不解决，整个课题就无法顺利进行下去，就无法实现研究目标。而研究难点则是研究过程中较难处理的部分，难点主要是从技术角度讨论的。重点未必就是难点，难点也未必就是重点，重点可能也是难点，难点也有可能是重点，甚至有的课题可能没有什么难点，但一定会有重点。

重点难点表述中常见的问题不少，一是重点难点混同在一起，分不清哪些是重点，哪些是难点。二是将容易得出结论的简单的内容列为重点。三是难点的确定不严谨，或夸大难度，或小觑了难度，或泛泛而选。四是重点难点的数量不适切。重点太多，无法突出真正的重点；难点太多，给人以课题组可能无力完成研究的印象；重点太少，给人以研究并无重要性的感觉，难点太少甚至没有难点，又显得课题过于容易，甚至无须立项进行研究。一般情况下，课题的重点可以控制在 3 ~ 5 项，难点控制在 1 ~ 3 项。

4. 课题研究的主要目标

课题研究的主要目标是指课题研究预期要达到的主要结果。明确课题研究的目标其实就是明确课题的导向。课题研究目标要具体、明确、适度，有条理，要具有可操作性。

研究目标与课题的性质、类别、级别、选题的大小以及课题的研究内容要协调，目标太大、太高可能不一定能实现，也会造成作茧自缚，甚至导致无法进行研究。目标太小、太低可能显示课题不具有研究价值，影响评审立项。研究目标的表述并没有什么固定的格式，可以从手法与意图（结果）入手进行表述；也可以先设置一个总目标，在总目标之下再设具体目标。不论采用什么方式，表述研究目标时都要注意各目标之间要相互支持，不能交叉或重叠。

【课堂实训与讨论 6】

阅读“小学音乐课堂教学有效评价研究”课题的研究内容与预期研究成果部分，讨论这些部分存在哪些问题。

一、研究目标

通过课题研究和实践，全面提高学生的综合素质，促进学生的全面发展。

二、研究内容

（1）小学音乐课堂教学评价中存在的问题及其具体表现形式。

（2）小学音乐课堂教学评价中存在的问题的成因和症结。

（3）小学音乐课堂教学评价的基本原则。

（4）小学音乐课堂教学有效评价的范式。

1. 评价理念

从小学音乐课堂教学目标出发，紧扣素质教育的要求，结合音乐学科基础性、个体性和发展性的特性进行综合、全面，有利于学生个体发展的评价。

2. 评价方法

改进评价方法需要实现选拔性评价与发展性评价结合，结果性评价与过程性评价结合，外部评价与内部评价结合，在“三结合”的基础上综合使用各类具体评价方法。

3. 评价主体

多元主体参与评价，最基本的功能是克服单一主体评价的效度与信度低下之弊端。多元主体参与评价可以使得不同主体的评价在结果上相互比较，互相印证，有利于教学主体组合使用评价结果，减少或消弭评价偏差导致的各类负影响，为音乐课堂的教学提供指引或导向。

4. 评价指标

探索建立并完善评价指标体系，即建立并完善由小学音乐课堂教学各方面特性及其相互联系的多个指标所构成的具有内在结构的有机整体。

三、研究重点难点

（一）重点

1. 评价原则

小学音乐课堂教学评价的基本原则是本课题研究的核心问题。

2. 评价范式

探索适合小学的音乐课堂教学评价范式是研究的重中之重，也是本课题的研究目标。

3. 评价理念

评价理念是构建小学音乐课堂教学有效评价范式的观念基础，指导范式构建，决定范式构建的成败。

（二）难点

1. 样本选取

小学分布复杂，层次不均，实然研究与方案分类工作量大。

2. 评价范式构建

需提炼适合小学的音乐课堂教学评价范式，技术难度较大。

3. 调查访谈

4. 评价体系构建

四、预期研究成果

主要阶段性成果（限报10项）				
序号	研究阶段（起止时间）	阶段成果名称	成果形式	负责人
1	2019.05—2019.08	小学音乐课堂教学评价中存在的问题及其具体表现形式研究	研究报告	×××
2	2019.09—2019.12	小学音乐课堂有效评价对学生音乐素养提升的意义	论文	×××
3	2019.09—2020.02	小学音乐课堂教学评价中存在的问题的成因和症结分析	研究报告	×××
4	2019.09—2020.02	小学音乐课堂教学评价的基本原则研究	论文	×××
5	2019.09—2020.10	小学音乐课堂教学有效评价的理念研究	论文	×××
6	2020.01—2020.12	小学音乐课堂有效评价的方法研究	论文	×××
7	2020.01—2020.12	小学音乐课堂教学评价指标体系研究	论文	×××
最终研究成果（限报3项，其中必含研究报告）				
序号	完成时间	最终成果名称	成果形式	负责人
1	2021.01	研究总报告	研究报告	×××
2	2020.02	小学音乐课堂教学有效评价研究论文集	论文	×××

（三）研究假设

研究假设是根据事实和已有资料对研究课题设想出一种或几种可能的答案或结论，对研究结果的一种预测。研究假设一定程度上确定了研究可能的路径和结果等。并非所有的课题都要求有明确的研究假设，定量研究一般要求提出研究假设，但定性研究却不一定要求预先提出研究假设。

课题申请书中研究假设的表述通常有三个要素：论题、关系陈述和推论。

例如，在“小学生阅读量与语文成绩关系的研究”这一课题中，在得出事实结果之前，可以做出这样的假设：小学生阅读量与语文成绩是正相关关系，即阅读量大，语文成绩相对就好；阅读量小，语文成绩相对就差。

在这个假设中，论题是：小学生阅读量与语文成绩的关系。关系陈述是：小学生阅读量与语文成绩是正相关关系。推论是：小学生阅读量与语文成绩是正相关关系。可以由研究人员依据自身的经验或教育常识而做出，也可以通过逻辑推理而做出。

研究假设常见的问题是假设不严谨，随意性大。

（四）思路方法

填写本课题研究的基本思路、具体研究方法、技术路线、研究计划及其可行性等。

1. 研究思路

研究思路即对课题研究整体的规划，是针对课题研究的实施而言的。研究思路主要介绍先做什么、再做什么、后做什么等。研究思路可以分步分段表述，也可以综合表述。例如，“我国农村小学施行绿色海量阅读的研究”课题的研究思路是这样表述的：课题组计划利用两年半左右的时间完成本课题研究。在调查与实证分析的基础上，形成研究本课题所需的知识储备，构建理论基础。通过材料分析与整合，形成理论成果。为保证研究理论的先进性和实践体系的可操作性，本课题采用理论研究、实证分析同步穿插进行的方针，充分发挥研究小组学科交叉的综合优势，总体规划、分步实施，在明确分工、相互配合的基础上，如期完成本课题的研究。

2. 研究方法

研究方法是指本课题在研究过程中实际将采用的具体研究方法。研究方法选择得当是实现研究目标的基本条件。研究方法要与待解决的研究问题结合，要与问题的特点、性质相适应。

选择课题研究方法要确定所选择的方法在本课题研究中主要的运用目的等。例如选择“教育文献研究法”，就不能仅仅简单地列举这个方法，而要将这个研究方法予以“本课题化”，要清楚地说明运用这个方法主要是搜集与课题研究相关的教育文献资料，包括具有代表性的论文与著作等，并对所搜集的文献进行细致的梳理、分类和比较。如果某研究方法仅在研究的某个阶段运用，则可以在选择该方法之后，一并加以说明。

选择研究方法要注意研究方法的名称问题，尽量使用已经有确定名称且为大家熟悉的研究方法，并且注意研究方法之间尽量不要重合，避免属种关系的研究方法同时出现。比如，不能同时选择“教育调查法”和“访谈法”，或者“实证研究方法”与“教育行动研究法”。

申请书中研究方法的表述尽量注意涵括三个要素：一是使用什么方法，二是这（些）方法用在什么研究阶段（时间），三是这些方法的使用目的何在。

选择研究方法还要注意采用一些本课题研究所需的特色研究方法。

填写研究方法常见的问题不少：一是仅列举方法名称，或者列举名称后，再对该研究方法的含义进行解释。研究方法，尤其是常用的研究方法是不需要对其本身的含义进行解释的。二是堆砌研究方法，一项课题动辄运用十来项研究方法，这虽有可能，但不需要全部列出。申请书只要列出主要的研究方法即可，不要太多。三是使用一些名称新奇、含义不清的研究方法，故弄玄虚。四是研究方法明显不适合本课题，如从课题的研究目标与研究内容考察，根本不大可能用得上这一方法。

3. 技术路线

技术路线是指申请人为实现研究目标而准备采用的技术手段、具体步骤及解决关键性问题的方法等在内的研究途径，应尽可能详尽，每一步骤的关键点要阐述清楚并具有可操作性。技术路线可以用图表展示，也可以用纯文字表述。

技术路线与研究思路、研究方法有着割舍不尽的关联，几乎所有的教育课题都要求填写研究思路和研究方法部分，但并不一定要求阐明技术路线。

4. 研究计划

研究计划部分主要填写课题研究的时间、顺序和主要工作的安排，也即课题的研究步骤（实施步骤）。本部分需要大致明确课题研究分为几个阶段，每阶段的大致时间安排以及每阶段主要的任务和预期的成果。一般研究计划将研究工作分为三大阶段：准备、实施和总结。

准备阶段的主要工作是选择课题，确定研究对象与研究内容，搜集、整理并分析文献，制订研究方案，编制调查问卷或实验方案等。

实施阶段的主要工作是按计划的研究内容开展实际研究、进行相关调研与实验、收集整理教育研究资料、调整与完善研究方案等。

总结阶段主要工作是统计分析研究资料、提炼研究成果，产出预期成果，撰写结题报告、发表相关成果等。

课题研究计划并非只能分为三大阶段，根据课题研究的实际需要，研究阶段的划分可以有更多灵活的方式。但不论划分为多少个阶段，研究计划都不能太笼统，太笼统的计划缺乏具体任务安排，不可取。如果研究计划可以用于任何其他课题，那么这样的研究计划通常很难解释本课题具体的活动内容。

5. 可行性

课题研究的可行性主要从主观和客观方面介绍课题研究的可行性，即研究计划符合实际，可以施行。可行性实际上是课题选题的依据之一。

课题研究的可行性部分与课题申请书中研究基础与条件保障部分是有区别的。尽管从某种程度上讲，二者有很多内容可能是相同、相近或重合的，甚至表述都可以相同、相近或重合，这在研究基础方面表现较为突出，但在同一份申请书中，最好还是各有侧重，不要混同。

可行性主要从课题组具有相应经验与能力，具有相应的理论基础与实践基础等方面阐述课题研究是切实可行的，并能取得预期成果。

而课题研究基础则重在介绍课题申请人（负责人）前期相关研究成果、核心观点及社会评价等，从观点铺垫与成果积累角度阐述课题研究具有一定的基础；研究的条件保障则是指完成本课题研究的时间保证、资料设备等科研条件，重在介绍课题研究的政策与经费、设备与资料等信息，从物质角度阐述课题研究具有保障。

不过有的课题并不明确区分课题研究的可行性、课题研究基础与条件保障，而是将这些内容融合在一起，要么整合为课题研究的可行性分析一个部分，要么合并到课题的研究基础与保障部分。

（五）创新之处

教育课题研究重要的价值就是创新，无创新就无价值。

创新之处指的是课题研究可能的创新之处，主要指根据研究目标，经过思考与研究，产生独特、新颖和有价值的理论、技术、工艺或产品，申请书中一般要求填写课题在学术思想、学术观点、研究方法等方面的特色和创新。

一般情况下，一项课题有两三项创新就可以了，太多的创新可能不是很现实，也可能难以令人信服。课题的创新之处需客观、适当地表述，不可空泛，不要夸大，不建议轻易使用“填补空白”或“开创新领域”等之类的措辞。

【课堂实训与讨论 7】

阅读“小学音乐课堂教学有效评价研究”课题申请书中的研究方法部分，讨论该表述有哪些不足。

本研究除采用教育文献研究法、教育调查法、访谈法、教育个案研究法等常规性研究方法外，还注重采用一些特色研究方法。

1. 定量研究法

确定事物某方面量的规定性的科学研究，就是将问题与现象用数量来表示，进而去分析、考验、解释，从而获得意义的研究方法。

2. 教育问题会诊法

充分利用教育专家群体的智慧开展对小学音乐课堂教学评价的实践问题会诊，在更广的范围里收集影响小学音乐课堂教学评价的因素。

【课堂实训与讨论 8】

阅读“小学音乐课堂教学有效评价研究”课题的创新之处，讨论该创新之处表述有哪些不足。

1. 理论创新

构建小学音乐课堂教学有效评价的基本理论，填补小学音乐课堂教学评价理论的空白。

2. 实践创新

在小学音乐课堂教学评价方面倡导实现选拔性评价与发展性评价结合、结果性评价与过程性评价结合、外部评价与内部评价结合，在“三结合”的基础上综合使用各类具体评价方法，这是本课题在策略建议上的创新。

3. 方法创新

采用跨学科视角的研究方法。运用主成分分析方法对小学音乐课堂教学评价存在的问题进行梳理，总结归因，为提出具体策略奠定基础。

（六）参考文献

要求填写开展本课题研究的主要中外参考文献。

在国内外相关研究的学术史梳理及研究动态（研究现状、研究综述）中提到的主要参考文献，一般都需要在此处标列，少数在国内外相关研究的学术史梳理及研究动态（研究现状、研究综述）部分没有提到，但对课题的研究具有重要参考价值的文献，特别是在立项之后的实际研究过程中需要阅读借鉴的文献，也可以在此标列。

参考文献的数量虽然没有明确的限制，但由于受课题申请书具体栏目字数的限制，此处不需要也不可能将开展本课题研究的所有参考文献都予以标列，一般以 20 条左右为宜。

参考文献的标列不可随意，申请人需要根据课题的研究内容和参考文献的价值、重要性以及影响等，确定此处应标列的文献。标列的文献既要有期刊论文文献，也要有专著文献；既要有以往的文献，更要有最新的文献；通常以中文文献居多，但也需要尽量标列部分外文参考文献，尤其是一些级别高的或者基础研究课题，仅有中文文献是不够的。

课题申请书中参考文献的标列不需要一定按照期刊论文中参考文献的标注方式进行标列。按照期刊论文中参考文献标准的要求标注，文献信息虽然齐全，但用字较多。参考文献的信息只要将文献的最核心信息表述清楚即可。参考文献最核心的信息包括作者、文献名称、出版机构或期刊名称，出版时间（年）或期刊的年（期）等。其他没必要的信息均可忽略。

课题申请书填写实践中，申请人往往最容易忽视参考文献栏目，低估该栏目在课题评审中的重要作用。参考文献信息可以展示申请人的学术钻研程度和课题学术性的深度，可以体现申请人对课题研究的历史、现状以及未来发展趋势的了解程度；通过最新参考文献的信息，也可以了解申请人的选题是否新颖，研究内容是否具有创新性；通过参考文献的数量，可以了解申请人的准备是否充分，文献搜集能力和文献整理分析能力如何。因此，申请人在填写本栏目时需要认真、谨慎。

参考文献因不同的课题，或同一课题申请书与活页的不同要求而有区别，出现的位置可能不同。有的课题将参考文献直接列在研究现状之后，有的课题在申请书的其他部分单列参考文献。这个只需按照申请书或活页的要求或说明填写，一般都不会出错。

【课堂实训与讨论 9】

阅读下列课题申请书中的研究计划（实施步骤）部分，讨论该研究计划有哪些不足。

“小学音乐课堂教学有效评价研究”课题研究计划（实施步骤）

第一阶段（2019.05—2019.11）：召开会议，确定分工；
第二阶段（2019.12—2020.05）：研究文献，完善理论；
第三阶段（2020.06—2020.12）：调查分析、发表论文；
第四阶段（2021.01—2021.04）：撰写报告，申请结题。

“提高我市小学教师教研素养的研究与实践”课题研究计划（实施步骤）

1. 准备（2009.01—2009.09）

（1）学习与待研究课题相关的教育理论知识，研读相关专著，形成知识储备。

（2）撰写课题研究综述（文献综述）。

（3）整理课题申请材料，完成课题申请立项。

2. 研究（2009.10—2011.09）

（1）针对本校及有关同类学校教师教研教学现状进行问卷调查（含外出学习与考察），增补我市小学教师教研素养相关的数据与信息，了解我市小学教师教研活动的形式、规律与特点，分析我市小学教师教研素养提升的趋势，形成调研报告。

（2）组织访谈、召开座谈会，广泛听取小学教师、教育行政管理人员以及相关专家或学者的意见。

（3）逐步撰写并发表论文，形成阶段性研究成果。

（4）课题研究信息的反馈与再整理。

3. 结题（2011.10—2011.12）

（1）总结整理所有研究成果，分析需要更深入研究的后续相关问题。

（2）进行项目论文汇编工作，撰写“提高我市小学教师教研素养的研究与实践”研究报告。

（3）提交研究成果，申请结题鉴定。

【课堂实训与讨论 10】

结合前面课堂实训与讨论中的“小学音乐课堂教学有效评价研究”课题研究现状部分，阅读该课题申请书中的参考文献信息，讨论该参考文献信息有哪些不足。

1. 王成. 小学音乐学科评价初探[J]. 中国音乐教育，1999（7）.

2. 俞静雅. 小学音乐教学评价的三个关注点[J]. 读与写（教育教学刊），2015（8）.

3. 高金. 基于动态关注的小学音乐课堂即时评价[J]. 上海教育，2015（2）.

4. 王铮. 浅谈小学音乐课堂教学方法及评价[J]. 当代音乐，2018（2）.

5. 李光伟. 音乐教学中的表现性评价策略研究[J]. 中国教育学刊，2015（11）.

6. 郑颖琼. 浅谈音乐教学评价的方法及原则[J]. 南昌教育学院学报，2012（07）.

7. 朱琳，刘光理合著《丰富多彩的小学音乐评价方法》“科技风杂志”，2015 年第 5 期。

8. 王英奎《关于小学音乐课堂教学评价的探讨》,《乐府新声（沈阳音乐学院学报）》, 1990 年 4 月刊。

六、研究基础和条件保障

（一）学术简历

填写课题申请人（负责人）的主要学术简历、学术兼职，在相关研究领域的学术积累和贡献等。

1. 学术简历

学术简历简要介绍课题申请人（负责人）的学术方面的经历、学术特长等，重点填写何时何地从事何种学术活动，包括进修学习、攻读学位、访学交流、学术管理等。

学术简历不能重复申请书数据表部分的申请人（负责人）信息，重点不在学术成果的罗列，学术成果按相关程度需在研究基础部分说明。

2. 学术兼职

学术兼职以单位外的兼职为主，也即主要填写与学术相关的社会兼职，介绍在何学术机构、社会组织中担任的职务，如名誉教授、常务理事、某协会（学会、研究会）会长（会员）、某专家委员会会员（主任委员）、学术期刊编辑（副主编）、某指导委员会委员等。

学术兼职按兼职的影响力与重要性排序。

3. 在相关研究领域的学术积累和贡献

课题申请人（负责人）为研究所做的学术准备工作即为学术积累，丰厚的学术积累是进行课题研究的基础。学术贡献是指课题申请人（负责人）在相关领域所创立的理论，或对学术所产生的重大推进作用。

（二）研究基础

课题申请人（负责人）前期相关研究成果、核心观点及社会评价等。注意此处不能填写课题组成员的相关研究成果，因此，应与有的课题申请书中“课题申请人（负责人）和课题组成员近年来取得的与本课题相关的研究成果”有所区分。当然，在通常情况下，这两个栏目不会在同一份申请书中同时出现的。

1. 课题申请人（负责人）前期相关研究成果

课题申请人（负责人）前期相关研究成果是指与本课题研究相关的成果，而并非申请人（负责人）的所有成果。前期相关成果一般列举专著、论文与报告。

前期相关成果表明课题申请人（负责人）在本课题研究上已经有了一定的基础和进展，前期相关成果构成本课题研究的基石。

前期相关研究成果的与本课题的相关性有大小之分，填写这些成果时，就以相关性的大小为依据进行列举，不要按照成果发表或出版的时间先后列举。这一要求与下面核心观点的列举是一样的。

2. 核心观点及社会评价

研究基础中的核心观点部分从逻辑上考察指的是课题申请人（负责人）前期研究成果的观点，是申请课题之前已经有的观点，而非本课题的研究假设。因此，填写研究基础中的核心观点时，是需要与本课题的研究假设严格区分开来。

前期成果的相关观点应填写的是与本课题相关的观点，且只能填写申请人（负责人）的观点。观点的排序以与本课题的相关性为标准，与本课题相关度高的排在前，反之，排在后。

核心观点是课题申请人（负责人）前期相关研究成果观点的提炼，不能填写与前期相关研究成果无关的观点。

社会评价是指课题申请人（负责人）前期相关研究成果及核心观点在社会上所产生的影响和获得的评价，主要指成果及核心观点的引用、评价、下载、采纳与获奖等情况，主要用数字说明。社会评价需客观真实，不能言过其实，更不能弄虚作假。

（三）承担项目

此处一般仅填写课题申请人（负责人）承担的各级各类科研项目情况，包括项目名称、资助机构、资助金额、结项情况、研究起止时间等。“承担”的项目一般仅指主持的项目，不包括以成员身份参加的项目。

此处与课题申请书中的“课题申请人（负责人）和课题组主要成员近 3~5 年来主持的相关重要研究课题”部分不同，主要是可以填写的内容有别。课题申请人（负责人）主持的各级各类科研项目情况都可以填写在此处，且不要求或限制所填的科研项目需与本课题相关。课题申请人（负责人）承担的各级各类科研项目情况是用来证明其具有相应的科研经验，具有一定的科研能力

而“课题申请人（负责人）和课题组主要成员近 3~5 年来主持的相关重要研究课题”则要求填入负责人和课题组成员的近 3~5 年主持的课题，但需与本课题相关，用以佐证课题组在与课题相关的领域所做的研究，表明课题组构成合理，具有相应的实力，能胜任本课题的研究。此处课题申请人（负责人）所主持的课题肯定比课题申请人（负责人）主持的各级各类科研项目要少，课题申请人（负责人）所主持的课题只是课题申请人（负责人）主持的各级各类科研项目中与本课题研究相关的那一小部分。

（四）本课题与已承担项目或博士论文的关系

凡以各级各类项目或博士学位论文（博士后出站报告）为基础申报的课题，须阐明已承担项目或学位论文（报告）与本课题的联系和区别。

课题申请人（负责人）的博士论文和承担的各类已经结项或在研之项目，均可视为过往研究，本课题与这些过往研究之间存在何种关联需要在此明确说明。主要说明二者之间有何种联系，在研究范围、研究对象、研究侧重以及研究价值等方面存在哪些区别。这样要求一是防止出现重复申报，二是展示相关项目与本课题之间是否存在递进关系。

（五）条件保障

条件保障是指完成本课题研究的时间保证、资料设备等科研条件。如果课题申请书中另有单独的课题研究计划可行性分析部分，要注意其与本部分的区别，尽量避免出现措辞或表述上的雷同或重合。

【课堂实训与讨论 11】

阅读“我国农村小学施行绿色海量阅读的研究”课题申请书中的研究计划可行性、课题研究基础和条件保障部分，讨论这些部分存在哪些问题。

课题研究计划的可行性

1. 经验基础

主持人主持和参与过近十项市厅级以上的教育教学科研课题，掌握了一定的科研方法，

有丰富的研究经验。

2. 前期准备

主持人已阅读国内外海量阅读与绿色阅读的相关文献，发表了多篇与绿色海量阅读相关的学术论文；与农村小学绿色海量阅读相关的调研已经启动。

3. 实践基础

主持人经过了十多年的绿色海量阅读教学实践，探索出适用于城区小学特定学段的绿色海量阅读范式，为农村小学绿色海量阅读的施行奠定了可供参照的实践基础。

4. 理论基础

主持人长期进行绿色海量阅读理论研究，形成了基本的绿色海量阅读理论体系，研究成果“小学低中学段绿色海量阅读的研究与实践”获得自治区级基础教育教学成果奖。

5. 资料基础

课题组已积累了相关研究材料，购买了部分与项目相关的重要书籍，组织教师参加了与课题相关的调查研究，已经积累了数十万字的研究资料。

课题研究基础

1. 相关研究成果

（1）小学低中学段开展绿色海量阅读的研究（论文　《广西教育》　2018　独著

（2）小学低中学段实施“绿色海量阅读”的相关研究（论文）

《西部素质教育》　2017　独著

（3）教师如何指导小学生课外阅读（论文）　《小学教学参考》　2008　独著

2. 核心观点

（1）小学低中学段绿色海量阅读是一项统一安排的、长期性的群体活动，有别于家庭或个体阅读。

（2）从社会学和教育学双重学科视角考察，群体性绿色海量阅读强化了阅读的育人功能，其意义远远超越了单纯的教育学范畴，已经同时具备了社会学上的多重意义。

（3）绿色海量阅读与高效课堂建设是一体化过程中的两个互生阶段，高效课堂为绿色海量阅读奠定时间基础，绿色海量阅读反哺高效课堂建设，二者相辅相成，相互依托，互为基础。

3. 社会评价

（1）据有限统计，负责人所有成果至2019年2月18日共计被引用45次。与本课题相关的成果被引用38次。

（2）主持完成的与本课题相关的教学成果“小学低中学段绿色海量阅读的研究与实践”获2017年广西壮族自治区基础教育教学成果奖。

课题研究的条件保障

1. 政策与经费保证

学校和系部领导高度重视，措施有保障，能最大限度地保证项目研究的顺利进行。学校出台了一系列鼓励教学及科研的政策，保障各项制度与措施的有效运行，能切实保障科研经费的落实。

2. 人员与平台保证

负责人所在高校开设了小学教育专业，本专业在校生 1 500 多人，通过本校小学教育专业的实习生和毕业生搭建参与面广、层次丰富的课题研究与实践平台，保障项目组及时获取足量的来自不同层次、不同条件的小学绿色海量阅读实践的信息与数据。同时，项目组成员中有部分是小学教师，他们在一线直接进行实践研究，保障课题理论研究与实践实验同步进展。

3. 设备与资料保证

负责人所在单位科研设施与设备齐全，课题组已积累了相关研究材料，购买了部分与项目相关的重要书籍，组织教师参加了与课题相关的调查研究，已经积累了数十万字的研究资料。

七、预期研究成果

课题申请书中要填写预期成果形式、使用去向及预期社会效益等。其中成果的使用去向与预期社会效益并不是所有的教育研究课题都要求填写的项目。

预期研究成果总体上先要满足立项管理部门的最低要求。例如，广西教育决策课题和广西教育科学重点研究基地重大课题，须提交 5 万字以上未发表（出版）研究报告，及 1 篇不少于 5 000 字的决策咨询报告，因此，这类课题的最终成果肯定应包括研究报告和决策咨询报告。在此基础上，对照具体研究的内容，拟定预期研究的其他成果，尤其是各阶段性成果。在拟定预期成果时，不要简单地表述为发表论文多少篇或研究报告多少份，最好能拟出相对具体与明确的成果名称，且成果名称与设计的研究内容尽量保持高度对应。

（一）成果形式

预期成果有很多种形式，包括调查报告、实验报告、研究报告、研究论文、论文集、教学方法、经验总结、教学软件、影音作品、研究专著、决策咨询报告等。

全国教育规划和各地教育规划课题的预期成果一般是指专著、译著、论文集、研究报告、工具书、电脑软件等。广西教育科学规划课题的预期成果是指预期取得的最终研究成果形式，最多限选报 3 项，其中必须包含研究报告。但全国教育科学规划课题的预期成果是指公开发表的专著或研究论文，没有限制选报项数。二者的主要区别是，广西教育规划课题的预期成果只要按照相应类别课题结题规定的发表要求，发表了成果即可，其他的预期成果是否发表，不做要求。但全国教育规划课题则规定，凡列入预期成果的，均需正式发表，只是涉及政治、宗教、军事、民族等问题的研究成果须经立项管理单位同意后方可公开发表。

（二）成果去向

成果的去向主要是指成果提交给谁，如果是发表或出版，将发表在什么样的期刊上或在什么样的出版社出版等。由于是预期成果，尚无法确定成果到底会提交给谁、到底发表在何期刊、在何出版社出版等，因此，此处只需大致填写提交相关主管部门，不必标明具体部门的名称；发表或出版的，只需填写发表的期刊或出版社的类别或级别即可，不必标明具体的期刊名称或出版社名称。

（三）成果的预期社会效益

成果的预期社会效益实际上是关于课题研究价值的内容，即课题完成之后，对学术界，尤其是对社会、政治、文化、政策等方面的发展起到什么样的作用、产生什么样的影响、具有什么样的价值。注意填写预期社会效益时，不要与课题研究的理论意义（价值）或实践意义（价值）相混淆，也不要与课题研究的理论意义（价值）或实践意义（价值）重复。

八、经费预算

经费预算要详细、合理，符合相关课题经费管理的规定。课题经费包括直接经费和间接经费。

2017 年 7 月修订的《全国教育科学规划课题资金管理办法》对课题经费的类别、用途和要求进行了明确的规定，填报各类教育课题申请书中经费预算栏目可以参考该规定。

（一）直接费用

直接费用是指在课题研究过程中发生的与之直接相关的费用，具体包括以下内容。

1. 资料费

在课题研究过程中需要支付的图书（包括外文图书）购置费，资料收集、整理、复印、翻拍、翻译费，专用软件购买费，文献检索费等。

2. 数据采集费

在课题研究过程中发生的调查、访谈、数据购买、数据分析及相应技术服务购买等支出的费用。

3. 会议费/差旅费/国际合作与交流费

在课题研究过程中开展学术研讨、咨询交流、考察调研等活动而发生的会议、交通、食宿等费用，以及课题研究人员出境、外国专家来华或我国港澳台地区专家来内地（大陆）开展学术合作与交流的费用。其中，不超过直接费用 20%的，不需要提供预算测算依据。

4. 设备费

在课题研究过程中购置设备和设备耗材、升级维护现有设备以及租用外单位设备而发生的费用。

应当严格控制设备购置，鼓励共享、租赁以及对现有设备进行升级。

5. 专家咨询费

在课题研究过程中支付给临时聘请的咨询专家的费用。

专家咨询费预算由课题负责人按照课题研究实际需要编制，支出标准按照国家有关规定执行。

6. 劳务费

在课题研究过程中支付给参与课题研究的研究生、博士后、访问学者以及课题聘用的研究人员、科研辅助人员等的劳务费用。

课题聘用人员的劳务费开支标准，参照当地科学研究和技术服务业人员平均工资水平以及在课题研究中承担的工作任务确定，其社会保险补助费用纳入劳务费列支。劳务费预算应根据课题研究实际需要编制。

7. 印刷出版费

在课题研究过程中支付的打印费、印刷费及阶段性成果出版费等。

8. 其他支出

课题研究过程中发生的除上述费用之外的其他支出，应当在编制预算时单独列示，单独核定。

直接费用应当纳入责任单位财务统一管理，单独核算，专款专用。

（二）间接费用

间接费用是指责任单位在组织实施课题过程中发生的无法在直接费用中列支的相关费用，主要用于补偿责任单位为课题研究提供的现有仪器设备及房屋、水、电、气、暖消耗等间接成本，有关管理费用，以及激励科研人员的绩效支出等。

间接费用一般按照不超过课题资助总额的一定比例核定。

间接费用核定应当与责任单位信用等级挂钩。

间接费用由责任单位统筹管理使用。责任单位应当处理好合理分摊间接成本和对科研人员激励的关系，根据科研人员在课题工作中的实际贡献，结合课题研究进度和完成质量，在核定的间接费用范围内，公开公正安排绩效支出，充分发挥绩效支出的激励作用。

责任单位不得在核定的间接费用以外再以任何名义在课题资金中重复提取、列支相关费用。[①]

经费预算以万元为单位，也有以元为单位的，填写时不能出错。经费数字均填写阿拉伯数字，应注意小数点位置。

九、经费管理

本栏目由课题申请人所在单位填写，主要填写的内容包括收款单位全称、开户银行、银行账号、汇入地点（指所在城市名）以及财务联系电话等。申请人所在单位须在此处作出遵守财务规章制度，如实填报，严格监督课题经费的合理有效使用，保证课题经费单独立户，专款专用，不挤占和挪用课题经费，在课题结题时提供课题经费使用明细单等承诺。

---

① 全国教育科学规划领导小组办公室. 全国教育科学规划课题资金管理办法（2017 年 7 月修订）[EB/OL].（2012-04-26）[2019-04-11]. http：//onsgep. moe. edu. cn/edoas2/website7/level3. jsp?id=1335427517061 102 &location=null.

十、推荐人意见

各类教育课题对申请人的职称或学位都有一定的要求，当课题申请人不具备规定的职称或学位条件时，一般需由两名具有正高级专业技术职务的同行专家推荐。不过，有的省市对不具备职称或学位条件的幼儿园、小学课题的申请人，会适当降低推荐专家的职称要求。

推荐人一般都是课题申请人自己邀请。申请人邀请的推荐人最好与自己的研究领域相同或接近，且在业内具有一定的声望。推荐人的工作单位可以写到二级单位、以表明推荐人与申请人研究领域的相关性。推荐人要考虑排序问题，同等情况下，学术威望高、学术地位高、领域最相关的推荐人排在前。

推荐人的意见应有相应具体的内容，不是简单地帮申请人说好话。推荐人须认真负责地逐项介绍课题负责人的专业水平、科研能力、科研态度和科研条件，对申请人能否承担得了本课题以及本课题取得预期成果的可能性进行客观的评价或说明，并承担信誉保证。

推荐人意见须推荐者本人签字或盖章方可有效，但推荐意见正文内容可以计算机填写并打印。

十一、其他栏目

（一）课题申请人（负责人）所在单位意见

申请课题通常都需要经过课题申请人（负责人）所在单位同意。未经所在单位同意，后续的上报工作就无法进行，课题立项审批单位就不会受理课题申请。课题申请人（负责人）所在单位出具同意申请的意见后，课题方能继续往上级单位推荐申报。

课题申请人（负责人）所在单位意见大致要包括如下内容：确认申请书所填写的内容属实；课题负责人及参加者的政治和业务素质适合承担本课题的研究工作；本单位能提供完成本课题所需的时间和条件；本单位同意承担本项目的管理任务和信誉保证。

（二）相关部门的审核意见

一般的教育课题都要逐级审批。

全国教育科学规划课题申请人填写的课题申请书首先提交给所在单位审批，单位审批后上交省级教育科学规划领导小组办公室或教育部直属单位审批，省级教育科学规划部门或教育部直属单位审批通过，签署同意上报的意见后，才能报送全国教育科学规划领导小组办公室。全国教育科学规划课题实行限额申报，未能通过省级教育科学规划领导小组办公室初评（审）的，就没有机会再往上报。

广西教育科学规划课题申请书须经学校（单位）科研主管部门审核确认，再由各学校（单位）科研主管部门统一报送广西教育科学规划领导小组办公室。各市教育局、市县所属中小学幼儿园课题申报采用三级审核报送制度：第一级为“申报者所在单位”（如学校），第二级为“市级管理部门”（如各市教科所或教育规划办），第三级为“广西教育科学规划领导小组办公室”。

（三）学科评审组评审意见

课题评审专家依据课题立项审批单位的课题评审要求和评分标准给课题打分，并出具是否入围的建议。由通讯评审专家填写，申请人不得填写。学科评审意见中的课题评价指标、权重以及各指标的说明是课题申请人需要提前认真学习的重要资料。熟悉这些指标有助于申请人更好地填写申请材料，增加立项的成功率。

以全国教育科学规划课题为例，课题评审意见表的内容如下：

全国教育科学规划课题评审意见表

评价指标	权重	指标说明	专家评分							
选题	3	主要考察选题的学术价值或应用价值，对国内外研究状况的总体把握程度	10分	9分	8分	7分	6分	5分	4分	3分
论证	5	主要考察研究内容、基本观点、研究思路、研究方法、创新之处	10分	9分	8分	7分	6分	5分	4分	3分
研究基础	2	主要考察课题负责人的研究积累和成果	10分	9分	8分	7分	6分	5分	4分	3分
综合评价	是否建议入围		A. 建议入围　　B. 不建议入围							
备注										
评审专家（签章）:										

（四）课题申请人（负责人）和课题组主要成员研究课题立项或结题证明

教育课题一般都要求提供三年或五年之内，课题申请人（负责人）和课题组主要成员获得立项课题的立项文件或已经完成研究的课题的结题证明材料，或者要求同时提供这两项证明材料。立项证明材料包括立项通知书或立项文件，结题证明材料包括课题结题证书、结题通知文件或结题鉴定表等。立项或结题的证明材料置于申请书指定的位置。证明材料的复印件可缩放，也可扫描粘贴。

十二、课题设计论证活页

活页是提供给课题评审专家盲审的，因此其底线要求是不能透露任何申请人的信息。全国教育科学规划课题在课题论证活页的最后特别说明了：活页文字表述中不得直接或间接透露个人信息或相关背景资料，否则取消参评资格；课题名称要与《申请书》一致，一般不加副标题。前期相关研究成果只填成果名称、成果形式（如论文、专著、研究报告等）、作者排序、是否核心期刊等，不得填写作者姓名、单位、刊物或出版社名称、发表时间或刊期等。申请人承担的已结项或在研项目、与本课题无关的成果等不能作为前期成果填写。

申请人的前期成果不列入参考文献。广西教育科学规划课题设计论证活页则在首页直接以醒目的文字做了填表说明：本表供匿名评审使用。填写时，不得出现课题申请人和课题组成员的姓名、单位名称等信息，统一用×××、××××××代表。否则，一律不得进入评审程序。

课题设计论证活页的内容虽然出自申请书，与申请书中对应部分的内容完全一致，但需要按要求做文字处理，以满足活页填写和匿名评审的各项要求。

活页需单独编辑、打印、装订和提交，不能与课题申请书装订在一起。活页需按课题申报通知或文件的要求提交一定的份数。

十三、课题申请书填写的注意事项

前面已经在课题申请书的相应栏目中介绍了填写该栏目需要注意的事项，除这些栏目“注意事项”外，从整体上看，填写课题申请书还有不少需要注意的事项。

（一）语言文字问题

填写申请书时要注意语言通顺、合乎逻辑，不能有错别字。很多人喜欢用拼音输入法，误用同音字的情况非常常见。语言文字方面的问题说是低层次的问题也行，说是很严肃的问题也不为过，但在语言文字方面存在问题，至少表明申请人的态度不端正，没能认真对待这项工作，无形中会给评审专家带来不好甚至特别不好的印象，进而影响立项。

语言文字问题有时申请人并不能及时发现，即使是多次查验，这类问题恐怕也无法彻底解决，最好的方法是，发动课题组成员，一起推敲，一起订正或调整。

（二）编辑排版问题

1. 字体与字号问题

申请书中申请人填写的部分除各级标题性文句可能需要用特殊字体与字号外，正文部分的内容最好都用统一的字体与字号。不少申请人填写的申请书，在研究内容部分用的是宋体五号，在研究基础板块用的是小四仿宋，整体上显得杂乱无章。

申请书中各级标题可以采用与正文不一样的字体与字号。可以依据版面的情况，不同级别的标题选择不同的字号。各级标题可以用同一字体但不同的字号，也可以用不同字体和不同字号，前提是申请书阅读起来要给人一种清爽明洁的感觉。

对于需要特别显示的重点句段或字词，可以加粗突出或适当辅以着重号或波浪线，但不宜过多。

2. 图表的窜页问题

窜页一般是指申请书中的某个完整的表格，因排版安排不合理或版面控制失当，一部分表格延伸至下一页面。窜页现象首先让阅读者感觉申请书整体不规范，窜页的申请书打印出来非常不美观。一旦发现窜页，申请人需要在不改变申请书格式的情况下，技术性地通过减少相关部分的字数，或调整并统一行距等方式消除窜页现象。

有些窜页其实不算窜页，比如设计论证部分，一般都要占好几个页面，有时候，最后一页文字不足，只有稍稍几行的内容，此时，可以通过在内容最后用回车往下拓展页面或者调整行距的方式，尽量让最后一页满页，或至少让最后一页的文字内容占据半个页面以上。

3. 行距问题

同一份申请书内，各栏目（板块）的文字行距最好能统一，否则会出现这个栏目行距很大、那个板块行距过小的情况，显得申请书整体不规范。

4. 首行缩进问题

每段文字的首行，包括各级标题，都要统一地缩进两个字符。不要所有的文字都顶格，更不要有的段落首行顶格，有的段落首行缩进两个字符。

（三）打印装订问题

申请书填写完毕，检查无误后，才可以打印。打印注意最好用激光打印机打印，打印要清晰，不能模模糊糊，尤其是申请书中插有各类课题结题证明扫描件时，更要注意。不要文字部分清晰，而扫描件部分模糊。为防止扫描的内容打印不清，扫描之初应该考虑高分辨率的扫描。

打印多少份，需要按照所在单位和立项审批单位的要求处理。很多单位都会在立项审批单位要求的份数基础上增加一份或两份。如果没有按照单位的要求，仅按照立项审批单位的要求提交一定份数，单位按要求留存一份或两份，那上报的份数可能就不够，到时再行增补，费时费力，还可能会延误申报。

打印好的申请书应严格按照申请书或申报文件的要求装订，比如“A4 纸双面打印，于左侧装订成册”，这时就不能单面打印，也不能在天头装订。

（四）签字盖章问题

课题申请书都有需要签字或盖章的地方。签字是指课题申请人和课题组成员的签字以及部门领导或单位领导的签字，填写申请书过程中的签字从申请人的角度看，主要是申请人本人和课题组成员要按要求签字。盖章是指申请人所在的部门或单位的盖章。课题申请通过单位初审同意推荐报送后，才会有部门领导或单位领导的签字以及部门和单位的盖章。

为防止部门或单位科研管理人员疏忽，少签名或漏盖章，申请人最好在提交申请书的时候，另附一份签字与盖章备忘（或提醒），将需要签字或盖章的地方一一标出来，提醒一下科研管理人员。这个工作在实践中很有必要，尤其是在本单位申请课题的人少，科研管理部门工作经验不足或者课题申请书内容繁杂，签字盖章的地方很多的时候，这个备忘（提醒）的意义就会很显著。

当然，填写课题申请书需要注意的事项远不止我们所列出的这么多。教育课题申请本身就是一项复杂且有难度的工作，申请书的每一个栏目或板块都要认真对待，仔细填写。填写出一份高质量的课题申请书不是仅靠关注些许注意事项就可以做到的，高质量的课题申请书实际上是往日积累的研究资料、习得的研究技能以及研究经验与心得感悟的结晶。因此，课题申请书填写最大的注意事项应该是前期要有充分的准备。

第四节　教育课题研究的实施

课题申报获批立项之后，接下来的中心任务就是实施研究。课题研究的实施直接决定研究的成效。

一、教育课题研究实施前的准备工作

（一）组建课题组

课题研究需要多方面的人员参与，需要组建课题组。课题组成员已经在课题申请书中安排好了，课题立项之后，这些成员就需要进入实际的研究过程。课题组通常由 3 ~ 10 人组成，其中课题负责（主持）人 1 人，对课题研究进行全盘谋划，组织实施课题研究，分配研究任务。课题组成员通常要求研究领域相近，有一定的研究能力和经验，有时间保证进行课题研究。应用性课题课题组除需要擅长理论研究的成员外，还需要能从事实践研究的成员，如教育研究人员和一线教师。课题组的组建还要从成员的年龄、职称、水平等方面综合衡量，确保课题组能团结、高效地工作。

课题研究过程中，如果要调整或变更课题组成员，一般都要向课题立项审批单位提交课题组成员变更申请，获得立项审批单位书面同意之后方可变更。

（二）拟定课题实施方案

为了使课题研究工作稳步推进，如期取得预期成果，需要拟订一个周全的实施方案，确定课题的研究目标、研究内容、研究方法、阶段成果与最终成果、实施步骤与人员分工、经费筹措与使用等。课题实施方案有时要以开题报告的形式向课题立项审批单位报告，某些重大课题的实施方案还可能要请专家进行论证。课题实施方案要切合实际，有可行性，同时要有可操作性。课题实施方案最终要在实践中加以检验，如果发现事先制订的方案存在问题，则要及时予以调整。

二、教育课题研究实施中的实际操作

在目前日渐重视实证研究的背景下，教育课题的研究需要相应的事实材料佐证，要获取事实材料则必须开展教育调查、教育实验，教育与心理测验、教育行动尝试等实际活动。

（一）教育调查

课题研究中要了解教育现状，找出教育领域中某一现象出现的原因，寻找解决问题相应

的对策，则必须通过教育调查。教育调查要明确调查的目的、项目、对象、程序、方法、时间、地点等，然后按照预定的调查方案开展调查。调查过程中需要遵守教育调查的一般程序和要求，调查之后要对调查中所获取的进行整理与分析。

（二）教育实验

为验证研究者假定的教育领域中某一种模式或方法的有效性，常采用教育实验的办法。开展教育实验首先要搞好实验设计，制订实验方案，明确实验的目的、项目、对象、程序、方法、时间、场地等，然后按照预定的方案有序地开展实验。在教育实验中要严格控制条件，特别要防止无关因素的干扰。

（三）教育与心理测验

教育与心理测验往往穿插在教育调查与教育实验之中，在教育调查中有时需要对被试（教师与学生）做智力、能力、人格与学习成绩等方面的测验。教育与心理测验有一套严格的程序与标准，研究者要严格执行，最好采用标准化测验。

（四）教育行动尝试

教育行动尝试的实质就是教育试验。在课题研究中研究人员可先提出某种设想，然后自己亲自或者交由其他教师或教育实际工作者在实际工作中尝试。行动尝试要紧密围绕课题研究的项目，明确行动要达到的目的。

课题实施中的实际操作要遵循我们学习过的各类相关教育科学研究方法的原则、程序与要求。课题实施中的实际操作其实是我们学习过的各类教育科学研究方法的综合运用与实践。

三、资料整理与成果表述

在课题研究中对所获取的材料进行筛选，剔除无研究价值的多余材料，然后进行分类。

成果表述即研究者根据从材料中所获取的观点、信息以及自己的设想撰写出相应的研究报告、论文或著作。研究论文和专著要特别注意严格遵守学术规范，不得剽窃他人成果。

研究成果如果要以论文形式发表或以专著形式出版的，要严格按照课题立项审批单位的相关要求处理，特别要明确课题研究的资助和立项部门。例如，须在醒目位置标明“国家社科基金教育学××年度××××课题（课题批准号：××××）成果”和“××（省、市、县）教育科学规划××年度××××课题（课题批准号：××××）成果”字样，课题名称和类别与课题立项通知书相一致。凡涉及政治、宗教、军事、民族等问题的研究成果须经立项管理单位同意后方可公开发表。未发表或出版的结题报告、书稿等研究成果如果要作为结题材料的，有些课题的立项管理单位还规定，需提交相似性检测报告。

四、结题鉴定

按期完成教育课题研究工作后，原则上最终成果均须进行鉴定，通过鉴定后予以结题。下面以广西教育科学规划课题结题鉴定细则①的规定为例，介绍教育课题验收的一般程序与要求。

（一）结题鉴定的一般规定

广西教育科学规划资助经费重点课题（A类）、自筹经费重点课题（B类）和自筹经费一般课题（C类）；广西教育科学规划专项课题、委托重点课题和重点研究基地重大课题都由广西教育科学规划领导小组办公室（以下称“广西教科规划办”）负责鉴定验收。

广西教科规划办委托获得授权的广西壮族自治区内各市（设区市）教育科学规划领导小组办公室、各高校、各区直中等职业学校教育科研管理部门（以下简称“受托单位”）按照广西教科规划办的要求，负责本系统、本地区、本单位的广西教育科学规划自筹经费一般课题（C类）的日常管理和成果鉴定工作。鉴定结果报送广西教科规划办最终审定。

课题成果鉴定后，广西教科规划办有权进行课题研究成果的宣传和转化工作。

课题结题鉴定坚持质量第一的原则，重点验收课题最终成果的质量和学术水平。要在坚持正确政治方向的前提下，把成果质量和创新性放在首位，注重实际价值，严把结题鉴定的质量关。

（二）结题成果要求

1. 结题成果的基本要求

（1）一般课题。

以课题负责人的课题申请书所预设的成果进行验收，但资助经费重点课题（A类），高校需在北京大学图书馆所确定的中文核心期刊上发表学术论文至少1篇或出版专著1部，其他单位须在省级以上（含）学术期刊上发表论文不少于3篇或参照高校的结题要求；自筹经费重点课题（B类）需在省级以上（含）学术期刊发表论文不少于2篇；自筹经费一般课题（C类）需在省级以上（含）学术期刊发表论文不少于1篇。

（2）教育科学重点研究基地重大课题。

须提交5万字以上未发表（出版）的研究报告，及一篇不少于5 000字的决策咨询报告。②

（3）专项课题。

按立项时课题申请书所预设的成果进行验收。

① 广西教育科学规划领导小组. 广西教育科学规划课题结题鉴定细则[EB/OL]. (2018-09-28) [2019-04-08]. http://jyt.gxzf.gov.cn/Item/19571.aspx.

② 《广西教育科学规划课题结题鉴定细则》规定的要求与该细则出台前的其他通知或文件的规定略有不同。《桂教科学〔2018〕13号关于组织申报广西教育科学“十三五”规划2019年度课题的通知》规定“广西教育决策课题和广西教育科学重点研究基地重大课题，须提交5万字以上未发表（出版）研究报告，及1篇不少于5000字的决策咨询报告。”

（4）委托课题。

以委托时所要求的成果为准。

2. 署名要求

向政府部门提交的研究成果、出版专著或发表论文须在醒目位置标明课题类别、课题编号和课题名称等字样。

3. 其他要求

课题负责人至少为 1 篇代表作（著作、论文）的第一作者或独立作者。与课题研究主题无关的成果，不得列入本课题的研究成果。研究成果应为立项后、研究期限内的成果，立项前的成果不得列入本课题的研究成果。研究成果严禁抄袭，提倡原创性、创新性的研究成果。所有课题申请结题鉴定均须按照要求填写《广西教育科学规划课题结题申请书》，提交结题报告、研究成果及相关课题材料。

（三）免于鉴定的规定

不同类别课题的最终成果具备相关条件的，可申请免于鉴定：广西教育科学规划课题列入全国教育科学规划课题、教育部级课题（包括教育部重点、教育部青年专项课题、教育部规划课题），可申请免于鉴定。

广西教育科学规划课题最终成果的主体部分被设区市以上教育行政部门明确采纳，并附有基本材料和证明；或者最终研究成果的主体内容在全国中文核心期刊（以北京大学图书馆中文核心期刊目录为准）上发表以课题负责人为第一作者的 2 篇核心论文或者出版专著 1 部，并有唯一明确标识，可申请免于鉴定。

课题负责人所提交的决策咨询报告被全国教科规划办编发的《教育成果要报》采用的，或被《广西信息》采纳的，可以申请免于鉴定。广西教育科学规划课题达到教育部重点课题和教育部青年专项课题、教育部规划课题免于鉴定条件的，均可申请免于鉴定。

申请免于鉴定的，在填写《广西教育科学规划课题结题申请书》时，要说明理由，并寄送相关证明材料、发表或转载文章的原件或复印件。受托单位须对复印件进行审核签字盖章确认后，上报广西教科规划办。

广西教育科学重点研究基地重大课题和立项通知书规定不得申请免于鉴定的课题除外。

（四）鉴定的标准与方式

1. 鉴定标准

对研究成果从科学性、创新性、规范性、难易程度、应用价值等五个方面进行等级分类评价，根据专家的鉴定意见和鉴定结果，综合确定成果的鉴定等级。鉴定等级分为优秀、良好、合格和不合格四个等级。专家组组长综合各专家的鉴定等级及意见给出最终的鉴定结果。

2. 鉴定专家

分学科设立学科专家库，由广西教科规划办从专家库中遴选鉴定专家组织鉴定。鉴定专家须具有高级专业技术职称或职务，学风端正，学术造诣深厚，学术判断能力强。

鉴定专家应公正、公平、客观、准确地评价课题研究成果，在认真审读研究成果的基础上，对照课题申请书预期达到的目标，参照《广西教育科学规划课题成果鉴定等级评定参照指标》，对研究成果提出鉴定意见。

每项课题的鉴定专家一般为 3~5 人，最多不超过 7 人。同一单位参与同一课题鉴定的专家不超过 2 人。

课题成果鉴定的费用由课题负责人所在单位或者课题负责人承担。课题成果鉴定费用的支付标准参照有关规定执行。广西教科规划办于每年 5 和 10 月集中受理结题鉴定工作。鉴定工作接受同行和社会监督。建立鉴定专家信誉制度，表彰信誉良好专家，及时淘汰信誉不良专家。

3. 鉴定方式

课题成果采取会议集中鉴定或通讯鉴定的方式，个别确需由广西教科规划办进行单独会议鉴定的课题，须由课题组提出申请，经广西教科规划办批准后方可进行。

（1）通讯鉴定

采取通讯鉴定方式的，鉴定专家根据《广西教育科学规划课题成果鉴定等级评定参照指标》填写《广西教育科学规划课题成果专家个人意见鉴定表》（下称《专家（个人）鉴定意见表》）并签名确认后寄交鉴定专家组组长。组长根据鉴定专家的多数意见确定课题的综合评定等级及是否通过鉴定，填写《广西教育科学规划课题成果专家组鉴定意见汇总表》（下称《专家组鉴定意见汇总表》），签名确认后连同所有鉴定专家的《专家（个人）鉴定意见表》直接寄交广西教科规划办或者受托管理单位（以下简称“鉴定组织单位”），鉴定组织单位根据鉴定专家的多数意见最终确定课题是否通过鉴定。

（2）会议鉴定

采取会议鉴定方式的，由鉴定组专家集体评议，形成综合性鉴定意见，提出能否通过课题鉴定的明确意见及鉴定等级，专家组填写《专家组鉴定意见汇总表》，每位专家须在《专家组鉴定意见汇总表》上签名确认。广西教科规划办确认后对外公布鉴定结果。

（五）鉴定程序

1. 结题材料的报送

课题研究工作完成后，课题负责人按照要求填写及报送结题材料，经所在单位科研管理部门审核合格、签字盖章确认后，向广西教科规划办或受托单位报送鉴定材料 1 套。广西教育科学规划资助经费重点课题（A 类）、自筹经费重点课题（B 类）、教育科学重点研究基地重大课题、委托重点课题、专项课题及未委托管理的自筹经费一般课题（C 类）报送广西教科规划办。委托管理的自筹经费一般课题（C 类）报送受托管理单位。每套材料内容及要求需符合规定。

2. 结题材料审查与结题批复

鉴定组织单位收到结题材料后进行审查及做出结题批复。鉴定组织单位批复的材料包括《结题批复》《结题验收专家邀请函》《课题变更批复》《专家（个人）鉴定意见表》《专家组鉴定意见汇总表》，如材料有问题还需提供《课题结题材料问题清单》。课题负责人收到批复通知后，按要求进行通讯鉴定或会议鉴定。通讯鉴定要求课题负责人将《专家邀请函》（原件）、《专家（个人）鉴定意见表》（每位专家 1 份）、《专家组鉴定意见汇总表》（仅给组长 1 份）连同 1 份结题鉴定材料寄交给鉴定组织单位批准的每位鉴定专家，每套鉴定材料必须与此前报送给广西教科规划办或受托管理单位鉴定材料的一致。采取会议鉴定方式的，鉴定材料须在鉴定会议前 1 个月寄送广西教科规划办或受托管理单位。

3. 结题证书的颁发

广西教育科学规划资助经费重点课题（A 类）、自筹经费重点课题（B 类）、教育科学重点研究基地重大课题、委托重点课题、专项课题及未委托管理的自筹经费一般课题（C 类）的成果通过鉴定后，广西教科规划办公室出具《广西教育科学规划课题结题证书》。幼儿园、中小学的结题证书由广西教育科学规直接寄给课题负责人；高校、区直中等职业学校的结题证书寄给学校科研管理部门，由科研管理部门送达给课题负责人。

4. 委托管理课题的鉴定

委托管理的自筹经费一般课题（C 类）的成果通过鉴定后，受托单位负责于每年 5 和 10 月集中将通过鉴定的课题材料（专家鉴定意见的复印件、结题鉴定材料）报送广西教科规划办审核。审核合格后由广西教科规划办出具结题证书并寄给受托单位，受托单位收到后复印结题证书存档、将原件寄给负责人。

5. 结题材料的归档

课题鉴定完成后，受托单位负责对广西教育科学规划自筹经费一般课题（C 类）的结题材料进行归档保存。其他类型课题的材料由广西教科规划办负责归档保存。课题档案存档按照国家档案法的相关要求进行。

（六）课题的终止与撤销

课题负责人应按照约定期限完成研究任务。在课题实施中，课题负责人无力继续开展研究工作的或临近资助期满未取得实质性研究进展的，广西教科规划办将在每年结题通知中统一明确课题清理的范围和年份。课题被终止实施的，退回结余经费，剩余经费不再拨付；课题负责人 3 年内不得申请或者参与申请广西教育科学规划课题。

逾期不提交最终研究成果的，撤销课题并通报批评。课题被撤销的，退回已拨付的全部资助经费，剩余经费不再拨付；课题负责人 4 年内不得申请或者参与申请广西教育科学规划课题。

第五节　教育课题研究案例

“我区小学全面推行绿色海量阅读的研究”课题申请书[①]

编号	

广西教育科学规划
课题申请·评审书

课　题　类　别[②] ☑资助经费重点课题（A类）；□自筹经费重点课题（B类）；□自筹经费一般（C类）课题；□广西教育科学重点研究基地重大课题；□教育决策课题

学　科　分　类　D. 基础教育

课　题　名　称　我区小学全面推行绿色海量阅读的研究

课 题 负 责 人　×××

负责人所在单位　××××××

填　表　日　期　××××年××月××日

广西教育科学规划领导小组办公室

立项年度	××××	立项类别		课题编号	

① 本课题为本教材主编主持的广西教育科学“十三五”规划2019年度资助经费重点课题（A类），课题编号：2019A037。本课题申请书编入本教材时做了少量改动。

② A、B、C类只从相应的申报类别中遴选，原则上不降档评选立项。请于相应的方框内打√。

申请者的承诺与成果使用授权

一、本人自愿申报广西教育科学“十三五”规划2017年度课题。本人认可所填写的广西教育科学规划课题申请·评审书为有约束力的协议，并承诺对所填写的课题申请·审批书所涉及各项内容的真实性负责，保证没有知识产权争议。同意广西教育科学规划领导小组办公室有权使用课题申请·评审书所有数据和资料。课题申请如获准立项，在研究工作中，接受广西教育科学规划领导小组办公室及其委托部门的管理，并对以下约定信守承诺。

1. 遵守相关法律法规。遵守我国《著作权法》和《专利法》等相关法律法规。遵守我国政府签署加入的相关国际知识产权规定。遵守《广西教育科学规划课题管理办法》及其实施细则的规定。

2. 遵循学术研究的基本规范。科学设计研究方案，采用适当的研究方法，如期完成研究任务，取得预期研究成果。

3. 尊重他人的知识贡献。客观、公正、准确地介绍和评论已有学术成果。凡引用他人的观点、方案、资料、数据等，无论曾否发表，无论是纸质或电子版，均加以注释。凡转引文献资料，均如实说明。

4. 恪守学术道德。在研究过程中实事求是，不以任何方式抄袭、剽窃或侵吞他人学术成果，杜绝伪注、伪造、篡改文献和数据等学术不端行为。在成果发表时实事求是，不重复发表研究成果。在成果分享时实事求是，对课题主持人和参与者的各自贡献均要在成果中以明确的方式标明。在成果署名时实事求是，不侵占他人研究成果，不在未参与研究的成果中挂名，不为未参与研究工作的人员图虚名。

5. 维护学术尊严。保持学者尊严，增强公共服务，维护社会公共利益。维护广西教育科学规划课题声誉，不以课题名义牟取不当利益。

6. 遵循科研规范。课题研究名称、课题研究组织、研究主体内容、研究成果形式与课题申请书和立项通知书相一致。课题（包括：课题负责人、课题名称、研究内容、成果形式、管理单位和完成时间等）若有变更，必须向广西教育科学规划领导小组办公室提出书面申请并征得同意。

7. 明确课题研究的资助方。研究成果必须先鉴定后发表，发表时须在醒目位置标明“广西教育科学规划课题”字样，课题名称和类别层级应与课题通知书相一致。涉及政治、宗教、军事、民族等问题的研究成果须经广西教育科学规划领导小组办公室同意后方可公开发表。

8. 标明课题研究的支持者。要以明确方式标明为课题研究做出重要贡献的非课题组个人和集体。

9. 正确表达科研成果。按照《国家通用语言文字法》规定，规范使用中国语言文字、标点符号、数字及外国语言文字。

10. 遵守财务规章制度。合理有效使用课题经费，不得滥用和挪用。课题结项时如实报告经费使用情况，不报假账。

二、作为课题研究者，本人完全了解广西教育科学规划领导小组办公室的有关管理规定，完全意识到本声明的法律后果由本人承担。特授权广西教育科学规划领导小组办公室，有权保留并向国家有关部门或机构报送课题成果的原件、复印件、摘要和电子版；有权公布课题研究成果的全部或部分内容，同意以影印、缩印、扫描、出版等形式复制、保存、汇编课题研究成果，允许课题研究成果被他人查阅和借阅；有权推广科研成果，允许将课题研究成果通过内部报告、学术会议、专业报刊、大众媒体、专门网站、评奖等形式进行宣传、试验和培训。

申请者（亲笔签名，加盖公章）：____________________

年　　　月　　　日

填 表 说 明

一、请按《广西教育科学规划课题管理办法》的有关规定，使用计算机如实准确填写各项内容。

二、《课题申请·评审书》报送一式2份，A4纸双面打印，于左侧装订成册；

三、“课题设计论证”活页每份单独装订，一式5份，一律使用A4纸，活页供隐名评审使用，必须填写，但不得出现申请人和课题组成员姓名、单位名称等个人资料。

四、封面右上方代码框和下方框申请人不填，其他栏目由申请人用中文填写。申请者签章处，不得用打印字和印刷体代替。

五、请按“填写数据表注意事项”的要求，准确、清晰地填写数据表各栏内容；若有其他不明问题，请与各市教科所或区教育科学规划办咨询。

六、本表的报送：（1）各高等学校、中等职业学校人员的课题申请材料由单位审查合格、签署意见盖章后，统一报送区教育科学规划办公室；（2）除高等学校、中等职业学校以外的其他单位人员的课题申请材料由单位审查合格、签署意见盖章后，报各市教科所，由其签署审核意见盖章后统一报送区教育科学规划办；（3）区教育科学规划办不受理个人和除高校、中等职业学校、市教科所以外其他单位直接报送的申请书。

七、广西教育科学规划领导小组办公室联系方式

办公地址：广西南宁市竹溪大道69号；邮政编码：530021

联系电话：0771-×××××××，0771-×××××××

电子邮件：×××××@gxedu. gov. cn

网址：www. gxedu. gov. cn 的厅内导航之教研院的规划课题网页下载

填写数据表注意事项

课题名称　应准确、简明反映研究内容，最多不超过40个汉字（包括标点符号）。

课题类别　请选项填写，限报1项，于相应的方框内打√。A、B、C类只从相应的申报类别中遴选，原则上不降档评选立项。

学科分类　系指课题研究所属学科范围。请选项填写，限报1项。

例如：| B | 教育发展战略研究 |

A. 教育理论与教育史；B. 教育发展战略研究；C. 教育经济与管理；D. 基础教育；E. 高等教育；F. 职业技术教育；G. 德育；H. 教育心理；I. 体育卫生艺术教育；J. 教育技术；K. 成人教育；L. 民族教育；M. 比较教育；N. 特殊教育；O. 课程与教学论。

跨学科的课题，请选为主的学科填写。

研究类型　请选项填写，限报1项。例如：C|高等教育研究

A. 基础教育研究　　B. 职业教育研究　　C. 高等教育研究

D. 少数民族教育研究　　E. 终身教育研究　　F. 德育研究

G. 综合类教育研究　　H. 其他研究

担任导师　系指申请人本人担任博士生导师或硕士生导师情况，请选项填写，限报1项。

例如：A|博士生导师

A. 博士生导师　　B. 硕士生导师　　C. 未担任导师

工作单位　按单位和部门公章全称填写。

所属系统　系指申请人单位的属性。请选项填写，限报1项。

例如：A|高等院校

A. 高等院校　　B. 教育厅直属单位　　C. 其他科研机构

D. 中小学校（包括中等专业学校、技工学校、职业高中、幼儿园等）

E. 教育厅各处室　　F. 地方教育行政部门　　G. 其他

联系电话必须填写课题负责人的电话号码。

主要参加者　必须真正参加本课题研究工作，不含课题负责人，不包括单位领导、科研管理、财务管理、后勤服务等人员。

预期成果　系指预期取得的最终研究成果形式。请选项填写，最多限选报3项，其中必须包含研究报告。

例如：A|专著　　D|研究报告

A. 专著　　B. 译著　　C. 论文集　　D. 研究报告

E. 工具书　　F. 电脑软件　　G. 其他

一、数据表

<table>
<tr><td>课题名称</td><td colspan="8">我区小学全面推行绿色海量阅读的研究</td></tr>
<tr><td>关键词</td><td colspan="8">小学；全面；绿色海量阅读</td></tr>
<tr><td>课题类别</td><td>A</td><td>资助经费重点课题（A类）</td><td>学科分类</td><td>D</td><td>基础教育</td><td>研究类型</td><td>A</td><td>基础教育研究</td></tr>
<tr><td>负责人姓名</td><td>×××</td><td>性别</td><td>女</td><td>民族</td><td>汉</td><td>出生日期</td><td colspan="2">××××年×月××日</td></tr>
<tr><td>行政职务</td><td>无</td><td colspan="2">专业职务</td><td colspan="2">小学中的中学高级</td><td>研究专长</td><td colspan="2">基础教育</td></tr>
<tr><td>最后学历</td><td>本科</td><td colspan="2">最后学位</td><td colspan="2">无</td><td>担任导师</td><td>C</td><td>未担任导师</td></tr>
<tr><td colspan="2">所在市</td><td colspan="2">北海市</td><td>所属系统</td><td>A</td><td colspan="3">高等学校</td></tr>
<tr><td>工作单位</td><td colspan="3">××××××</td><td>电子信箱</td><td colspan="4">×××××××××××</td></tr>
<tr><td>通信地址</td><td colspan="4">××××××××××××</td><td colspan="2">邮政编码</td><td colspan="2">××××××</td></tr>
<tr><td>联系电话</td><td colspan="8">××××（区号）×××××××（单位）×××××××××××（手机）</td></tr>
<tr><td>身份证号</td><td colspan="8">××××××××××××××××××</td></tr>
</table>

主要参加者（限填10人）	姓　名	出生年月	专业职务	研究专长	学历	学位	工　作　单　位
	×××	××××.××	教　授	教育学	硕士研究生	硕士	××××××
	×××	××××.××	副教授	汉语言文学	本科	硕士	××××××
	×××	××××.××	副教授	汉语言文学	本科	学士	××××××
	×××	××××.××	讲　师	汉语言文学	本科	学士	××××××
	×××	××××.××	讲　师	汉语言文学	本科	学士	××××××
	×××	××××.××	中小学一级	小学语文教学	本科	无	×××××××
	×××	××××.××	中小学二级	小学语文教学	本科	无	×××××××
	×××	××××.××	中小学二级	心理学	本科	硕士	×××××××
	×××	××××.××	助　教	汉语言文学	本科	学士	×××××××

如无经费资助，是否愿意立项？　☑是　□否

如未获申报课题级别，是否愿意立项？　☑是　□否

预期最终成果	D	研究报告	C	论文集			预计完成时间	2021.04

二、负责人和课题组成员近三年来取得的与本课题有关的研究成果

成　果　名　称	著作者	成果形式	发表刊物或出版单位	发表出版时间
小学低中学段开展绿色海量阅读的研究	×××	论文	广西教育	2018.04
小学低中学段实施“绿色海量阅读”的相关研究——以北海市实验学校为例	×××	论文	西部素质教育	2017.09
×××××××××××××××××××	×××	论文	广西教育	2017.01

三、负责人和课题组成员五年以来承担的研究课题（如课题已结题，请提供结题证书）

课题名称	课题类别	批准时间	批准单位	完成情况
提高广西小学教师教研素养的研究与实践	广西教育科学规划重点课题	2010.05	广西教育科学规划领导小组	2015年结题
多专业渗透的职业教育复合型高技能人才培养模式研究	新世纪广西高等教育教学改革工程项目	2011.03	广西教育厅	2013年结题
广西高校毕业生就业指导服务体系创新研究	广西教育科学规划课题	2010.05	广西教育科学规划领导小组	2014年结题
利益相关者视域中增强职业教育吸引力的问题与对策研究	广西教育科学规划课题	2011.08	广西教育科学规划领导小组	2014年结题
团体心理辅导在高职文秘类学生职业核心能力训练中的应用研究	新世纪广西高等教育教学改革工程项目	2010.10	广西教育厅	2014年结题
教育系统突发公共事件的应急管理工作研究	广西教育系统维护学校安全稳定课题	2011.08	广西教育厅	2014年结题
产教深度融合理念下高职院校专业与实训基地一体化建设研究	广西职业教育教学改革研究项目	2015.05	广西教育厅	2017年结题
依托北部湾经济区的广西沿海高职院校专业群建设研究	广西职业教育教学改革研究项目	2015.06	广西教育厅	2017年结题
民族区域自治地区遗产继承制度研究	广西高校中青年教师基础能力提升项目	2016.04	广西教育厅	2018年结题

四、课题设计论证（限5000字内）

·本课题国内外及区内外研究现状述评、选题意义和研究价值

·本课题的研究目标、研究内容、主要观点和创新之处

·本课题的研究思路、研究方法、技术路线和实施步骤

一、本课题国内外及区内外研究现状述评、选题意义和研究价值

（一）本课题国内外及区内外研究现状述评

绿色海量阅读理论是建立在其他专家与学者相关阅读理论基础上的一种创新性理论。“绿色”谓之无害、有益。绿色海量阅读首倡“绿色”理念，主张小学生必须阅读“绿色”作品。“海量”意指阅读面广量大。但“海量”是相对的，阅读的量是通过必读和选读书目结合的方式，在不影响学生休息和学习的前提下确定的，而并非绝对意义上的不受限制的量；“海量”还必须是在符合“绿色”标准前提下的“海量”，并非良莠不分。

国内较早研究“海量阅读”的是韩兴娥（韩兴娥 2008，2009，2013）。韩兴娥海量阅读的核心思想是“从语文教材中突围，海量阅读，至简为上”。但其理论与实践多囿于“课内海量阅读”，未将海量阅读在时空上予以充分拓展。同期针对“课内海量阅读”与高效语文教学的研究（任雅玲 2011）是应用与推广韩兴娥课内“海量阅读”理论与经验的成果。最近几年不少人开始从其他的角度研究海量阅读，有采取特定载体、依托互联网进行海量阅读的（马彩燕 2018），有专门研究提升海量阅读有效性的（高淑琴 2017，李雪明 2018），也有研究多角度实现海量阅读的（崔洪霞 2017）。不过，除前述成果外，几乎再难觅得有价值的关于“海量阅读”的文献成果。

就“绿色阅读”而言，较早倡导“绿色阅读”的大多是从教师视角出发的（滕云 2003，龚郑勇 2004，沈小红 2005，梁峰 2008），但有价值的成果却极为少见。有限的关于“绿色阅读”的文献对何谓“绿色”的解读也较为粗糙，或者未做任何阐释。

将“海量阅读”与“绿色阅读”结合起来研究的，目前成果更为稀少，其中针对农村小学绿色海量阅读的相关研究成果则近乎空白。目前国内仅见两篇关于小学绿色海量阅读研究的成果论文（课题负责人 2017，2018）。两篇论文对绿色海量阅读的概念及其群体性行为特征进行了基本界定。这些界定具有开拓性的价值，但没有对小学全段绿色海量阅读做深入的探索，仅在低中学段（一到四年级）做了有限的研究，同时成果也是以市区（城镇）小学为例，在农村小学不一定都能适用，因而成果在普适性方面存在一定的局限。

小学绿色海量阅读研究现状显示国内教师与学校的阅读教学理念亟待更新。境外很多国家与地区的学生尤其是小学生具有相对自由的阅读氛围，不受类似我国应试教育的主导，学生阅读体现的一直就是“绿色海量阅读”的理念，这在这些国家与地区是一种共识，也是一种文化传统，因而他们针对绿色海量阅读进行研究也就没有必要。而在我国，情况却大不一样。应试教育思维和教师教育教学能力相对较弱是小学绿色海量阅读实施的最大障碍，倡导学生利用业余时间大量阅读通常被家长和同行认为是本末倒置或者不务正业的做法，家长和学校潜意识中第一关注的还是学生考试的结果。在教育理念上，绿色海量阅读与应试教育难以兼容。实施绿色海量阅读要求教师改变观念，努力学习建设高效课堂为绿色海量阅读奠定坚实的基础。践行素质教育与当下的应试教育虽有矛盾，但这种矛盾却并非完全不可调和。只是要想调和这种矛盾，教师本身的素质和能力尚需大幅提升。高效课堂建设的能力就是其中核心能力之一。

综上所述，小学绿色海量阅读的现有研究成果揭示，绿色海量阅读教学在我区乃至我国尚处于起步探索阶段，这是一个遗憾与机遇并存的领域。遗憾的是目前缺乏丰富的有参考与借鉴价值的成果，研究有一定的难度。但正由于此，在本领域进行研究就有着无限的机遇，项目所做的研究具有明显的创新性，研究与实践的空间巨大，完全可以取得有价值的研究成果。

（二）本课题的选题意义和研究价值

1. 选题意义

纠正社会（包括小学教师和学校）长期以来认为小学生阅读或阅读教学仅指课堂上阅读教科书中有限文本之误识，强化阅读能丰富人的知识结构以及提升人的综合素养等特殊功能，践行素质教育，促进学生全面发展。

2. 研究价值

（1）弥补“海量阅读”与“绿色阅读”之片面性缺陷，从多学科角度丰富学生阅读理论。

（2）促进小学生养成良好的学习和生活习惯，同步提高学生的学习效率与效果，稳步提升学生的综合素质，实现高效的班级管理，提高教师教育教学能力与水平；缩小城乡或地区的教育差距，助力实现教育公平。

二、本课题的研究目标、研究内容、主要观点和创新之处

（一）本课题的研究目标

1. 理论建构目标

通过研究与实践，形成基本成熟的小学绿色海量阅读理论。

小学绿色海量阅读理论是指导绿色海量阅读实践的依据。项目组拟采用社会学和教育学双重学科视角，明确小学绿色海量阅读的社会学和教育学意义；对“绿色”和“海量”两个基本问题进行科学的界定，明确小学绿色海量阅读的群体行为特征，在此基础上完善小学绿色海量阅读的基本理论。依托基本理论，构建小学绿色海量阅读的指导与干预理论，以及绿色海量阅读与高效课堂建设之间的关系理论。

2. 实践应用目标

构建低成本、高效率和高效果的我区小学全面推行绿色海量阅读的实施策略体系，是本项目最基本的目标。

在前期实证调研和理论建构的基础上，最终形成《我区小学绿色海量阅读方案》。方案以学期为时间单元，依据“绿色”与“海量”的要求，设置各阶段阅读的目标与任务，按必读、选读和自选三个大类拟列相应的阅读书目，循序渐进，科学安排绿色海量阅读。方案作为项目研究的实践成果，集中体现小学绿色海量阅读的理念和基本理论。项目同时注重个案研究。通过个案研究，深入探讨我区全面推行小学绿色海量阅读的途径和方式，据此形成具有普适性和可推广性的小学绿色海量阅读模式。

（二）本课题的研究内容

1. 小学绿色海量阅读基本原理研究

对何谓“绿色”和“海量”进行精准界定，明确包括高效课堂、家长支持、阅读内容体系的构建等实施绿色海量阅读的相关要素，探讨小学绿色海量阅读的指导与干预理论。

2. 我区小学学生阅读实然研究

从课内阅读与课外阅读两个层面，深入了解我区小学阅读的现状。

3. 我区小学全面推行绿色海量阅读的意义研究

从社会学（社会学习理论、场地理论）和教育学（教育目的论、素质教育理论）双重学科视角，探讨我区小学全面推行绿色海量阅读的多重意义。

4. 我区小学全面推行绿色海量阅读的可行性分析

《义务教育语文课程标准》已颁行多年，新课程的理念已逐步深入人心。小学语文教材部编本的使用，已使语文学科的重要性更为凸显，为营造绿色海量阅读的氛围奠定了基础。阅读从广义上讲，不仅仅是语文学科的任务，学生的成长与发展方方面面都离不开阅读。绿色海量阅读是学生成长成才的必由之路。从客观条件上考察，即便是偏远的乡村小学，也开始拥有一定规模的学校图书馆（室），乡镇中心学校大多已经具备推行绿色海量阅读的基本条件。

5. 我区小学全面推行绿色海量阅读的保障体系研究

（1）阅读文本获取与流通的保障。

充裕的阅读文本是开展绿色海量阅读的前提条件。在每个阶段成熟的方案出台后，阅读书目一般都随之相对固定，为确保书籍有稳定的来源，需要研究班级图书角、流动书库、校（区、市）图书馆和家庭藏书四结合的动态阅读文本库建设工作。

（2）阅读时间和氛围的保障。

绿色海量阅读必须在浓郁的阅读氛围中才能持续开展下去，因此，各科教师之间的配合是必不可少的，阅读时间保障是建立在各科教师配合的基础上。因此需要研究如何加强教师之间的合作，在促进各科教师努力构建高效课堂的同时，提高学生所有课程的课堂学习效率和效果。

（3）阅读与课堂教学有机衔接的保障。

绿色海量阅读与课堂教学必须衔接好，阅读才有效果，绿色海量阅读才能反哺课堂教学。如何实现绿色海量阅读与课堂教学水乳交融式的衔接，是项目研究的一个重点，也是一个难点。

6. 我区小学全面推行绿色海量阅读的评价体系研究

构建由学生、家长、教师（学校）等多元主体参加的包括前评价（对绿色海量阅读方案的评价）、中评价（对阅读过程的评价，主要评价阅读的效果和质量）和后评价（其实是一种外部反馈机制，注重从家长和其他途径获得评价，以验证或检验绿色海量阅读的价值和可推广性）在内的全程评价机制，充分发挥评价的监督和引导功能，保障绿色海量阅读的质量。

7. 我区小学全面推行绿色海量阅读实施方案

区分城镇与乡村，区分办学条件，分别出台不同的实施方案，形成本项目的实践成果。

（三）本课题的主要观点

小学绿色海量阅读是一种群体行为，具有教育学和社会学上的多重积极意义。我区小学全面推行绿色海量阅读必须以教师具备高效课堂建设的能力为前提，需要构建包括阅读文本流通和获取保障、阅读时间和氛围保障以及阅读与课堂教学衔接保障等保障体系，采取多元主体参加的阅读质量与效果的全程评价机制，充分发挥评价的监督功能，保障阅读的质量与实效。此外，需要根据不同条件，区分城镇与乡村，采取不同的实施方案。

（四）本课题的创新之处

1. 时代特色

契合十九大提出的“努力让每个孩子都能享有公平而有质量的教育”之精神。教育公平在我国目前首先体现为城乡教育公平，课题着眼于通过在我区城镇和农村小学同步推行绿色海量阅读，持续稳定拓宽学生视野，培养学生科学的阅读习惯，锻铸好的学习和生活习惯，提升综合素质。通过此特定途径，助力实现教育公平。

2. 学术观点

小学绿色海量阅读是一项统一安排的、长期性的群体活动，有别于家庭或个体阅读。实行绿色海量阅读需要构建课堂教学与绿色海量阅读有机衔接机制，避免绿色海量阅读成为孤立的活动，防止其发展后劲乏力。

3. 交叉学科

从社会学和教育学双重学科视角，明确群体性绿色海量阅读能强化阅读的育人功能，其意义远远超越单纯的教育学范畴，已经同时具备社会学上的多重意义。

4. 特定对象

在我区小学全面推行绿色海量阅读，目前尚无人专门研究和实践，具有一定的创新性。

三、本课题的研究思路、研究方法、技术路线和实施步骤

（一）本课题的研究思路

整个项目计划利用两年时间完成。在调查与实证分析的基础上，形成研究本项目所需的知识储备，构建理论基础。通过材料分析与整合，形成理论成果。在明确分工、相互配合的基础上，如期完成本项目的研究。为保证研究理论的先进性和实践体系的可操作性，本研究采用理论研究、实证分析同步穿插进行的方针，充分发挥研究小组学科交叉的综合优势，总体规划、分步实施。

（二）本课题的研究方法

1. 在前期准备阶段，运用教育文献研究法、问卷调查法、访谈法、观察法等具体方法进行资料收集和数据统计；

2. 在研究中期，运用定量研究方法（测量法、评价法等），同时也使用定性研究方法（归纳演绎法、比较研究法等），二者相辅相成，以保证研究结果准确、科学；

3. 在后期实践反馈阶段，采用教育实验法、经验总结法、比较研究法、个案研究法等，将理论研究成果运用到实践中，在实践中反思，并找出存在的问题与不足，以期在后续实践中不断地改进和完善。

（三）本课题的技术路线

收集资料，研究相关文献→结合资料，拟订总体规划→根据总体规划的要求，制定具体计划方案→分别从实践与理论两方面开展行动，两条路线同时进行，互相之间进行反复论证→总结、归纳各种问题，完成项目研究工作，报送研究成果。

（四）本课题的实施步骤

1. 第一阶段（××××. ××—××××. ××）：召开课题组会议，确定课题研究方案与分工；

2. 第二阶段（××××. ××—××××. ××）：梳理文献，研究相关成果，形成理论框架；

3. 第三阶段（××××. ××—××××. ××）：调查、分析调查结果、撰写调查报告，初拟并实施阅读方案，发表相关论文；

4. 第四阶段（××××. ××—××××. ××）：完善阅读方案，撰写研究报告，申请结题鉴定。

五、完成课题的可行性分析

·已取得相关研究成果的社会评价（引用、转载、获奖及被采纳情况）

·主要参加者的学术背景和研究经验、组成结构（如职务、专业、年龄等）

·完成课题的保障条件（如研究资料、实验仪器设备、研究经费、研究时间及所在单位条件等）

·主要参考文献（限填20项）

一、已取得相关研究成果的社会评价

项目组已经发表两篇关于绿色海量阅读的论文，这是国内目前仅有的关于绿色海量阅读研究的文献。项目组前期以×××××学校为依托进行了长达数年的小学低中学段绿色海量阅读的实践，取得的教学成果获自治区基础教育教学成果奖，成果被区内外多所小学借鉴并使用，反响良好。

二、主要参加者的学术背景和研究经验、组成结构

1. 项目主持人×××：××××××高级教师，主持完成自治区教育规划重点课题一项，参与多项市厅级以上科研和教改项目，公开发表论文多篇，研究经验和成果丰富。主持完成的教学成果获2017年自治区级基础教育教学成果奖。

2. 项目参与人××：教授，主持完成6项市厅级以上科研和教改项目，作为主要完成人参与完成10多项市厅级以上科研和教改项目，参与在研10多项市厅级以上项目；公开发表学术和教改论文40余篇，研究经验和成果丰富。

课题组其他参加者均来自相近的研究领域，均具有较为丰富的研究经验和成果。总体而言课题组在构成上具有研究方向相近、职称结构科学，年龄分布合理的特点，主要参加者都是所在学校的中青年科研骨干，具有完成本课题研究必备的专业知识和研究能力。

三、完成课题的保障条件

1. 政策与经费保证

学校和系部领导高度重视，措施有保障，能最大限度地保证项目研究的顺利进行。学校出台了一系列鼓励教学及科研的政策，保障各项制度与措施的有效运行，能切实保障科研经费的落实。

2. 人员与平台保证

负责人所在单位开设有小学教育专业，本专业目前在校生1500多人，通过本校小学教育专业的实习生和毕业生搭建参与面广、层次丰富的课题研究平台，保障项目组及时获取足量的来自城镇与乡村不同层次、不同条件的小学绿色海量阅读实践的信息与数据。同时项目组成员中有部分是小学教师，他们在一线直接进行实践研究，保障课题理论研究与实践实验同步进展。

3. 设备与资料保证

负责人所在单位科研设施与设备齐全，课题组已积累了相关研究材料，购买了部分与项目相关的重要书籍，组织教师参加了与课题相关的调查研究，已经积累了数十万字的研究资料。

四、主要参考文献

[1] 韩兴娥. 海量阅读——丑小鸭的快乐之旅[J]. 小学教学（语文版），2008（6）.

[2] 韩兴娥. 课内海量阅读[J]. 山东教育，2009（1）.

[3] 韩兴娥. “海量阅读”将优秀作品搬到课上读[J]. 课程教材教学研究（小教研究），2013（8）.

[4] 任雅玲. “课内海量阅读”与高效语文教学——读《让孩子踏上阅读快车道》[J]. 语文建设，2011（11）.

[5] 韩兴娥. 海量阅读至简为上[J]. 小学语文教学，2012（9）.

[6] 马彩燕. 海量阅读，让教与学返璞归真[J]. 小学教学研究，2018（2）.

[7] 李雪明. 指导“心到”，提升海量阅读有效性[J]. 语文天地，2018（2）.

[8] 马彩燕. 海量阅读，让教与学返璞归真[J]. 小学教学研究，2018（2）.

[9] 高淑琴. 引导学生海量阅读的有效途径[J]. 甘肃教育，2017（10）.

[10] 崔洪霞. 多角度实现海量阅读[J]. 河南教育（基教版），2017（1）.

[11] 滕云. 课程标准呼唤“绿色阅读”[J]. 语文教学通讯，2003（6）.

[12] 龚郑勇. “绿色阅读”迫在眉睫[J]. 教学与管理，2004（8）.

[13] 沈小红. 让绿色阅读走向语文课堂[J]. 现代中小学教育，2005（3）.

[14] 梁峰. 绿色阅读让学校展翅高飞[J]. 人民教育，2008（10）.

[15] 中华人民共和国教育部. 义务教育语文课程标准（2011 年版）[M]. 北京：北京师范大学出版社，2012.

六、预期研究成果

主要阶段性成果（限报 10 项）				
序号	研究阶段（起止时间）	阶段成果名称	成果形式	负责人
1	××××. ××—××××. ××	小学绿色海量阅读基本原理研究	论文	××× ×××
2	××××. ××—××××. ××	我区小学学生阅读实然研究	研究报告	××× ×××
3	××××. ××—××××. ××	我区小学全面推行绿色海量阅读的意义研究	论文	×××
4	××××. ××—××××. ××	我区小学全面推行绿色海量阅读的可行性分析	研究报告	×××
5	××××. ××—××××. ××	我区小学全面推行绿色海量阅读的保障体系研究	论文	×××
6	××××. ××—××××. ××	我区小学全面推行绿色海量阅读的评价体系研究	论文	××× ×××
7	××××. ××—××××. ××	我区小学全面推行绿色海量阅读实施方案	实施方案	××× ×××

最 终 研 究 成 果（限报3项，其中必含研究报告）				
序号	完成时间	最 终 成 果 名 称	成果形式	负 责 人
1	××××.××	我区小学全面推行绿色海量阅读的研究	研究报告	×××
2	××××.××	我区小学全面推行绿色海量阅读研究系列论文	论文	×××

七、经费管理

承诺遵守财务规章制度，如实填报收款单位全称、开户银行、银行账号、通信地址、邮政编码、财务联系电话，严格监督课题经费的合理有效使用，保证课题经费单独立户，专款专用，不挤占和挪用课题经费，在课题结项时提供课题经费使用明细单。
收款单位全称：（略） 开户银行：（略） 银行账号：（略） 通信地址：（略） 邮政编码：（略） 财务联系电话：（略） 财务部门公章： 财务负责人签章： 时　　间：
申报自筹经费课题者填写：承诺以单位名义支持该项区级规划自筹经费课题的研究，拟资助课题经费　　万元，保证课题研究正常进行。
公　　章： 负责人签章： 时　　间：

八、推荐人意见

<table>
<tr><td>不具有高级专业技术职务的申请人，须由两名具有正高级专业技术职务的同行专家推荐。推荐人须如实介绍课题负责人的科研态度、专业水平、科研能力和科研条件，并说明该课题取得预期成果的可能性。</td></tr>
<tr><td>第一推荐人姓名　　　　专业职务　　　　研究专长
工作单位　　　　推荐人签章（须本人亲笔签名或本人印章）</td></tr>
<tr><td>第二推荐人姓名　　　　专业职务　　　　研究专长
工作单位　　　　推荐人签章（须本人亲笔签名或本人印章）</td></tr>
</table>

九、课题负责人所在单位意见

申请书所填写的内容属实;该课题负责人及参加者的政治和业务素质适合承担本课题的研究工作;本单位能提供完成本课题所需的时间和条件;本单位同意承担本项目的管理任务和信誉保证。 公　　章: 负责人签章: 时　　间:

十、各市教育科学规划办审核意见

本单位完全了解广西教育科学规划领导小组办公室的有关管理规定,完全意识到本声明的法律后果由本单位承担。保证课题申报的真实性,认可课题申报人及其所在单位的申报资格,同意上报广西教育科学规划领导小组办公室。 公　　章: 负责人签章: 时　　间:

十一、负责人和课题组主要成员近五年来主持的重要研究课题已结题相关证书、证明复印件张贴处(略)

【思考与实践】

1. 自选一个学前教育或小学教育的研究课题,简要阐述选题的理由。

2. 从你的老师、朋友、亲戚或其他人士处索要一份获得立项的教育研究课题的申请书，认真阅读，找出其中值得学习的地方，也尝试找出其中可以完善的地方。

【阅读与拓展】

[1] 白钟玲. 课题研究助推教师专业成长的实践探索——以“基于生本理念的小学语文主题单元学习实践研究”为例[J]. 教育科学论坛，2015（7上）.

[2] 陈荣. 小学教师开展课题研究的现状调查与对策思考[J]. 浙江教育科学，2015（2）.

[3] 温丽梅. 校本德育课题研究的实践策略——以广州市花都区冠华小学为例[J]. 中小学德育，2014（7）.

[4] 陈莹，周映峰. 小学英语教学中微课题的研究与实践[J]. 当代教育理论与实践，2014（5）.

[5] 蒋俊兴，徐芳. “小学智慧型管理文化建构的研究”课题研究方案[J]. 江苏教育研究，2012（3B）.

[6] 丁杨华. “小学数学综合实践活动课的实施策略研究”课题报告[J]. 教育科研论坛，2010（2）.

[7] 杨文娟. 整合课程资源 提高课堂有效性——《小学品德课程资源整合有效性研究》课题中期报告[J]. 江苏教育研究，2009（11A）.

[8] 陈坚. 小学数学课题研究例谈[J]. 福建基础教育研究，2009（3）.

[9] 陈岩. 中小学课题研究[M]. 北京：北京师范大学出版社，2013.

[10] 刘景荣. 幼儿园课题研究：以“基于自然的生态化园本课程构建的研究”为例[M]. 广州：广东高等教育出版社，2018.

[11] 朱晓燕. 外语教师如何开展小课题研究：实际操作指南[M]. 北京：外语教学与研究出版社，2013.

[12] 陶保平. 研究设计指导[M]. 北京：教育科学出版社，2004.

第十一章　教育研究成果的表述与评价

教育研究最终都要形成一定的成果，这些成果最终大多都以书面文字的形式表述出来，对研究成果还要进行评价，以确定成果的价值如何。

第一节　教育研究成果的表述

教育研究成果的表述主要指各类日常教育研究写作、教育研究报告写作和教育研究论文写作。以调查报告为代表的教育研究报告的撰写方式与要求在前面章节中已有介绍，教育研究报告的格式与要求大体相似，故我们不再讨论教育研究报告的写作，仅就日常教育研究写作与教育研究论文写作进行简要介绍。

一、日常教育研究写作

教育研究中的日常写作是指教师在日常教学研究中的写作，写作的体裁包括教育案例、教育叙事、教育随笔、教学反思等。这类写作以探究教育规律为目的，但与行文严谨的学术性论文略有区别，日常教育研究写作允许带有一定文学性或艺术性。教学反思在教育经验总结法中已通过课堂实训与讨论略有介绍，下面主要学习教育案例、教育叙事和教育随笔三种日常教育研究写作体裁的基本结构和写作要求。

（一）教育案例的写作

教育案例是含有问题或疑难情景在内的真实发生的典型性教育事件。教育案例是生动的教育故事加精彩的点评。

1. 教育案例的特点

教育案例的写作是一种归纳推理，从特殊到一般，从具体到抽象；内容上坚持有所写、有所不写，写教育、教学中的典型事件，写事件中的主要过程与情节；方法上坚持叙事与评论结合。

2. 教育案例的一般结构要素

一个相对完整的教育案例大致包含标题、引言、背景、主题、案例问题、情境与细节、问题的解决、反思与评价以及附录等构成部分。

3. 教育案例写作的基本要求

教育案例写作主题要明确，案例描述要真实，情节要合情合理，构思要巧妙，文字表达要生动；选材要恰当，要注意案例的典型性、故事性、新颖性、客观性和启发性；表述要适宜，理论要与实际紧密结合，实事求是，要有独到的见解。

（二）教育叙事的写作

教育叙事是以叙事、讲故事的形式记录自己或别人在教育工作与现实生活中发生的各种真实鲜活的教育事件或发人深省的动人故事，表述自己在教育行动过程中的亲身经历、内心体验以及对教育的感悟。教育叙事的主旨是“我写我的故事”。教育叙事其实是一种叙事化的教育反思。

1. 教育叙事的特点

教育叙事所叙述的事件必须是已经发生过的真实可信的教育故事；故事具有一定的典型性，蕴含一定的教育原理与理念；故事情节具有完整性，讲究细节，结构灵活。

2. 教育叙事的形式

教育叙事主要有叙议式、反思式、陈述式、比较式、点评式和质疑式等文本形式。

3. 教育叙事写作的基本要求

教育叙事要有记叙文的特点，要紧扣主题，表明一定的教育原理，还要体现一定的文学性。

（三）教育随笔的写作

教育随笔是针对某种教育、教学现象有感而发的文体，就是谈教育思想观点的随笔，可以写教育得失、学习所悟等，是一种写教育故事的散文。教育随笔倡导教师立足实践，及时整理和记录自身的实践感悟。

1. 教育随笔的特点

教育随笔的特点概括起来就是“四随”，即随便、随时、随手和随心。教育随笔没有固定的格式，不需要论点、论据，可长可短，不必过分强调逻辑和文采，此为随便。可以随时有感而发，随手记之，此为随时与随手。随心所欲，率性而为，此为随心。

2. 教育随笔的写作形式

教育随笔可以借事说理，着力叙述一件事，不用太多议论与点评。也可以在叙述一件事情的同时，发表自己的见解，夹叙夹议，或先叙后议论。

3. 教育随笔写作的基本要求

教育随笔观点要新颖、要有自己的独到之处，要避免平庸无奇、拾人牙慧；要旗帜鲜明地表明自己的立场，坚持真理，反对谬论；要以事说理，从小见大，语言要犀利。

【课堂实训与讨论 1】

阅读如下教育案例，讨论教育案例写作有哪些基本要求？

对一名任性儿童的教育案例①

行为表现

时间：开学第一天

情景 1：第一节数学课，吴老师正在对一年级小朋友进行常规教育：上课要认真听讲、遵守纪律、坐姿端正，两只小手要平平地放在桌上。乐乐小朋友坐了没一会儿就把两只小手放到桌子底下玩，吴老师批评了他，他极不情愿地坐好，并对老师生了气，嘴里念念有词地似乎说着一些不服气的话。

情景 2：接下来的课上，乐乐不但没坐好，还自由自在喝水、玩小动作，徐老师帮助他放好两只小手，他挥动着手臂不让老师碰他，上下嘴唇急速地动着，似乎在“骂人”，还对老师翻着白眼。

情景 3：下课了，我想把他请过来单独教育，他居然装没听见不理我。我从花坛这边走过去叫他，他跑到那边；我跑到那边叫他，他又跑回到这边，跟我玩起了“捉迷藏”。见此情景，我不再追他，单独教育没能实现。

情景 4：下午的语文课上，在老师的引导下，全班小朋友都坐端正了，只有乐乐无精打采地趴在桌上。我当时想：既然他不愿意坐好，不妨换一种方式。于是我说：“乐乐，老师想请你把凳子端到老师边上来坐，让老师看看你有没有不舒服，如果有，老师带你去看医生，好吗？”他没有反应。当我去端他的凳子时，他又甩着手臂不让我碰，之后故伎重演，又开始低着头狠狠地翻白眼，嘴里叽里咕噜地“骂人”，请他坐下他也不坐，言下之意似乎是：谁让你动我的凳子！

成因分析

乐乐是个聪明又倔强的孩子，出生在一家个体私营企业老板的家庭，他的父母开了木制品加工厂，企业办得红火，经济收入也很不错。乐乐上幼儿园后。父母忙着开创自己的事业，就把他放在一家个体幼儿园全托。遇双休日或寒暑假，乐乐就整天跟着工厂的工人在一起，工人们事事依顺着他，即使他不讲道理也由着他的性子。他父母平时忙于工作，孩子难得回到身边，对他也是疼爱有加，对此也并未引起重视。倔强的个性、心理上的优越感，加之过于顺从的环境，形成了他霸道不讲理的习气，成了所在幼儿园的“小霸王”（幼儿园老师语）。

教育对策

一、及早教育，严格要求。对于孩子的不良行为，越早纠正，效果越好。在孩子刚入小学，对新环境还并不很熟悉的情况下，对他提出新学校的要求，有利于培养他的良好习惯。因此，我并未因他的不良行为发生在开学的第一天而放松对他的要求，相反，在语文课上对他的行为提出了批评，尽管他当时态度对抗，“软”“硬”不吃，我还是严肃地指出了他的错误所在。

二、适时“冷处理”。针对乐乐偏强的个性，在对他进行了批评教育之后，我没有强求他承认错误，当他一个人在旁边生气、发脾气时我采取了“冷处理”的方式。我带着全班小朋

① 杨轶闳. 对一名任性儿童的教育案例[J]. 陕西教育（教学版），2008（3）：11.（有删改）

友一起玩有趣的游戏；发新学期的课本……渐渐地，他不生气了，自己悄悄地溜回座位坐下，等着老师给他发书。而我却装没看见，没有把书马上发给他。从表情上看，此时他心里也有点着急，但我依旧没有表现出对他特别的关注。

三、家校配合纠正孩子不良行为。乐乐的任性行为与他所处的家庭环境有很大关系，要纠正他的不良行为，家庭教育的配合是关键。在第一天放学时，我把乐乐在校一天的情况向家长做了介绍，了解了他不良行为形成的原因，与家长谈了习惯教育对孩子成长的重要性，并提出希望：家校配合纠正孩子的不良行为。家长听了很赞同老师的看法，认为应该对孩子严格要求，以后尽可能不让厂里的工人依顺孩子的不讲理行为，消除他心理上的优越感。此时，聪明的乐乐已认识到了自己的“小霸王”地位已失去了“市场”，平静地向老师承认了错误，并表示要改正错误。

教育效果

观察乐乐上学第一天的表现，对于他，我曾经作了打“持久战”的思想准备，但意想不到的是，自此以后，乐乐变得守纪律了，对老师也有礼貌了。每星期二晚上去以前的幼儿园学英语时，幼儿园老师说他“乐乐变了个样子，比以前好多了！”虽然偶尔还有小反复，但乐乐的进步是明显的。在老师和家长的密切配合、共同教育下，现在的乐乐已成了班里的副班长，连续两个学期被评为学校“模范学生”（即“三好学生）。

【课堂实训与讨论 2】

阅读如下教育叙事，讨论教育叙事有哪些特点。

爱在左　责任在右

——我的教育故事[①]

陶行知先生说过：“培养教育人和种花木一样，首先要认识花木的特点，区别不同情况给以施肥、浇水和培养教育，这就叫‘因材施教’。”是的，不同的花有不同的习性，培育它们的方法也不尽相同，想要有美丽的收获，就必须懂得这种花最需要的是什么。每个学生都是一朵花，只是一年四季开放的时间不同，有的开得早，有的开得晚，我们不能强求每一朵花都同时开放。耐心等待迟开的花苞，这就是教育的艺术。

一、仙人掌花寓坚强

小强是我工作第四年遇到的一个学生，那时正是一镇一校的过渡时期，村小撤并，他转入了我的班级四（1）班。开学那天，他一个人来报名的，什么也没带，也没有交学费。当时我也没在意，以为家长忙，就把书本发给他了。正式上课的第一天，他没有来，同村的小伙伴也不知道情况。我就让那个学生放学后去找小强，让他来上学，结果第二天他还是没来。中午休息时，我便骑上自行车，一路打听到了小强的家，正好跟他顶头撞。他拎着两条鱼，晃啊晃地回来了。不上学，在家钓鱼，我心里那个气呀，这是什么学生？家长都不管吗？这些气，在我推开他家大门的那一刹那，完全没有了。我看到的是一张用砖头搭起来的床，上面就是一块木板，家里什么也没有，那一幕，我一辈子也忘不掉。我强忍着泪水，问他爸爸妈妈呢，他低着头，一句话也不说。后来我才知道，他妈妈生下他没多久就走了，他爸爸常

---

① 张冬香. 爱在左 责任在右——我的教育故事[J]. 小学教学研究，2018（32）：14-15.

年在外做苦工，只有一个盲眼的奶奶和他相依为命。我真的无法想象这些年，这祖孙俩是怎么过来的。我骑着自行车，把他带回了学校，向学校申请，减免了他的学杂费。我带他去理了发，买了一个新书包，换了一套新衣服。那天，他第一次开口叫我“老师”，并请求我不要将他家里的情况告诉同学们。接下来的日子，我发现他的学习基础一塌糊涂，三门功课都不及格。在班里，他年龄最大，个子最高，整天坐在后面，不声不响，根本不像个学生。怎么办呢？该怎么帮他呢？偶然的一次机会，我发现他的动手能力特别强，手工做得特别好。于是，我有意在班级里开展手工制作比赛，小强制作的轮船“一鸣惊人”，得到了全班同学的赞赏，大家对他刮目相看。我第一次看到他笑了，笑得那么甜。后来，我又发现他画画也好，于是，我让他做黑板报的美工，每次他都能出色地完成任务。同学们和他也越来越亲近，男同学就喜欢围着他学手工，女同学也羡慕他画得一手好画，没有人介意他的成绩了，可他却真的进步了，能考及格了。一晃两年过去了，因为怀孕，我把带了五年的学生交到了别的教师手中，多少不舍，多少牵挂，都萦绕在我的心头，我最放心不下的还是小强。我将他的情况一一告诉了现任的老师，经常去打听他的状况，知道他依然是同学们心目中的手工达人，依然阳光灿烂地笑对人生，我很欣慰。毕业时，他送给我一束亲手制作的花环，很美很美！

二、向日葵花向阳开

小治是我教的第二届学生，是特别善良、特别用功的一个好学生。在他身上，我仿佛能看到自己小时候的影子。可就在毕业前夕，他的爸爸找到我，对我说：张老师，你能帮我劝劝小治吗？就上 A 中好不好？他最听你的话，你说的话他肯定听！原来，那段时间，班级里成绩优秀的学生课余的话题除了 B 中就是 C 中，而小治的家庭条件是无法供给他上这类民办学校的。小治同学心里难受，言语中就流露出对家长的抱怨。其实，这样的问题，不止出现在小治一个人身上，于是，我和搭班的李老师商量，开了一次主题班会——“老师的故事”，由我和李老师来讲故事，讲我们小时候在中学的故事，讲我的学生曾经经历的择校故事。当我讲到我的第一届学生小雯、小迪就留在 A 中，最后中考成绩超过了在 B 中 C 中的同班同学时，我看到了小治眼中闪烁的光芒。我告诉他们，是金子在哪里都会发光。我又跟他们聊起了家长的不易，谈到了我的父母，谈到了我师范毕业时对继续深造的放弃，谈到人生的得与失。事后，我也没有单独找过小治，没有再提起这件事。那年的 A 中面试，小治以第一名的成绩光荣入学。现在，他已经上初三了，成绩依然名列前茅，成为 A 中老师的骄傲。他的爸爸依然骑着三轮车，走街串巷，生活的不易让他看起来很苍老，但他的笑容却是那么的灿烂，因为他有一个这么棒的儿子！

三、铁树开花需等待

小涛是我这一届新接手的一年级新班的学生，开学第一天我就遭到了这个学生的辱骂，这是我十几年教学生涯从未遇到过的事情。这个学生的眼神让我感到可怕，但我没有生气，强烈的直觉告诉我，这个学生有故事。一下班我就到了小涛家进行家访，了解到了这个家庭的不幸，父亲患有严重的尿毒症，母亲在父亲生病后，抛家弃子。这个学生在这样的环境中长大，缺少了太多的爱。于是，我每天主动靠近小涛，嘘寒问暖，一开始他的反应很激烈，我一抱他，他就使劲推开我，嘴里还骂骂咧咧。班里的学生几乎都被他打过，天天有家长来找班主任，所有的老师都被他骂过，体育老师的手臂还被他抓出了血痕……跟我搭班的班主任是刚毕业的新老师，遇到这样的学生，她束手无策，有好几次，她只轻轻拉了一下小涛的胳膊，这个学生就在班上嚎叫了一节课，老师被他气得哭过好几次。怎么办？放弃吗？不行！小涛已经够可怜了，我相信只要让他感受到爱，感受到温暖，他一定能变好！我号召所有的任课老师、班级的其他学生，还有家长们联合开展了“爱的 N 次方”行动，大家一起加入关爱小涛的行列中来。有一次，全班同学亲手制作了一张卡片，上面写着：小涛，我喜欢你，我们做好朋友吧！那时，学生们还不会写这些字，我就一笔一画地教他们，每一个学生都写得特别认真！家长们的行动更让我感动，他们不仅给予小涛物质上的帮助，更教育自己的孩子跟小涛好好相处，去发现小涛身上的闪光点。一张张笑脸、一次次活动、一份份礼物……小涛从一开始的抵触到慢慢的信任，眼神中终于流露出学生该有的光彩。两年的相处，小涛变了，班级的其他学生也渐渐学会了关爱，懂得了包容。

曾经看到过一段很美的话：“倾听花开的声音，我们能读懂花儿的心思；倾听溪水的歌声，我们能读懂山林的呼吸；倾听学生的心声，我们能走进学生的心灵。”是呀，每一朵花里都蕴藏着一个不同的世界，每一个学生的内心都描绘着不同的天堂！教育是一份“静”的事业，也是一种“慢”的艺术，我们应该从“生命关怀”的意义出发，静候花开，真正实现有生命价值的教育。“爱在左，责任在右，走在生命之路的两旁，随时播种，随时开花……”我正是循着这样的教育梦想，一路走来，一路花香。

【课堂实训与讨论 3】

阅读下列两则教育随笔，讨论教育随笔有哪些特点。

教育随笔一

人的教育和生产一只杯子的不同之处在于：生产杯子之前，这只杯子的用途、式样都已设计好了，因此是先有本质后有存在；人的教育则正相反，每个学生的心灵远在教育者的意识之外，他们是要按自己的意识成长的。教育不是让学生成为某种人，而是引导每个学生成就他自己。

教育随笔二

阅读课要让学生感受到言语世界的瑰丽多姿：壮阔、细腻、严谨、庄严、缠绵、华美、朴素、率真、睿智、深沉、纯净……

带着学生去感受、去品味、去欣赏言语世界中丰富多彩的人生、自然和社会。

一个民族的精神命脉在一堂又一堂的语文课里静静延续，每个学生的心灵生活在一堂又一堂的语文课上渐渐精彩。①

二、教育研究论文写作

（一）教育研究论文的一般结构

教育研究论文一般由下列部分组成。

---

① 李卫东．语文教育随笔选录[J]．小学语文教学，2010（6）：12-13.

1. 标题

标题是教育研究论文内容的概括，负责向读者传递研究的主要问题，是论文的窗口，也是论文的眼睛。标题可以采用多种形式，可以明确点题，也可以仅言明研究问题的范围；可以以陈述句做标题，也可以以疑问句做标题。标题拟定的一般要求是简明、确切、传神、新颖，能不用副标题的就不用副标题。

2. 署名

在论文的标题下方署上作者姓名和所在单位等信息。待发表的论文还要标明邮政编码，另需按照期刊要求提供作者的住址（联系地址）、作者简介、基金项目、联系方式等信息。

3. 摘要

学术性论文一般都要附有摘要，摘要以提供文献内容梗概为目的，不加评论和补充解释，简明、确切地介绍文献重要内容的短文。摘要应具有独立性和自明性，并且拥有与文献同等量的主要信息，即不阅读全文，就能获得必要的信息。一般教育研究论文的摘要字数为 200 ~ 300 字。

教育研究论文的摘要采用第三人称表述，不出现图表、冗长的数学公式和非公知公用的符号、缩略语等，通常直接摘录论文中核心语句写成。一般不要出现“本文认为……”“文章介绍了或讨论了……”之类的语句。

4. 关键词

即在论文中起关键作用的、最能说明问题的、代表论文特征的名词或词组。教育研究论文关键词的数量根据文章内容需要确定，一般用 3 ~ 5 个为宜。确定关键词时，要对论文进行主题分析，弄清论文的主题概念和中心内容；尽可能从题名、摘要、层次标题和正文的重要段落中抽取与主题概念一致的词和词组；凡是表达主题概念所必须的，都可列入关键词。

5. 正文

一般由引论、本论和结论三大部分组成。例如：

一、引言/导言/引语（文字少的时候可不编号）

二、……

（一）……

1. ……

2. ……

（1）……

（2）……

（二）……

三、……

四、……

五、结语/结论/总结与展望

论文正文的各级标题序号一般都有严格的格式，例如，一级标题序号是“一、”，“一”后面是“、”；二级标题序号是“(一)”，“(一)”后没有“、”；三级标题序号是“1.”，“1”后是“.”而不是“、”；四级标题序号为“(1)”，后面也没有“、”。

教育研究论文的层次标题格式与科技类论文不同。科技类论文的各级标题序号通常采用纯阿拉伯数字的形式连续编号，不同层次的 2 个数字之间用下圆点“. ”分隔开，末位数字后面不加点号。如“1”“1.2”“3.5.1”等。各层次的标题序号均左顶格排写，最后一个序号之后空一个字距接排标题。

6. 参考文献

论文中但凡引用或者参考了他人文献的，不论是文献的原文，还是文献的观点，都要如实、详细、规范地予以著录（标注）。

（二）教育研究论文写作的一般步骤与要求

1. 选择主题

“主题”是论文的研究的中心，是论文的灵魂。选择主题是教育研究论文写作的前提，也是论文写作的起点。主题必须与研究最初确定的主题基本一致，要集中且突出重点。研究者可以从个人的兴趣出发选择主题，也可以从教育教学的实际工作出发选择主题；可以从小处着眼选择主题，也可以从大题入手选择主题。选择主题之后要做的是拟定论文题目。

2. 筛选资料

教育研究论文写作之前要搜集和筛选文献资料与事实资料。筛选的资料要真实、准确，特别是事实性的资料；资料还要具有典型性且与研究主题相关。在可靠且充实的资料基础上，研究人员才可以旁征博引，分析比较，才能写出高质量的论文来。

3. 拟定提纲

拟定提纲就是对论文的基本框架和总体思路进行设计安排。提纲有两种，即标题式提纲和简介式提纲。研究人员可以根据自己的写作习惯和写作需要选择合适的提纲形式。拟定提纲的过程其实也是研究人员清理研究思路的过程。研究思路的层次正是论文层次划分的重要依据，研究思路的复杂对应着论文研究内容的丰富。拟定提纲利于研究人员有效把握整体，不至于在写作过程中游离主题或者文不对题，还可以保障写作的内容不重复、不遗漏，前后有机衔接。

4. 撰写初稿

依据提纲，研究人员即可着手撰写初稿。初稿可以按提纲所定顺序分段进行，也可以按照作者对内容的熟悉程度分段进行。无论采用哪种方式，都要注意捕捉灵感。有很多时候，新的想法如火花般一闪即过，时间稍长就容易忽视，因而要及时记录这些灵感。初稿撰写过程中也可以随写随改，不必等到完成后再修改。

5. 修改定稿

初稿完成后要反复检查和修改。检查和修改是保证论文质量的重要环节。修改的主要工作是核实、增删论文内容，也包括推敲论文的标题，对论文结构进行重新安排或适当调整。修改中也要对论文的细枝末节仔细斟酌，比如对文字进行加工和润色，核查标点符号是否准确使用以及论文的格式是否规范等。论文可以在初稿完成后立即修改，也可以搁置一段时间后再修改；可以自己修改，也可以请同行或专家修改。修改是一个反复多次的过程，也是一个螺旋式发展的过程。

初稿经过数度修改后，方可定稿。定稿的论文可以向相关期刊投稿。如果被采用，期刊编辑可能还会提出新的修改建议，再次启动修改进程。

【课堂实训与讨论 4】

一、阅读下列两篇论文的摘要和关键词，讨论最能体现论文摘要和关键词的论文题目是什么。

论文一

摘　要：中国传统文化博大精深，蕴含着丰富的德育素材，我们要将小学德育植根于优秀传统文化中，重新进行小学德育价值定位，从德育内容、德育实践活动等方面加强传统文化对小学德育的作用，同时也要避免小学德育与传统文化结合中的两个误区。

关键词：小学德育；传统文化；德育素材①

题　目：

1. 我国优秀传统文化在小学德育中的渗透
2. 小学德育中的优秀传统文化及其渗透
3. 加强传统文化对小学德育的作用
4. 我国传统优秀文化与小学德育的关系
5. 浅谈如何在小学德育中渗透我国优秀传统文化

论文二

摘　要：近年来学校在推进大课间活动过程中遇到了场地设施紧张、活动内容固化、组织指导不力等许多棘手的问题，导致大课间活动质量欠佳。针对上述问题，学校从学生水平段、季节性、趣味性等特点入手进行整体设计，优化活动内容、创新组织形式、改善设施条件，推进大课间活动的科学化、制度化、规范化，提升大课间活动品质。

关键词：大课间活动；整体设计；精细组织；改善条件②

题　目：

1. 小学大课间活动品质提升策略
2. 小学大课间活动存在的问题与品质提升策略
3. 小学大课间活动存在的问题研究
4. 小学大课间活动质量欠佳的原因分析

---

① 许艳玲. 小学德育中的优秀传统文化及其渗透[J]. 教学与管理，2017（2）：10.

② 李晓红. 小学大课间活动品质提升策略[J]. 上海教育科研，2018（12）：89.

【课堂实训与讨论 5】

阅读如下论文提纲，讨论：根据论文题目，本提纲可以如何修改与完善。

游戏策略在幼儿园教学中的运用

一、引言
二、幼儿园教学实践的现状与问题
1. 游戏策略目的与价值分析
2. 游戏教学中学生自主性缺失
3. 游戏教学缺乏创新性
三、游戏策略在幼儿园的运用作用
1. 游戏策略能够提升学生的学习兴趣
2. 有利于幼儿理解学习知识
四、游戏策略在幼儿园实际教学中的运用
1. 游戏策略在科学教育中的运用
2. 游戏策略在数学教学中的有效运用
3. 游戏策略在艺术教学中的运用
4. 健康教学中游戏的运用
五、结束语①

第二节 教育研究成果的评价

教育研究是一个不断探索的过程，教育研究成果的信度、效度、价值如何，要加以鉴定，这就是评价。评价是教育研究的最后一个环节。

一、教育研究成果评价的内容

（一）资格评价

即鉴定所评价的对象是否属于教育研究成果，该项评价以学术性作为衡量的重要标准。教育研究报告（调查报告、实验报告）、学术性论文、专业性著作等，都属于学术性研究成果；而教育叙事、教学反思、教育随笔、教育日记以及有关教育方面的小说、诗歌、散文等文学性作品，则不属于学术性研究成果。教育研究成果评价一般只评价学术性的研究成果。

（二）目标评价

研究目标是教育研究开始就确立的研究思路，明确的是研究要解决的问题，是研究的出

① 陈丹玲. 游戏策略在幼儿园教学中的运用[J]. 考试周刊，2018（41）：181，193.

发点。对教育研究成果目标的评价主要考察成果是否具有创新性，成果确立的理论是否具有可靠性和科学性。对教育研究成果进行目标评价，可以鉴定成果的研究价值，可以引导研究人员确立更为合理和科学的研究目标。

（三）过程评价

过程评价主要评价研究过程是否规范，研究设计是否可行且科学。例如，针对实验报告进行评价，就特别重视对其研究程序与方法的评价。研究程序与方法不合理，其成果的科学性与价值就大打折扣，甚至涉嫌造假。

（四）结果评价

结果评价主要评价研究成果的理论价值与应用价值。不同的教育研究成果对教育发展的影响和作用是有区别的。理论型教育研究成果更容易表现出学术价值，通常表现为理论观点创新，研究方法创新，填补学术领域空白等。应用型成果的学术价值有时不明显，其价值主要体现在社会价值上，成果能够在实践中予以应用和推广，能转化成具体的操作程序与方式，解决实际问题。

二、教育研究成果评价的标准

（一）合理性标准

任何一项教育研究成果都要有相应的理论和实践依据，合理性标准考察的是成果在理论上是否有坚实的理论基础，成果是否合乎科学研究的一般要求；在实践上是否具有较强的针对性，成果能在多大程度上解决实际问题。

（二）科学性标准

科学性标准即客观性标准，主要指该项研究成果的研究程序与方法是否妥当，研究结果是否具有比较高的信度与效度。

（三）可读性标准

可读性标准考察的是研究成果表达是否准确，论证是否严密，语言是否规范以及结构是否完整。

三、教育研究成果评价的方式

教育研究成果的评价方式有多种。

（一）按研究成果评价的组织形式划分

按研究成果评价的组织形式划分，教育研究成果的评价可分为会议评价与通讯评价两种。

1. 会议评价

会议评价也称会议鉴定。会议评价是研究人员与评审专家面对面进行交流、讨论对教育研究成果进行评价的方式。评审专家听取研究人员的自评汇报，审议成果材料，提出鉴定意见，专家组组长归纳总结，给出评价结果。

2. 通讯评价

通讯评价也称通讯鉴定。通讯评价时，评审专家不直接面对研究人员，研究人员将待评价成果寄送评审专家，评审专家们评审后，将评价意见或评分寄交专家组长，由组长汇总后，得出评价结果。

（二）按研究成果评价的主体划分

按研究成果评价的主体划分，教育研究成果的评价可分为自评、专家评、评比三种。

1. 自评

自评是研究人员对照成果评价标准，对自己的研究成果进行评价。自评是教育研究成果评价的基础形式。通常情况下，成果不论是通过其他哪种形式评价，研究人员的自评总是会进行的。研究人员的自评可以为其他主体的评价提供参考。

2. 专家评

同行专家评价是教育研究成果评价的主要和最常见的方式。同行专家一般都具有较高的学术研究水平，评价态度相对公正、客观，能较为准确地评价成果的价值。同行专家的评价相对研究人员自评而言更具有鉴定意义。

3. 评比

教育研究成果评比是指教育研究论文、著作或教育课题研究成果等方面的评比，是一种特殊形式的评价。能普遍得到认同的教育研究成果评比活动通常都是由教育行政主管部门组织或者由全国性的教育学术机构组织的。期刊杂志社和一般民间机构组织的教育研究成果评比没有什么实质意义。

第三节　教育研究成果表述案例

【案例 1】

我的教育故事[①]

一天中午，我刚进教室，小旭就跑过来说："老师，小伟送礼给我！"

"送礼？"我一愣，"送什么礼？"

① 刘剑华. 我的教育故事[J]. 中国教育学刊，2006（12）：68-70.

旁边的同学一听，偷偷地笑起来。我马上领会过来，不由得也笑了起来。

原来，我针对班上一些同学说脏话骂人的现象，给大家讲了一个故事：一天，一个人跑到佛祖释迦牟尼那里去诉苦，说有个人经常骂他，他很苦恼，请求佛祖告诉他怎么办。佛祖就问他："如果别人送礼给你，你不要，怎么办？"那个人说还退给他。佛祖说："这就对了。你就把他骂你当作他送礼给你，而你不要就行了嘛。"那个人点了点头，明白了。

当故事讲完以后，我问大家："你们明白了吗？"有的同学说："我明白了，以后别人骂我，我不理他就行了。"

有的说："我们不能骂人，最后有可能骂的是自己。"

大家各抒己见，似乎有所触动，从故事中也许领悟到了点什么。这以后同学们把骂人现象戏称为"送礼"。

想不到今天小旭竟然拿来了这个典故。我乐可可地问他："你收了吗？""没有，我不想收！"

"那不就行了嘛。你送礼了吗？"

"没有，他不是我们班上的。"

"但你可以把那个故事作为礼物送给他嘛。"小旭一拍脑袋，"对呀！"然后飞快地走了。

望着小旭的背影，我会心地笑了。

后来，我仔细地回味这件事，把它作为一个故事写了下来，取名为《送礼》。经过整理和提炼，我将这个故事寄到《内蒙古教育》编辑部，并作为卷首语发表在2005年第3期上。

这给了我一个意外之喜。因为随着课程改革的深入推进，我深深体会到：一个教师的成长，不在于掌握了多少先进的教育教学理论，而在于不断改造和丰富自己的教育教学实践。为此，我一直在思考和寻求一个新的突破口，做一种属于自己的草根化研究，以丰富自己的实践性知识，提高实践能力，提升实践性智慧。这个故事的发表，使我产生了一种豁然开朗的顿悟和柳暗花明的希望：我何不将自己教育教学中的一些事情写成故事呢？

于是，我做起了有心人，随时将自己在教育教学中发生的各种真实鲜活的教育事件和发人深省的动人故事收集并记录下来，同时将自己的内心体验和感受、理解、感悟也书写出来，整理成自己的"教育故事"。随着我在教学实践中的不断体验、观察和积累，渐渐地养成了撰写教育故事的习惯。这些故事有记录自己成功经验的，也有反思教育教学现象或自己在实践中存在的问题及不足之处的，具有可读性，有一定的典型性，且能给人以启发和思考，虽然是一些小故事，但它们犹如一朵朵芬芳的鲜花，能给人留下缕缕的清香。

1. 有一种爱叫触动

课上，为了给小旭一次锻炼的机会，我叫他站起来读一段话，可他刚读第一个字，就错了，他显得很惶恐。我笑了笑，说："没关系，再来！"于是他深吸了一口气，又开始读。可刚读第一个字，又错了。同学们不禁哄堂大笑，有些人还尖叫起来。小旭有些惊慌失措，不好意思地望了望我。

我微微一笑，轻轻地对大家说："小旭现在需要的不是喝彩声，而是掌声。"

同学们先是一愣，继而响起了雷鸣般的掌声。

"怎么样？再来一次？"

小旭感激地看了看我，又望了望大家，似乎镇定了下来，顿了顿，又开始读起来。这一次算是比较准确、流利地将课文读完了。

“读得怎么样？”

“好多了！”

“应该谢谢你们的掌声啊！”

同学们都会心地笑起来。

爱是一种触动。

所谓“触动”，是让学生的心灵在思维碰撞、情感互动中获得的一种震颤。这种触动是照耀学生求知热情的阳光，是精神、情感的共鸣。教师应让学生在触动中享受真正的人文关怀，满足他们生命的发展。

2. 教育，要让学生享受幸福

学习《鼎湖山牙泉》（苏教版第九册）第四小节时，同学们都沉醉于鼎湖山那美妙的泉声中。他们一边美美地读着课文，一边举手将自己的感受表达出来，课堂中充溢着孩童们那朗朗的读书声。看着一张张因陶醉而微笑的脸，或是因争辩而发红的脸，我不禁暗暗为自己的教学预设及生成的精彩而得意。

这时一直未发言的小旭高高地举起手来，看样子还非常急切，部分同学开始注意到他了，教室里也逐渐静了下来。

根据以往的经验，虽然小旭一般不怎么发言，但只要他肯说，一定会语出惊人，让大家刮目相看的。我示意大家安静，说：“好！小旭举手了，看来他又有什么新的发现或感悟了，来，你给大家说说。”

小旭见我点他，红着脸站了起来，吞吞吐吐地说：

“老师，我……我要喝水。”

“啊？”教室里一下子炸开了锅，有的同学拍手大笑，有的同学叫了起来：“学校规定上课不许喝水还要喝水！”还有的同学责问：“你原来不是要说自己的感受吗？”

我也感到有些意外，愣了一下。看着小旭那紧张而又期待的眼神，看着下面同学们那乱哄哄的场景，我镇定一下，脑海里飞快地闪着：怎么办？给他喝还是不给他喝？因为学校里有规定，再说我也曾当众宣布，上课就得有上课的样子，并强调了学校明文规定的“几不”，其中就有“不允许喝水”这一条。这时大家的目光都集中到我的身上，等待着我的答案。

我清了清嗓子，笑了笑，说：“真不错，小旭每次举手都能给大家惊喜！”同学们会意地笑了起来。“学校是规定了一些制度，但是制度是死的，人是活的，必要时我们可以灵活一下嘛。”

“哦？”同学们有些意外，但听得出声音中流露出一些开心和喜悦。

我朝小旭点了点头，“你去喝水吧！”小旭也很意外，不过还是乐滋滋地喝水去了。其他同学又投入到课文的学习之中。

虽说学校为了从细节处培养学生良好的行为习惯，制订了上课时“几不”制度，但在上课时请假上厕所、喝水的现象还是照常发生，屡禁不止。平时我很想按照规章制度办事，但每当看到学生们此时那焦急而又期待的神色，我又往往会临时改变主张。我认为：学习是一件快乐的事情，如果学生在课堂上连喝水、小便的机会和权利都没了，他们会潜心学习吗？能享受到学习的乐趣吗？

学生是发展中的未完善的人，我们不能用脱离学生实际的标准来衡量学生的行为和思想。教育的前提是理解、尊重学生，也就是对学生的教育要顺其心、顺其性、顺其自然，对他们不能太苛求，不能求全责备。因为教育首先面对的是一个个鲜活的具有个性差异的生命，关注生命，才是真正的教育；关注生命的幸福，才是教育的真谛和最终所追求的目标。关注生命及其幸福，也才是教育真正的人文关怀。

教育教学过程中的一些细节，最能体现教师对学生生命幸福的关照，最能折射出我们教师的人文关怀理念和人文关怀精神。因此，在一些细节上，我们不应过分追求严格、严肃、严厉，而应多一些微笑、宽容、理解、接纳、引领，给予学生一些自由、自主。从细节处关心、爱护每一个充满灵性的生命，让他们健康和谐的发展，使之感受到学习的过程就是一个享受幸福生活、幸福人生的过程，这也更容易激活学生的学习潜能，促进他们在人格上、精神上健康快乐地成长。

当我们的教师为学生的成长创造幸福时，当我们的教育使学生享受到幸福时，我们的教师是幸福的，我们的教育也一定是幸福的教育。

3. 一次有效的生成

教学《卢沟桥的烽火》(苏教版第十册)第一节时，我引导学生抓住对“咽喉”理解、体会卢沟桥的战略位置。

学生们认为咽喉是呼吸和食物的通道，在文中强调了卢沟桥的地理位置十分重要。

我问：“为什么在这儿不直接说明重要性，而要用‘咽喉’一词呢？”有几个学生说这是一种比喻的说法，能让我们更形象地体会到卢沟桥的重要性。

我见同学们理解得较到位，就指导他们将课文中的句子又朗读了一遍，以加深感悟，准备继续往下学习。

忽然小宇举手站起来说：“老师，我知道这是一种用人体器官打比方的用法。我还知道其他的一些人体器官的比喻用法。”

对呀！我怎么没有想到由这个词的用法延伸开去呢？我由衷地表扬了小宇一句：“你真聪明！老师还没有想到呢！你还知道哪些人体器官的比喻用法呢？”

同学们听我这么一说，也叽叽喳喳地议论起来。小宇有些得意她说：“我知道‘手足’比喻兄弟之情，有一个成语叫‘手足之情’。”

我点点头说：“还有吗？”

“老师，我知道‘心肝’比喻稀有珍贵的东西，因为我妈妈常叫我‘心肝宝贝’。”小越不紧不慢地说。

“我知道‘肝胆相照’这个成语中用‘肝胆’比喻朋友之间的真诚友谊。”小盛也说得头头是道。

小正也把手举得高高的：“我学过一篇课文中用人体中的‘肺’比喻地球上的森林，说明森林的重要性。”

“我还知道‘血肉’是比喻一种亲情。”

同学们的思维似乎一下子激活了，个个兴奋不已。我说："确实，用人体器官做比喻的用法还真不少。这样吧，课后大家完成一个作业：找一找人体器官的比喻用法，并写下来，看谁找得多。如果以后在写作文时能用得上那就更妙了。"

课后我仔细想想刚才课上的那段小插曲，总觉得有些兴奋和激动。说实话，教学设计时我只想到让学生由理解"咽喉"到为什么用"咽喉"来体会卢沟桥的重要战略位置，没想到由这个词的比喻用法对学生的知识面进行拓展、深化，在潜移默化中随机地加强他们的语言积累。

而小宇的一句话点醒梦中人，使我完成了由理解品味语言到积累内化语言的过程。我想这也算是一种生成吧。

课堂因生命而美丽，教学因生成而精彩。在动态的课堂中，学生的思路常不顺着教师的思路走，往往旁逸斜出，我们教师是将学生往预设的道路上赶，还是顺着学生的思路挖掘、生成呢？答案是不言而喻的。因为学生的既有经验、知识和学习的内在潜力都是一种珍贵的教学资源，可以为教学所用，而且这种资源越用越多，越用越丰富。只有建立在发掘学生潜力基础上的生成，才是有效的生成、成功的生成，是学生成长和发展需要的生成。

有效的生成可以促进有效的学习。我觉得小宇的一番话无疑是本堂课一个有效的生成点。这种生成拓宽和丰富了我原先的教学预设，激活了学生的思维，唤醒了学生的语言积累，让教学过程变得更为精彩，更富有情致。这种生成是一种自然的水到渠成，是语言与精神同构共生的过程。

教育教学生活中时刻发生着与学生密切相关的一些很不起眼的小事情，正是这些微不足道的小事情，构成了我们丰富多彩的教学生活。重新回味、咀嚼、反思教育教学生活，就可以形成一个个令人为之感动、为之欣喜、为之沉思的小故事。这个过程，本身就是一种有价值的草根化的研究过程；这些故事，也成了我自己专业化成长的精神财富。

【案例 2】

论教育叙事研究的内涵、结构及环节①

近年来，在各级科研管理部门的鼎力推动下，教育叙事研究已成为教育研究领域中靓丽的风景线。然而，在其繁荣的表象背后，教育叙事研究学理的空疏肤浅和实践中凌空蹈虚的现象十分突出，存在理论视野狭窄、叙事模式固化和经验体悟缺失的不足，迫切需要对其内涵特征、结构要素和实施环节等问题做解析，以形成独特的认知风格与洞察能力，从而提升其研究的理论品格和实践解释力。

一、教育叙事研究的基本属性

20 世纪 80 年代，加拿大康纳利（Connery）等学者将叙事研究引入教育科学研究领域。他们认为教师应观察日常教育生活，生动地叙述真实的教育故事，反思内隐的经验和想法，

① 孙智慧，孙泽文. 论教育叙事研究的内涵、结构及环节[J]. 教育评论，2018（2）：36-39.

形成教师个人独特的实践知识，以加快其专业成长的步伐。20 世纪 90 年代末，教育叙事研究方法正式传入我国，得到许多专家和一线教师的广泛认可。作为一种质性研究方法，虽与文学、历史叙事有着不可隔绝的联系，但有其独特的内涵指向。

其一，教育叙事研究是一种经验的理解方式。它注重生活的体验，借助影片、传记、图片和对话讲述一个或多个教育故事，不定义教育是什么，不直接规定怎么做，在生动的叙事中将教育规律、本质等理性的东西隐藏到活动过程之中。作为一种经验的理解方式，注重研究者内部情感的体悟和教育深层意义的生成，力求在反思的基础上揭示内隐于故事中的意义，把艰涩的理论还原到灵动的教育生活中。事实上，仅仅把它视为一种经验理解的方式，也是有其缺陷的。如果没有足够的理论修养或教育故事缺少必要的暗示或阐释，研究者将无法顺利完成研究。[1]

其二，教育叙事研究是一种知识的生产模式。传统研究使教师的经验反思与实践感悟难以进入知识的制度性话语之中，导致教师不具有知识生产的“合法性”。教育叙事研究以讲故事方式呈现教育生活，对内隐于其中的经验和意义进行浸润本土文化意蕴的解析，使缄默性知识显性化。它改变单凭文献和思辨得出结论的传统，生产的知识极易诠释理论，并能接受实践的检验。教师既是知识的消费者，又成为知识的生产者，不仅改变了教师在知识的“产生—分配—消费”链条中的位置，[2]而且契合了教育的实践特质。教育叙事研究就是在相关理论指导下，搜集资料和讲述教育故事，对蕴含的经验加以归纳、提炼，以揭示内隐于事件背后的信念、意义，生成教育理论的一种研究方法。

二、教育叙事研究的主要特征

教育叙事研究属于质性研究。它体现出实用主义的生活哲学精神，不期望过高的普适性，一般表现出以下特征。

（一）教育叙事研究以真实的故事为载体

真实是故事被纳入教育研究视野的先决条件。一般而言，故事越真实生动、越原汁原味，就越能规避“前见”而形成独特的体验。真实故事只能“做出来”，而不是“编出来”的，从真实故事中探寻到教育活动发生、发展的内在逻辑，能使经验与意义形成关联，获得对故事本质的诠释。

文学叙事一般要求故事在艺术和逻辑上具有合理性，不强求客观的真实性。但教育叙事的故事必须直面真实的情境，研究者不仅要走进生活的“现场”，对情节进行整体性、形象性和动态化的呈现，实录心灵轨迹，而且要以“理解”的哲学思维，对故事蕴含的知识、价值观，以及独有体验进行多角度反思，逼近教育本相，表达出解说的理论视角和立场，建构出“沉默的大多数”生存的意义世界。

（二）教育叙事研究以经验的分享为取向

传统方法使用抽象的概念，注重逻辑思辨，造成经验形态在理论表述中往往容易“在可编码的修辞过程中被不知不觉地抽干和掏空”。[3]而教育叙事研究凭借研究者缄默性知识、直觉经验，使之在主题的统摄下，与历史资料、被研究者以及自己对话，探寻事实背后隐含的意义，使个人内隐的知识逐渐清晰而深刻化，达成经验的理解。

教育叙事研究面对复杂问题，用“实践话语”聚焦个体经验，呈现大家共同经历的体悟，在彼此共享中生成有价值的替代性经验。这种共享能让其他“听众”改变失语状态，形成经验互递、情感共鸣的平等关系，增进全体的专业自信，达致个人、社会层面的跃升，使教育经验具有一般理论的性质和形态，“撰写和讲述故事，是探究、洞悉教师个人实践知识的最佳方法”。[4]

（三）教育叙事研究以实践的反思为媒介

传统研究是一种“证明”的范式，虽以发现教育“规律”为己任，但生产出的理论不能有效解释和指导实践。教育叙事研究遵循自下而上的逻辑，通过富有价值的故事，让事件隐含的经验、知识显现出价值。它不是用演绎的框架去选择故事，也不是对事件的实况性的录制，而是通过经验的重构去发现教育的实践意义。

研究者往往拥有敏锐的实践意识，以“局内人”的身份参与活动。在资料的梳理、整合与重构中进一步反思和追问实践经验，使复杂的实践逻辑更为清晰，提炼出蕴含于其中的教育理论，给缄默的知识赋予声音，帮助研究者摆脱二元对立的无休止争论，促成新的思想萌生，使思想逐渐明朗而丰富起来，从而改变教育活动中理论与实践长期分离的格局，让教育生活焕发出生命的活力。

（四）教育叙事研究以意义的建构为目的

教育叙事研究样本数量很少，研究者需走进具体的活动现场，精心选择与重构故事，更准确地表达意义。它不聚焦在“群”的“共性”上，重点在分析“个”的存在的现实性上。在气氛渲染、细节深描和问题质疑的过程中，对自己或他人的生活史以及个人的教育实践经验做出阐释，建构起具有代表性和深刻度的教育意义世界。

教育叙事研究尤为注重人类行为的复杂性，在对理论与故事的联系加以充分的诠释的基础上，寻求生活世界存在的个性化意义。不能只在意“事实”本身承载着的客观属性，离开理论的支撑而一味描述经验，更为重要的是提升教育意义的价值性。只有理论和实践视域的融合，才能获得思想的敞亮与自我更新，使教育问题的学术研究回归到鲜活的现实中，使理论研究回归到思想的故里。[5]

三、教育叙事研究的结构要素

教育叙事研究基于现实事件揭示教育故事背后隐藏的意义，虽无固定的范式，但具有自己内在的结构要素。

（一）场域

场域主要包括事件发生的时间方位、物理环境和社会文化情境等。教育叙事研究是在一定的场域中进行的，只有对事件发生的时间和位置进行合理的呈现，才能展示事件演进的脉络，看到事件的历史、现实，以及有可能的未来状况。[6]物理环境主要由布置、器材、座位、标语、空气和光线构成。社会文化情境主要指人的社会规范、人生信念以及价值理念等。环境使整个叙事呈现出一种时空结构，在很大的程度上影响着教育叙事中人的行动、感受、体验与诉求。

（二）人物

人物是叙事中意义和价值表达的主要载体。这里的人物主要指教师、校长、学生和家长等，他们可能是故事的组织者，也可能只是“参与人”。所谓“参与人”，即能够影响主要人物思想和行动的人。他们虽然属于“沉默的大多数”，但教育叙事研究往往从“参与人”中选择一些“失语者”作为研究的重点，对他们的职业经历、行为表现和心理活动进行多层面描述，感受他们的喜怒哀乐，通过其声音和行为描述出真实的教育情境，阐释实际存在的人性特质。

（三）情节

情节是对系列事件加以选择、组合而构建的整体性结构，它具有内在关联性。教育叙事研究不追求“好莱坞情节”。无论片段的剪辑还是全景的呈现，都依循一定的“线路”，将事件的冲突、矛盾和悬念串束在一起，展现一种序列性的有机结构。情节来源于现实的教育生活，直面鲜活的实践经验，不以抽象的概念压制生活情趣，而保持一定的亲和力。它不仅生动地解读意义，表达出问题发现与解决的方法，而且能在故事演进中把思维的触角引向深入。

（四）主题

教育叙事研究应该有一个“主题”。仅停留在事件层面，其研究就会散碎无序而沦为教育琐谈、经验体会甚或发泄情绪的代名词。只有在主题的统摄下，研究者才能根据内容对资料进行选择、整合，使其连贯。教育叙事不满足于空泛的描述，更不强调理论先行，但注重把主题融于情境和细节中，对事件做出“诠释的现象学式的反思”，将问题产生的原因、解决的过程和结果陈述清楚，让人“看到过去忽视了的表面上琐碎实则蕴涵重大意义的东西”。

四、教育叙事研究的主要环节

依据英国学者康纳利等的观点，结合我国的实际状况，教育叙事研究的环节可以分为相互联系的六个步骤。

（一）确定问题

研究的问题必须与研究者的经历、特长和资源高度契合，真问题才能增强研究的针对性和适应性。[7]问题需要用适切的语言加以表达，尤其要把内在问题转化为一个可供研究的外在问题。以下类型问题一般适合做叙事研究。

1. 特殊性问题

要研究“单亲家庭对学生学业成绩有何影响”，这就是一个“特殊问题”，它由个案呈现，指向某一特定人群，适合做叙事研究。研究者可以访谈老师、同学和家长，并搜集各种文字资料，将资料演绎为个人的成长故事。如“学生家长的文化水平与其学业成绩的关系”就是概括性问题，涉及面广，具有普遍意义，适合采用抽样方式进行调查研究。

2. 过程性问题

“过程性问题”主要关注事物的动态发展和复杂程度，不关注各变量之间存在的关系，适合进行叙事研究。那些差异性的问题涉及的变量通常较少，应采用计量方法研究，不适合做叙事研究。

3. 描述性问题与解释性问题

描述性问题是为了确定事实，主要回答“是什么”的问题。解释性问题主要从当事人的角度对某些教育现象加以分析和诠释。解释的方式有“通则式”和“个案式”。“通则式”适合研究“为什么”的问题，而“个案式”适合描述个案发生的过程，研究“如何”的问题。描述性与解释性的问题，主要对现象的本相和意义加以探究，这类问题一般适合做叙事研究。

（二）选择对象

为使研究对象具有一定的代表性，大多采用“目的性抽样”方式，根据“就近”与“方便”的原则，选取某些个体作为研究对象。对象可以是一个或几个遭遇了某一特殊境遇的代表性人物，也可以是对事情产生决定性影响的人物。

（三）进入现场

进入现场就可以走进教育生活，观察教育的真实环境。通过观察、访谈等方式获得客观事实和主观经验方面的资料，把握其行为方式、情感经历、思想观念以及深层原因，挖掘出隐藏的许多缄默的“个人化实践知识”。

研究者或在自然状态下隐蔽地进入现场，或在特殊情境下逐步暴露地进入现场，或通过第三人的引荐走进现场，无论何种方式都需要与被研究者建立亲近的关系，得到其理解、认同与合作。

（四）观察访谈

研究者的观察并非简单的镜像似的摄取生活，应进入研究对象的生活世界，以敏锐的洞察力发现一些变动不居的事件，把握精彩的细节，感悟独到的体验。尤为注重信息的多样化，避免“前设”的干扰，构思教育故事的叙述框架。

访谈要把握谈话走向。多问一些“为什么”和“怎么样”之类的开放性问题。不随意打断被访者谈话，将单向回应变双向交流，获得“原汁原味”的资料，使谈话趋近研究目标。将获取的资料及时记录在案，并对其文化背景进行反思，理解潜藏的隐性文化和教育价值。

（五）资料整理和分析

认真阅读资料，进行符合实际的分析。不时进行理论追问，对“前见”存而不论，使资料的本来意义自然显现。不断对获取的资料加以梳理、反思，形成独特的感悟和解释。

从大量资料中寻找被研究者反复使用的、用来表达观点和情感的那些特有影响力的关键性语词。“本土概念”体现了观察和认识世界的方式，隐含了当地的价值观念、风俗习惯和思维模式。应注意这些“本土概念”出现的情境、指向和言外之意，解释、归纳出以个人经验为依据的扎根理论。

（六）撰写文本

将资料加以编码、归类，确定其中的重要元素和节点，将其整理成有情节的故事。文本不是记流水账，必须用明确的主题将复杂、流变的故事统摄在结构之中，挖掘事实背后的深层喻义。为达成升华理念的目的，还要注重细节深描，力求真实、形象和详尽地叙述。通过哲学、人类学和社会学等层面的分析，透析现实情境中的种种关系，概括出关系所蕴含的信念、规律和方法。教育叙事研究必须有一个为研究者提供参照的基本行文准则。

教育叙事研究不满足于对事物之间的关系进行归纳和抽象而得出普遍、客观的规律，它冲破权威的束缚，全息地关照、描述教育生活，诠释多样的生命体悟，建构出不平常的教育意义。研究者应在深刻理解教育叙事研究内涵的基础上，把握其结构要素，使研究环节融进理论支撑、人文关切和行动反思，力求消解方法中的“纯粹的技术俗套”，以增强研究的逻辑自洽性和实践解释力，从而在生成经验和建构知识中提炼出富含生命色彩的个性化理论。

参考文献

[1] 徐俊华. 学前教育科学研究方法[M]. 合肥：安徽大学出版社，2014：196.

[2] 田伟力. 教育叙事研究与教师发展[J]. 今日科苑，2010（8）：317.

[3] 丁钢. 教育经验的理论方式[J]. 教育研究，2003（2）：22.

[4] 王守恒，等. 课程改革与教师专业发展[M]. 合肥：安徽教育出版社，2007：134.

[5] 张典兵. 教育叙事：教师专业自我发展的有效路径[J]. 教育导刊，2007（11）：38.

[6] 杨小微. 教育研究的理论与方法[M]. 北京：北京师范大学出版社，2008：242.

[7] 孙泽文. 论教育科学的研究对象是“教育问题”[J]. 中国教育学刊，2016（10）：53.

【思考与实践】

1. 利用教育见习和实习的机会，撰写一则教育案例、教育叙事或教育随笔。
2. 结合自己近期的学习与思考，尝试撰写一篇教育研究论文。

【阅读与拓展】

[1] 刘娟. 幼儿日常生活教育案例二则[J]. 当代教育理论与实践，2013（6）.

[2] 郭启玉. 小学生交往问题——一个交往困难孩子的教育案例[J]. 中国教师，2006（1）.
[3] 周思雨. 教育故事：老师，我想拼这个孔雀![J]. 儿童与健康。2019（1）.
[4] 李倩. 教育故事的德育价值与实现[J]. 教育导刊（上半月），2016（5）.
[5] 刘良华. 教师如何讲述自己的教育故事[J]. 福建论坛（社科教育版），2006（7）.
[6] 王枬. 关于教师的叙事研究[J]. 全球教育展望，2003（4）.
[7] 王泽龙. 教育随笔撰写说略（二）[J]. 教学与管理，2014（3）.
[8] 王泽龙. 教育随笔撰写说略（一）[J]. 教学与管理，2014（2）.
[9] 张菊荣. 从教育随笔到教育论文[J]. 江苏教育研究，2012（5B）.
[10] 梁伟国，李帆. 教育随笔：改变教师的行走方式[J]. 人民教育，2004（7）.
[11] 王月莲. 小学教师教学反思的“三结合”[J]. 教学与管理，2019（3）.
[12] 朱有福. 如何通过有效教学反思实现专业成长[J]. 甘肃教育，2018（14）.
[13] 于海波，马云鹏. 论教学反思的内涵、向度和策略[J]. 教育研究与实验，2006（11）.
[14] 李长吉，张雅君. 教师的教学反思[J]. 课程·教材·教法，2006（2）.
[15] 叶红珠，徐朝晖. 撰写研究报告的具体步骤[J]. 中小学教师培训，2004（8）.
[16] 王雨磊. 科学研究方法与学术论文写作——理论技巧案例[M]. 北京：科学出版社，2019.
[17] 学术论文写作与发表指引[M]. 北京：中国人民大学出版社，2017.
[18] 高波. 幼儿教育叙事集萃[M]. 北京：中国书籍出版社，2018.
[19] 陈大伟. 教育案例写作与研究[M]. 北京：教育科学出版社，2012.
[20] 张建. 研究报告撰写指导[M]. 北京：教育科学出版社，2006.
[21] 蒋成瑀. 教学研究论文写作指导[M]. 杭州：浙江教育出版社，2001.
[22] 王汉澜. 教育评价学[M]. 郑州：河南大学出版社，1995.

附录　部分课堂实训与讨论参考答案

第一章

【课堂实训与讨论】

略。

第二章

【课堂实训与讨论 1】

没有注意搜集文献的全面性和代表性要求。

【课堂实训与讨论 2】

[1] 刘尧. 21 世纪中国教育需要求解的 10 道难题[J]. 江苏大学学报（高等教育版），2002（3）：12-19.

[2] 王冀生. 通识为本，专识为末[J]. 教育发展研究，2002（3）：61-64.

[3] 陈科华. 孔子思想研究[M]. 北京：人民日报出版社，2002：234-241.

[4] 张汝伦. 我国人文教育的现状及出路[N]. 文汇报，2005-08-07（6）.

[5] 喻静蕾.《枫树上的喜鹊》重难点突破[EB/OL].（2019-03-20）[2019-04-02]. http://xiaoyu.pep.com.cn/xxsx_176803/xxsxwd/201903/t20190315_1936443.html.

[6] 饶满萍. 小学低中学段开展绿色海量阅读的研究[J]. 广西教育（义务教育），2018（4）：108-110.

[7] 许慧芳. 广西幼儿教师心理健康状况调查与干预策略研究[J]. 课程教育研究，2019（1）：4-5.

[8] 郭薇. 公平视域下城乡学前教育资源配置差异分析——以河南省 A 市为例[D]. 杭州：杭州师范大学，2017：39-42.

第三章

【课堂实训与讨论 1】

事件取样观察与时间取样观察的观察记录都是行为表现或事件，但是二者是有明显区别的。前者测量单位是行为事件本身，后者测量单位是行为或事件所发生的时间间隔；前者注重行为事件的特点、性质，后者注重行为事件的存在。

事件取样观察与轶事记录相似之处是二者都注重记事。不同的是，事件取样观察是实施正式观察活动时采用的，它只记录预先确定的行为表现或事件过程。而轶事记录法是日常观察时采用的，事先并不确定哪些要记、哪些不记。只要观察者认为有意义，哪怕与观察目的无关的也可以记录下来，供今后或别人研究之用。这种观察的目的是积累资料，或从观察中发现问题。

【课堂实训与讨论 2】

以上案例是某幼儿园中两位教师想要掌握自己班级幼儿亲社会行为的情况。情景 1 中刘老师遇到的实际问题是班级幼儿数量多且每个时间段该行为都可能发生，一个人观察全部幼儿在所有时间段发生的亲社会行为显然是不现实的；情景 2 中王老师解决了自己的想法，她没有研究整个班级的幼儿，而是抽取 15 名幼儿作为观察的对象其次她没有每个时间段都去观察，选取 9：30 到 11：00 这段时间，并且通过三次反复，验证之前观察的合理和有效性，王老师所采用的方法是时间取样观察法。

【课堂实训与讨论 3】

观察者采用都是轶事记录法。轶事记录法应以单一事件的简短描述为主，教师应有目的地选取需要特殊帮助的儿童，以获取有价值的信息。记录要尽可能全面，包括行为发生的背景、事件过程、幼儿的行为，以及他的语言、音调、面部表情等情绪变化，还有与之相联系的其他在场幼儿的活动。教师应尽可能避免主观性的判断，而对幼儿行为进行客观的描述，不做评价和解释。

观察实录 1：符合轶事记录法运用的基本要求。

观察实录 2：对童童的记录，就属于教师喧宾夺主，没有客观地记录幼儿的行为表现。

观察实录 3：对飞飞的记录过于笼统，不够具体，30 分钟内会发生很多行为，教师的记录却仅寥寥几笔。

第四章

【课堂实训与讨论 1】

略。

【课堂实训与讨论 2】

分析下列问卷中的问题，讨论这些问题设计存在何种缺陷。

1. 问题带有倾向性或导向性，违反问题中性原则。
2. 问题带有倾向性或导向性，违反问题中性原则。
3. 问题带有倾向性或导向性，违反问题中性原则。
4. 违反问题单一原则。
5. 违反问题单一原则。
6. 违反问题明确原则。
7. 违反问题设定的对象适合原则。

【课堂实训与讨论 3】

1. 前言部分缺少调查匿名说明，最好还能有保密承诺。例如，明确说明“本调查不记姓名，您填写的所有信息我们会严格予以保密。我们郑重承诺，您填写的内容我们仅用于本课题组研究之用”等相关内容。

2. 基本情况中要求调查对象填写姓名、单位与联系方式，有违匿名的要求。同时基本情况全部采用非选择题方式，可能让调查对象一开始就有抵触或不配合的情绪，违反了问题设定中的方便作答原则。能用选择方式回答的，尽量选用选择题。例如年龄、学历与职称等都可以编制成选择题。

3. 问题 9：基本没有实质意义。

4. 问题 10：违反问题单一原则。

5. 问题 11：问题带有倾向性或导向性，违反问题中性原则。

6. 最后结束语中的部分要求略显强人所难，可能会让调查对象反感，甚至影响问卷的回收。

【课堂实训与讨论 4】

略。

【课堂实训与讨论 5】

本提纲中主要出现的问题集中在三个方面：一是问题过窄；二是带有明显的倾向性，访谈题目应该是开放式的，而真正开放的问题是不带诱导性和倾向性的；三是问题与研究目的无关。

其中访谈提纲 1 的不当之处在于诱导性很明显，甚至还带着情绪。

访谈提纲 2～9 的不当之处在于访谈问题过于具体，覆盖面不广，限制被访者的思路和回答。

访谈提纲 10 的不当之处在于访谈题目脱离了研究目的，本来是访谈儿童入学准备却变成了访谈教师应做什么准备。

访谈提纲 11 的不当之处在于使用“如果”的语句。一般在访谈中这种假设问题的使用主要是间接询问一些比较敏感问题，在此并不必要，因此可以采取直接询问的方法。

访谈提纲 12 的不当之处在于访谈项目从“问题”的角度出发，主要针对刚入学的儿童经常出现哪些问题进行访谈，将访谈的重点定位在“问题”方面不妥。

访谈提纲 13 的不当之处在于访谈的主要问题偏移，重点不是家长，因此不需要进行此方面的访谈。

第五章

【课堂实训与讨论 1】

不同移情训练法对儿童分享行为影响的实验研究

自变量：移情训练方式，分三种水平，即“情境讨论组”“角色扮演组”和“控制组”。

因变量是幼儿的分享行为。

无关变量包括实验人员的态度、幼儿的性别以及幼儿的气质特点等。

考试焦虑对错误记忆的影响的实验研究

自变量有两个，分别为考试焦虑水平和词类。考试焦虑分高焦虑、中等焦虑和低焦虑三种水平；词类分学习词、无关词和关键诱词三种水平。

因变量为再认错误率。

无关变量有男女比例、年龄和被试视力或矫正视力。

【课堂实训与讨论 2】

1. 单组纵贯重复前后测实验设计
2. 单组多因子实验设计
3. 单组后测实验设计
4. 单组前后测实验设计
5. 不等组后测设计
6. 等组前后测设计
7. 不等组前后测设计
8. 循环组设计

【课堂实训与讨论 3】

合作训练对幼儿合作水平影响的实验研究（节选）

等组前后测设计。

该试验模式的优点和缺点：略。

七巧板不同训练方式对幼儿创造性思维影响的实验研究（节选）①

循环组设计。

该试验模式的优点和缺点：略。

第六章

【课堂实训与讨论 1】

案例前三个步骤属于行动研究的第一个环节“计划”，拟订方案和实施方案则是第二个环节“行动”，评价结果对应于“考察”环节，修正方案属于“反思”环节。

【课堂实训与讨论 2】

大致而言，“制定教师职业生涯规划”对应于第一个环节“计划”；“开展校本教师培训”

① 周星星，王灿明. 七巧板不同训练方式对幼儿创造性思维影响的实验研究[J]教育测量与评价（理论版），2014（5）：47-51.

对应于第二个环节“行动”；“实施发展性教学评价”与“主要成效”对应于第三个环节“考察”；结论与反思”对应于第四个环节“反思”。

教育行动研究是螺旋式发展过程在本研究中的体现：

第一个循环：设想——教师专业发展是可以促进的；计划——制订教师职业生涯规划；行动——开展校本教师培训；考察——促进教师专业发展措施改革的成效；反思——由于受研究情景、研究者个人素养以及教师对研究的理解能力等因素的影响，这一研究有待于进一步完善，如部分培训内容不很切合个别教师的需要，教师职业生涯规划还不够具体等。

第二个循环：修正后的计划——继续贯彻基本设想和计划，生涯规划更具体；行动——培训内容更切合教师的具体需求；考察——进一步考察促进教师专业发展措施改革的成效；反思——还存在哪些地方需要进一步修正。

第三个循环：略。

第七章

【课堂实训与讨论】

教学反思应该反思：教学的成功之举、教学“败笔”、教学机智、学生见解、再教设计以及由本次教学引发的其他相关感悟等。

第八章

【课堂实训与讨论 1】

略。

【课堂实训与讨论 2】

1. 教育个案研究法；
2. 至少可能需要综合运用教育调查法或教育观察法。

第九章

【课堂实训与讨论】

略。

第十章

【课堂实训与讨论 1】

1. 选题大小失当，题目显示的研究范围过大。
2. 题目不切实际，超越申请人的能力或不适合申请人研究。
3. 选题大小失当，题目显示的研究的范围过小。
4. 选题大小失当，题目显示的研究的范围过小。

5. 选题大小失当，题目显示的研究范围过大。

6. 表述口号化；实质研究内容不明确；对象不明确，从名称上无法了解课题的研究对象。教师和学生都可以是课堂的主体，这个“我”到底是教师，还是学生？这个课堂到底谁来做主？

7. 题目是结论。

8. 文艺色彩浓，实质研究内容不明确。

9. 表述不清晰。课题名称表述含糊不清，难以理解。

10. 文艺色彩浓，明确具体内容后，可能适合做论文的题目；如果做课题的题目，则选题大小失当，研究范围过大。

11. 文艺色彩浓，适合做论文的题目；如果做课题的题目，可以调整为“激发学生学习语文主动性和积极性的课堂教学策略研究”。

12. 表述不清晰。到底是研究幼儿人身安全教育问题，还是心理安全（健康）教育问题，没有准确表达出来。

13～17. 课题名称较为规范，也适合一线教师研究。

【课堂实训与讨论 2】

1. 第三个关键词“研究”实际是个非关键词，核心的词汇“有效评价”却没有作为关键词。因此“研究”可以调整为“有效评价”。

2. 工作单位按单位公章全称填写，不加字，不减字。一般小学公章上的名称不大可能延展到××省。

3. 主要参加者中第一位和第二位的专业职务应该是指职称，而非行政职务。

4. 主要参加者中第七为的学历不能笼统填研究生。研究生有硕士研究生和博士研究生。

5. 主要参加者中第八位的学历不应是博士，而应是博士研究生。博士是学位，不是学历。

6. 主要参加者有 11 人，超过了申请书明确规定的限填人数。

7. 主要参加者的排序不合理，最好的做法是按职称或学术水平的高低排序。

8. 有些成员的研究领域或身份与待研究的课题关系不大，例如第九、第十和第十一位，可能就不适合进入课题组。

9. 预期研究成果中的专著有欠考虑。课题组尤其是负责人是否有能力完成专著要仔细斟酌。综合考察本课题的级别与性质，完成专著的可能性不大，所以，最好还是不填专著。当然，要是负责人科研与写作能力的确很好，课题研究内容也完全适合写出一部专著，那就另当别论。

【课堂实训与讨论 3】

该课题研究的是农村小学美术课程资源的开发与利用，以建构主义和人本主义为理论依据，阐述了农村小学美术教师在开发校本课程时，应注重结合农村的实际环境/情境来开发课程资源，促进学生自主学习。另外，在开发课程资源时，还应发挥教师的社会生活指导作用，注重结合学生的生活经验，陶行知的生活教育理论在该点上能起到良好的指导作用。

【课堂实训与讨论 4】

1. 研究综述中对相关研究成果（观点）的梳理比较机械，阐述各家观点时其实不必将相关文献的具体信息都写出来，这些相关文献的完整信息在申请书的参考文献部分会详细标列。这里只需将观点的持有者和相关时间标明即可。例如：“有单从评价方法入手的，如《试谈小学音乐教学评价的方法》（许静芝，2018）、《小学音乐课堂教学有效评价的方法》（黄洁，2017）；”可调整表述为“有单从评价方法入手的（许静芝 2018，黄洁 2017）；”。这样既不影响观点的梳理和表述，使研究综述部分阅读起来给人清爽与明快的感觉，还可以在申请书各栏目字数有限制的情况下，减少在无关信息方面的用字量，将节约出来的文字用到重要、核心的内容表述上。

2. 从综述的内容上看，申请人对相关文献的搜集工作做得不到位，文献的占有明显不够，理论梳理过于粗疏。

3. 很多评述缺乏基础。第一段的内容实际上属于对研究现状的总结性分析，但没有任何文献支持。第二段最后的“现有成果还表现出两种极端，要么重视理论建构，要么强调实践操作，成果的普适性有待增强”这一评价是依据什么做出的，在综述中并未做任何说明。仅以提供的少量文献（论文）为基础，无论是从论文的题目，还是从申请人对观点的分类介绍考察，都很难得出这个结论。

4. 对研究现状的总体评价太过简单，也缺少对研究趋势的预测。

5. 尽管多数申请人对文献的分析都建立在国内研究成果的基础上，但如果有可能，还是尽量对国外的研究动态也做一些述评。

【课堂实训与讨论 5】

“小学音乐课堂教学有效评价研究”课题的选题意义与研究价值

单独阐述了选题的意义，但从文字表述，如“一套理念新、方法多、主体多元的有效评价体系”上看，此处阐述的选题意义实际上与课题研究的目标更为相关或接近，因此选题意义部分的阐述不够规范。在研究价值上，阐述的基本都是实践意义，整体上对课题研究的理论意义与价值缺少必要且基本的阐述。

“新学习方式下学习策略的应用研究”的选题意义

将选题的意义分为“理论意义”和“应用价值”两部分来写，每部分都列了四条。理论意义部分侧重于课题研究所产生的理论成果及其影响，应用价值部分侧重课题研究对学生产生的积极影响。这两部分的内容，没有产生交叉、混淆的情况。该课题的选题意义表述较为规范。

【课堂实训与讨论 6】

1. 研究目标

过于笼统，目标不明确、不具体。研究目标与研究内容相互背离。

2. 研究内容

前三项仅简单列举内容，没有对内容进行基本的介绍或说明。

3. 研究重点难点

（1）重点。

评价原则可能不适合作为本课题的重点。

评价范式作为重点包含的内容太多，实际是将评价理念、方法、主体和体系四个方面都作为重点，重点的数量不适切。

评价理念包含在评价范式里面，重复表述了重点。

（2）难点。

难点过多，给人以课题组可能无力完成研究的印象。

评价范式的构建作为难点与评价范式作为重点存在类似的问题，包含的内容太多，实际是将评价理念、方法、主体和体系四个方面都作为难点。调查访谈与评价体系构建存在何种困难未能简单说明。

调查访谈存在困难其实可以与样本选择存在困难进行合并。

评价指标体系的构建包含在评价范式里面，重复表述了难点。

4. 预期研究成果

预期研究成果与研究内容没能很好对应。研究内容中没有出现的部分，最后却出现在预期研究成果中，如“小学音乐课堂有效评价对学生音乐素养提升的意义”；研究内容本应该有对应的阶段性研究成果的，却没有对应的预期研究成果，如“小学音乐课堂教学有效评价的主体研究”。预期成果是以课题研究内容为基础得出的成果，必须与研究内容保持对应，否则就可能出现研究内容与研究成果两不相干的结果。

最终成果名称中最好能将研究总报告的具体名称表述出来。

【课堂实训与讨论 7】

1. 教育调查法包括访谈法。

2. 各常规性研究方法究竟用于什么阶段或者要到达何种目的需要做简单的说明，不能仅列出方法名称。

3. 定量研究是一种研究范式，也可以说是一类研究方法，例如，教育调查法和教育实验法等就是定量研究的方法。因此，定量研究不适合表述为一种具体的研究方法。对于定量研究，也无须对其含义进行解释。

4. 教育问题会诊是教育个案研究中常用的手段。本课题如果要强调特色研究方法，那常规性研究方法中的个案研究法可以不列举出来。

5. 研究方法的表述未能涵括方法名称、使用阶段和使用目的等三个要素，要么只列举了研究方法的名称，要么未说明研究方法使用的阶段。

【课堂实训与讨论 8】

1. 表述不客观，夸大其词。在对究竟构建何种小学音乐课堂教学有效评价的基本理论未进行任何说明的前提下，贸然使用“填补小学音乐课堂教学评价理论的空白”之说法，属于典型的表述失当。

2. 策略建议上的创新不一定就是实践创新，有可能应并入理论创新部分。

3. 没有表述清楚究竟跨了哪些学科。运用主成分分析法也不见得就是一种创新。

【课堂实训与讨论 9】

“小学音乐课堂教学有效评价研究”课题研究计划（实施步骤）

表述太笼统，具体任务安排不清晰，不可取。该研究计划可以放到任何其他课题中去，这样的研究计划很难解释课题具体的活动内容。

“提高我市小学教师教研素养的研究与实践”课题研究计划（实施步骤）

表述较为规范、具体。该计划/步骤将不同阶段的主要任务清楚地标列出来，可以使课题组把握不同阶段的主要工作与任务。研究步骤将工作的时间、工作方式与工作任务都表述得很明确。

【课堂实训与讨论 10】

1. 参考文献与课题研究综述部分观点出处的文献基本无关联。
2. 文献整体在时间上显得较为集中（2015 年的居多）。
3. 文献的代表性不强，文献水平整体不高，几乎没有权威（核心）期刊上的论文。
4. 仅有期刊文献，没有任何专著。
5. 仅有中文文献，最好能有适量的外文文献。
6. 参考文献标列有的按照期刊论文参考文献的标注方式，有的按照其他格式，应该统一。
7. 部分文献在时间上过于滞后，除非是参考价值大，否则不应当列入。
8. 参考文献总共才 8 篇论文，明显过少。
9. 参考文献的排列顺序混乱。可以统一按照文献在研究综述部分出现的先后顺序排列，或者按照文献发表的时间顺序排列。

【课堂实训与讨论 11】

1. 可行性中的“资料基础”与条件保障中“设备与资料保证”部分相同、重合。该内容不宜用来支撑证明课题研究计划的可行性，而应当在条件保障中阐述。

2. 条件保障中的“人员与平台保证”宜在研究计划的可行性部分阐述。条件保障部分仅需填写完成本课题研究的时间保证、资料设备等科研条件。

第十一章

【课堂实训与讨论 1】

教育案例写作的基本要求：教育案例写作主题要明确，案例描述要真实，情节要合情合理，构思要巧妙，文字表达要生动；选材要恰当，要注意案例的典型性、故事性、新颖性、客观性和启发性；表述要适宜，理论要与实际紧密结合，实事求是，要有独到的见解。

【课堂实训与讨论 2】

教育叙事的特点：教育叙事所叙述的事件必须是已经发生过的真实可信的教育故事；故事具有一定的典型性，蕴含一定的教育原理与理念；故事情节具有完整性，讲究细节，结构灵活。

【课堂实训与讨论 3】

教育随笔的特点概括起来就是“四随”，即随便、随时、随手和随心。教育随笔没有固定的格式，不需要论点、论据，可长可短，不必过分强调逻辑和文采，此为随便。可以随时有感而发，随手记之，此为随时与随手。随心所欲，率性而为，此为随心。

【课堂实训与讨论 4】

论文一

1. 教师的教育研究论文一般都是写国内的，所以“我国”一词在论文中一般不必出现。
2. 题目 2 合适。
3. 加强传统文化对小学德育的作用只是论文论述内容的一部分，而非全部。
4. 从摘要看，论文并非论述二者之关系。
5. 措辞不妥，一般论文题目不再使用“浅谈”“分析”之类的词语。

论文二

仅从摘要内容看，题目 1 和 2 都有可能是合适的。如果论文中仅简单论述存在的问题，重心放在策略部分，题目 1 合适；如果论文中详细分析了存在的问题，同时提出策略，二者篇幅相近，题目 2 合适。

题目 3 不能反映论文的全貌。

题目 4 游离论文的主体。

【课堂实训与讨论 5】

1. “现状与问题”中的“游戏策略目的与价值分析”似乎更适合放到前言部分或者单独阐述。

2. “游戏策略在幼儿园的运用作用”可以与“游戏策略目的与价值分析”结合论述。

3. 游戏策略在幼儿园教学中的运用可能并非仅限于科学教育、数学教学、艺术教学和健康教学这四个领域，至少还可以包括语言教学，因此本提纲过于粗疏。

参考文献

一、教材与专著

[1] 金哲华，俞爱宗. 教育科学研究方法[M]. 北京：科学出版社，2011.
[2] 阎晓军. 教育科研方法案例与操作[M]. 北京：北京师范大学出版社，2016.
[3] 李昌连，朱扬寿. 小学教育研究方法[M]. 南京：南京大学出版社，2014.
[4] 曾晓洁. 小学教育研究方法[M]. 北京：高等教育出版社，2015.
[5] 杨丽珠. 学前教育科学研究与论文写作[M]. 辽宁师范大学出版社，2002.
[6] 胡中锋. 教育科学研究方法[M]. 北京：中国人民大学出版社，2018.
[7] 孟亚玲，魏继宗，张社争. 教育科学研究方法[M]. 北京：清华大学出版社，2017.
[8] 罗润生. 教育科学研究方法[M]. 北京：教育科学出版社，2013.
[9] 杜国莉，张德启. 学前教科研方法和研究性学习[M]. 北京：北京出版社，2014.
[10] 张志杰，冯超，李士萍. 教育科研方法[M]. 北京：北京师范大学出版社，2018.
[11] 张宝臣，李兰芳. 学前教育科学研究方法[M]. 上海：复旦大学出版社，2016.
[12] 卢乐珍，楼必生. 幼儿道德启蒙的理论与实践[M]. 福州：福建教育出版社，1999.
[13] 吴振东. 学前教育科研方法[M]. 北京：教育科学出版社，2016.
[14] 王工一. 教育科研实训教程[M]. 北京：中国水利水电出版社，2010.
[15] 李秉德. 教育科学研究方法[M]. 北京：人民教育出版社，2001.
[16] 李冲锋. 教师如何做课题[M]. 上海：华东师范大学出版社，2013.
[17] 耿中、周春红. 课题研究方案设计[M]. 合肥：安徽教育出版社，2004.

二、期刊论文类

[1] 刘承波. 试论高等教育科学研究方法体系[J]. 教育与现代化，2000（4）.
[2] 孙悦，王向凤，陈琢. 汉语拼音教学的文献综述[J]. 上海课程教学研究，2016（6）.
[3] 王琼. 时间取样观察法在幼儿园中的运用[J]. 齐齐哈尔师范高等专科学校学报，2013（2）.
[4] 何睿. 大班幼儿模仿行为的观察研究[J]. 教育导刊（下半月），2018（9）.
[5] 张燕霞，郑南辉. 小学低年级学生体育课堂问题行为的观察研究[J]. 福建体育科技，2016（3）.
[6] 王萌. 浅谈访谈法中的提问技巧[J]. 现代教育科学，2006（5）.
[7] 暴占光，张向葵. 儿童入学准备的访谈研究[J]学前教育研究，2005（5）.
[8] 徐艳贞，陈东耿. 幼儿教师继续教育管理现状与主观需求的调查研究——以广东省为例[J]

中国成人教育，2015（12）.
[9] 张国洋. 贫困地区留守儿童和非留守儿童教育状况比较研究——来自一个国家级贫困县的调查[J]. 上海教育科研，2016（8）.
[10] 魏玉桂，李幼穗. 不同移情训练法对儿童分享行为影响的实验研究[J]. 心理科学，2001（05）.
[11] 陈顺森，唐丹虹. 考试焦虑对错误记忆的影响[J]. 心理发展与教育，2009（1）.
[12] 鲁忠义，霍习霞. 合作训练对幼儿合作水平影响的实验研究[J]. 教育研究，2004（11）.
[13] 周星星，王灿明. 七巧板不同训练方式对幼儿创造性思维影响的实验研究[J]教育测量与评价（理论版），2014（5）.
[14] 蒋波. 合作学习会影响学优生吗？——小学五年级一个班级的实验研究[J]. 上海教育科研，2007（1）.
[15] 陈柏华，高凌飚. 教师专业发展之行动研究[J]. 课程·教材·教法，2007（10）.
[16] 田立君，董兰，陈旭远. 小学国学校本课程目标与内容设计——基于辽宁省鞍山市铁东区东长甸小学的行动研究[J]，东北师大学报（哲学社会科学版），2012（3）.
[17] 赵洪涛. 教育经验总结法探析[J]. 现代教育科学，2008（4）.
[18] 林青，宋凯.《24 时计时法》课例及教学反思[J]. 教学与管理，2004（1）.
[19] 邓林林，魏薇. 抓住关键词句 用好课后练习 落实语文要素——《我是一只小虫子》教学反思与点评[J]. 小学语文，2018（12）.
[20] 徐礼平. 随迁儿童学习适应问题非智力影响因素的个案研究[J]. 教学与管理，2016（8）.
[21] 赵冬臣，马云鹏，张玉敏，韩玉婷. 小学数学课堂师生话语的定量研究——以 13 节优秀课例为例[J]. 上海教育科研，2014（12）.
[22] 韩萍，陈晶琦. 幼儿园和小学教师对儿童性侵犯问题认识的定性研究[J]. 现代预防医学，2009（18）.
[23] 聂金菊. 农村初中生厌学行为调查[J]. 中国教育学刊，2005（2）.
[24] 王光明，张楠，周九诗. 高中生数学素养的操作定义[J]. 课程·表材·表法，2016（7）.
[25] 杨轶闳. 对一名任性儿童的教育案例[J]. 陕西教育（教学版），2008（3）.
[26] 张冬香. 爱在左 责任在右——我的教育故事[J]. 小学教学研究，2018（32）.
[27] 李卫东. 语文教育随笔选录[J]. 小学语文教学，2010（6）.
[28] 许艳玲. 小学德育中的优秀传统文化及其渗透[J]. 教学与管理，2017（2）.
[29] 李晓红. 小学大课间活动品质提升策略[J]. 上海教育科研，2018（12）.
[30] 陈丹玲. 游戏策略在幼儿园教学中的运用[J]. 考试周刊，2018（41）.
[31] 刘剑华. 我的教育故事[J]. 中国教育学刊，2006（12）.
[32] 孙智慧，孙泽文. 论教育叙事研究的内涵、结构及环节[J]. 教育评论，2018（2）.

三、学位论文类

[1] 蒋秋芳. 中班幼儿同伴冲突及应对策略研究[D]. 南京：南京师范大学，2007.
[2] 牟聪. 小学数学“四亲”活动教学的个案研究[D]. 重庆：西南大学，2018.

[3] 吴婷婷. 对一名边缘儿童干预的个案研究——以多动倾向儿童为例[D]. 重庆：西南大学，2010.

四、网络与其他

[1] 桂职办〔2016〕68 号关于印发《广西壮族自治区中小学教师系列高、中、初级专业技术职务任职资格评审条件》的通知[EB/OL].（2018-05-10）[2019-04-05]. http：//zgb. liuzhou. gov. cn/zcps/sbpstj/201805/P020180510409798463335. pdf.
[2] 翁娇恋.《数学广角——鸡兔同笼》教学反思[EB/OL].（2017-06-26）[2019-03-31]. http:// www. lspjy. com/thread-878632-1-1. html.
[3] 大班语言活动《春天》教学反思[EB/OL].（2015-06-23）[2019-03-31]. http：//www. baby-edu. com/2015/0623/71794. html.
[4] 全国教育科学规划领导小组办公室. 全国教育科学规划课题资金管理办法（2017 年 7 月修订）[EB/OL].（2012-04-26）[2019-04-11]. http：//onsgep. moe. edu. cn/edoas2/website7/ level3. jsp?id=1335427517061102&location=null.
[5] 广西教育科学规划领导小组. 广西教育科学规划课题结题鉴定细则[EB/OL].（2018-09-28）[2019-04-08]. http：//jyt. gxzf. gov. cn/Item/19571. aspx.
[6] 于冬青. 轶事记录法：抓住幼儿有价值的行为[N]. 中国教育报，2015-05 -03（3）.

后 记

本书在编写过程中，参考并引用了部分文献和案例，我们尽量在书中对这些文献和案例进行了标注，但由于编写时间紧迫和条件所限，联系上存在诸多困难，我们未能及时与所引用作品的原作者一一取得联系，在此谨向他们表示诚挚的谢意，并致以深深的歉意。敬请这些作者及时与我们联系，并请继续对我们进行指导。

作 者

2019 年 11 月